舆论学概论（第二版）

Public Opinion Studies:
An Introduction

许静 著

北京大学出版社
PEKING UNIVERSITY PRESS

图书在版编目(CIP)数据

舆论学概论/许静著.—2版.—北京：北京大学出版社，2020.6
21世纪新闻与传播学规划教材.传播学系列
ISBN 978-7-301-31183-7

Ⅰ.①舆… Ⅱ.①许… Ⅲ.①舆论—高等学校—教材 Ⅳ.①C912.63

中国版本图书馆CIP数据核字（2020）第022864号

书　　名	舆论学概论（第二版） YULUNXUE GAILUN（DI-ER BAN）
著作责任者	许　静　著
责任编辑	董郑芳（dzfpku@163.com）
标准书号	ISBN 978-7-301-31183-7
出版发行	北京大学出版社
地　　址	北京市海淀区成府路205号　100871
网　　址	http://www.pup.cn
新浪微博	@北京大学出版社　@未名社科-北大图书
电子信箱	ss@pup.pku.edu.cn
微信公众号	ss_book
电　　话	邮购部 010-62752015　发行部 010-62750672　编辑部 010-62753121
印刷者	北京圣夫亚美印刷有限公司
经销者	新华书店 730毫米×980毫米　16开本　17.5印张　321千字 2009年3月第1版 2020年6月第2版　2021年8月第2次印刷
定　　价	46.00元

未经许可，不得以任何方式复制或抄袭本书之部分或全部内容。
版权所有，侵权必究
举报电话：010-62752024　电子信箱：fd@pup.pku.edu.cn
图书如有印装质量问题，请与出版部联系，电话：010-62756370

目 录

第一章 认识舆论 ··· 1
- 第一节 民意与舆论 ·· 2
- 第二节 公共与公众 ·· 3
- 第三节 舆论概念的五种界定 ·· 7
- 第四节 舆论的形态特征 ·· 14
- 第五节 舆论研究的重要性 ··· 17
- 小结 ·· 18
- 思考题 ··· 18
- 推荐阅读 ·· 19

第二章 舆论形态的历史演变 ··· 20
- 第一节 中国古代的舆论表现形式 ··· 20
- 第二节 西方古代早期的舆论表现形式 ···································· 23
- 第三节 中世纪西欧的舆论表现形式 ·· 24
- 第四节 近代以来的新闻传播与舆论 ·· 26
- 第五节 互联网时代的数字媒体传播与舆论 ······························ 31
- 小结 ·· 32
- 思考题 ··· 33
- 推荐阅读 ·· 33

第三章 舆论概念的历史发展 ··· 34
- 第一节 古典主义舆论观 ·· 34
- 第二节 早期的现代主义 ·· 36
- 第三节 早期的宪政民主理论 ·· 40
- 第四节 舆论概念的美国来源 ·· 45
- 小结 ·· 49
- 思考题 ··· 50
- 推荐阅读 ·· 50

第四章 舆论测量与研究方法 ... 51
  第一节 民意调查 ... 52
  第二节 焦点小组讨论 ... 64
  第三节 控制实验 ... 70
  第四节 内容分析 ... 73
  第五节 大数据挖掘与观察分析 ... 76
  小结 ... 77
  思考题 ... 78
  推荐阅读 ... 78

第五章 态度与意见表达 ... 79
  第一节 态度与意见 ... 79
  第二节 态度与信念 ... 81
  第三节 态度与情感 ... 83
  第四节 态度的测量 ... 85
  第五节 态度与行为 ... 87
  第六节 刻板印象与偏见 ... 92
  小结 ... 98
  思考题 ... 99
  推荐阅读 ... 99

第六章 舆论的个体性影响过程 ... 100
  第一节 知觉—判断论 ... 101
  第二节 动机—功能论 ... 105
  第三节 行为主义条件论 ... 114
  第四节 认知反应论 ... 116
  第五节 一致论 ... 123
  小结 ... 132
  思考题 ... 132
  推荐阅读 ... 132

第七章 舆论的群体性影响过程 ... 133
  第一节 群体及其分类 ... 134
  第二节 群体规范 ... 137
  第三节 群体对个人的影响 ... 141

		第四节　群体决策 149
		小结 157
		思考题 158
		推荐阅读 158

第八章　舆论的社会性影响过程 159
		第一节　社会化 160
		第二节　社会表征 163
		第三节　社会分层 167
		第四节　集体行为与社会运动 172
		小结 182
		思考题 183
		推荐阅读 183

第九章　谣言与舆论 184
		第一节　谣言的历史 185
		第二节　谣言的定义 187
		第三节　谣言的分类 189
		第四节　谣言的产生 193
		第五节　谣言的传播 195
		第六节　谣言应对 199
		小结 201
		思考题 201
		推荐阅读 201

第十章　现代传媒对舆论的影响 202
		第一节　媒介技术的发展 203
		第二节　媒介中介论 207
		第三节　媒介社会建构论 214
		第四节　媒介议程设置与框定 217
		第五节　沉默的螺旋 222
		小结 229
		思考题 229
		推荐阅读 230

第十一章 舆论监督 · 231
第一节 对舆论监督的界定 · 232
第二节 舆论监督的历史发展 · 235
第三节 舆论监督的法治环境 · 239
第四节 媒介自律及合律 · 253
小结 · 259
思考题 · 260
推荐阅读 · 260

参考文献 · 261

后记 · 269

第一章 认识舆论

锡匠们上街游行。这个游行队伍是很多人从未见过的。没有旗子,没有标语,就是二十来个锡匠挑着二十来副锡匠担子,在全城的大街上慢慢地走。这是个沉默的队伍,但是非常严肃。他们表现出不可侵犯的威严和不可动摇的决心。这个带有中世纪行帮色彩的游行队伍十分动人。

游行继续了三天。

第三天,他们举行了"顶香请愿"。二十来个锡匠,在县政府照壁前坐着,每人头上用木盘顶着一炉炽旺的香。这是一个古老的风俗:民有沉冤,官不受理,被逼急了的百姓可以用香火把县大堂烧了,据说这不算犯法。

这条规矩不载于《六法全书》,现在不是大清国,县政府可以不理会这种"陋习"。但是这些锡匠是横了心的,他们当真干起来,后果是严重的。县长邀请县里的绅商商议,一致认为这件事不能再不管。于是由商会会长出面,约请了有关的人:一个承审——作为县长代表,保安队的副官,老锡匠和另外两个年长的锡匠,还有代表挑夫的黄海龙,四邻见证,——卖眼镜的宝应人,卖天竺筷的杭州人,在一家大茶馆里举行会谈,来"了"这件事。[①]

"舆论"一词由来已久,在本书中,和"舆论"一词相对应的英文是"public opinion"。这个词有时也被翻译成"公共舆论"或"公众舆论",比如美国专栏作家李普曼的 *Public Opinion* 一书,最初被翻译成《舆论学》,后来又被翻译成《公众舆论》,最新译本是《舆论》。[②] 对舆论的概念界定非常之多。1965 年,美国学者哈伍德·切尔德斯(Harwood Childs)在其《公共舆论:特性、形式和作用》一书中总结了对公共舆论的 50 种定义。在 1968 年出版的《国际社会科学百科全书》

---

① 汪曾祺:《汪曾祺自选集》,商务印书馆 2015 年版,第 305 页。
② 参见〔美〕李普曼:《舆论学》(林珊译),华夏出版社 1989 年版;〔美〕沃尔特·李普曼:《公众舆论》(阎克文、江红译),上海人民出版社 2002 年版;本书中参考〔美〕沃尔特·李普曼:《舆论》(常江、肖寒译),北京大学出版社 2018 年版。

中,哥伦比亚大学新闻学教授菲利普斯·戴维森写道:"对于公众舆论还没有被普遍接受的定义,但是对这个概念的应用却在不断增多。"他认为"公共舆论并不表示某件事物,而是代表某些事物的一个总类"①。伊丽莎白·诺尔-诺依曼认为,切尔德斯所列举的所有定义实际上可以回归于这样两个概念:(1)在民主政治里,公共舆论的功能是在意见的形成和作出决定的过程中起到合理化的作用;(2)公共舆论作为社会控制的功能是整合社会,并且保证社会中的行动和决定达到足够的一致程度。② 在实际运用中,舆论常常与"民意""舆情"等概念相联系,还有人质疑为什么不能用舆论直接指代 public opinion,而要用"公共舆论"或"公众舆论"?"公共舆论"与"公众舆论"又有什么异同?本章侧重于对舆论概念的理解和界定,同时引发对于舆论研究重要性的思考。

第一节　民意与舆论

在中文语境中,舆论就是"舆人之论"的简称,一般指老百姓的言论。这和 public opinion 所指称的"民意"(general will)本质上没有什么很大的差别。但是在现代社会,public opinion 已经超出了一般的民意表达,而有其特定的发生机制,并可能成为强大的社会或政治力量,因此首先需要对这两个概念进行比较分析。

汉语中的"舆",本指车厢,转义为车。《周礼·考工记·舆人》中有"舆人为车",即舆人是造车匠,又指与车有关的各色人等。后来,舆人又指驾车的人,称"舆丁"或"差夫",是差役中的一种,人数众多。所谓"舆者,众也"。春秋末期,人分十等,舆人为第六等。《左传·昭公七年》中说:"人有十等,……皂臣舆,舆臣隶……"杨伯峻注引俞正燮的《癸巳类稿·仆臣台义》:"舆则众也,谓卫士无爵又无员额者。"舆人因此取得与坐车官吏相对应的一般百姓的广泛含义。"众"字本身就带有等级地位的色彩。商周时期一般将农业生产者称为众,后演化成与官对应的概念。我国学者徐向红指出,中文里关于舆论表示群众言论这一说法,至少在周朝就大量出现了。先秦典籍中的舆论,主要有"庶人之议""国人之议"和"舆人之议"三种提法。此外还有管子提出的"市人之言"和"啧室之议"以及庄子的"丘里之言"等。③《三国志·钟繇华歆王朗传》中写道:"朗上疏曰:……今六军戒严,臣恐舆人未畅圣旨……设其傲狠,殊无入志,惧彼舆论之未

---

① W. P. Davision, "Public Opinion Introduction," *International Encyclopedia of the Social Sciences*, Vol. 13 (New York: The Macmillan Company & The Free Press, 1968), pp. 188-197.
② 〔德〕伊丽莎白·诺尔-诺依曼:《沉默的螺旋:舆论——我们的社会皮肤》(董璐译),北京大学出版社 2013 年版,第 232—233 页。
③ 徐向红:《现代舆论学》,中国国际广播出版社 1991 年版,第 1—5 页。

畅者,并怀伊邑。"《后汉书·杨震传》中有杨震上疏,请求"全腾之命,以诱刍荛舆人之言"。《旧唐书·本纪第十八》中有宣宗"有时微行人间,采听舆论,以观选士之得失"。《苏轼集》中《与杨元素八首》亦曰:"更望倍加保啬,侧听严召,以慰舆论。"《宋史·列传第二百二十·方技上》中有:"舆论不能夺,遂从其议。"《明史·本纪第十八·世宗二》中有曰:"顾迭议大礼,舆论沸腾,幸臣假托,寻兴大狱。""尚书吕震、大理卿虞谦希旨劾奏,观复令十四道御史论其诬妄,以是为舆论所鄙。"诸如此类,不胜枚举。

由此可见,"舆论"一词古已有之,舆论的主体在身份、地位、阶层和范围等方面有所不同,但都不具有和"官"等同的地位,因此也都不是现代意义上的公众——具有平等身份和个人权利的公民集体。尽管中国古代很早就提出重视民意的思想,但对舆论的理解和把握基本停留在"治民术"的层次。直到1898年戊戌变法时期,以康有为、梁启超为代表的资产阶级改良派兴起了一股改良的舆论浪潮。梁启超就明确提出,立宪政治的实质是舆论政治,他提出"立宪时代之舆论,常立于主动之地位"①。这是对当代民主论中公众舆论含义与作用的准确把握。

2004年9月,中国共产党第十六届中央委员会第四次全体会议通过的《中共中央关于加强党的执政能力建设的决定》提出了加强舆情管理的要求,由此推动了关于舆情的研究。据天津社会科学院王来华等人的研究,"舆情"一词最早出现在《全唐诗》中,唐朝诗人李中所作的《献乔侍郎》一诗中,有"格论思名士,舆情渴直臣"。其基本含义是指民众的意愿。②刘毅2007年出版的《网络舆情研究概论》是我国网络舆情研究的第一本专著。其中提出:网络舆情是通过互联网表达和传播的,公众对自己关心或与自身利益紧密相关的各种公共事务所持有的多种情绪、态度和意见交错的总和。中国社会科学院杨斌艳则认为,"网络舆情不等于民意,网络舆情也不等于舆论""舆论也不等于媒体意见"。③ 笔者认为,概念的形成是一个社会建构的过程,只有结合特定的社会发展背景和历史语境,才能深化对"民意""舆论"与"舆情"这些概念的理解。

第二节 公共与公众

与"舆论"对应的英文是"pubic opinion",这个词有"公共舆论"和"公众舆

---

① 梁启超:《国风报叙例》,载《饮冰室合集·文集》第九册第二十五卷(上),中华书局1963年版,第19页。
② 王来华、林竹、毕宏音:《对舆情、民意和舆论三概念异同的初步辨析》,《新视野》2004年第5期。
③ 杨斌艳:《舆情、舆论、民意:词的定义与变迁》,《新闻与传播研究》2014年第12期。

论"等不同的译法。那么"公共"和"公众"有什么不同呢?

许多学者致力于"公共"含义的研究。简单说来,关于"公共"有两种含义特别重要。第一种指的是开放性和易接近性,比如广场等公共场所,是供公共使用的,任何人都可以进入,因此区别于私人领域。在法学和政治学中,公共包含了"允许"的意思,因此"公共权利"可以通过法律法规加以贯彻执行。第二种含义则与公众的易接近性无关,关注的是公共利益或者公共事务,更确切地说是国家事务和政府事务。政府大楼是公共的,但并不会向每个人开放。在欧洲中世纪,公共关注(publicare)意味着为贵族利益服务,而在以法国国王路易十四为代表的绝对主义时期,君主被认为是唯一的公共人物。随着民族国家(nation)的产生,公共事务就与国家事务紧密相连。除了包含法学和政治学含义外,公共还具有社会心理学方面的意味。个体除了具有思维和感觉活动的内部精神空间,还有指向外部的实际存在空间,这个空间并不只是完全面向个体自身的,而且更公开地暴露在其他人面前。[1]

进入20世纪,舆论研究越来越反映出社会学、心理学等社会科学的进展,而非政治学和哲学的观照。分析家们把舆论看作"更大的社会过程的一个组成部分,是一种稳态的社会借助于讨论和争论适应变动环境的机制",是超越个人的相互传播、相互影响的集体产物。他们特别关注作为一种不断壮大的社会统一体的公众,如何针对某个议题进行自发的辩论、讨论。因此,首先需要把舆论的主体即"公众",同其他表示群体的一般概念区分开来。

古斯塔夫·勒庞(Gustave Le Bon,1841—1931)是群体心理学的创始人。他在1895年出版的《乌合之众》这部名著中,提出了"群体心智归一法则"(law of the mental unity of crowds),着重探讨了个体如何在群体中通过彼此情绪上的相互感染,丧失理性思考能力,被转化为愤怒的暴民等问题。[2]另一位法国社会心理学家塔尔德(Tarde)则于1899年出版了《舆论与集群》一书,强调公众与群众(或曰集群)的差别。他认为,"群众"的概念古已有之,而现代意义上的"公众"要等到19世纪才产生。所谓剧院里的公众和集会中的公众其实都是集群(crowd),是各色人等的临时聚合。与此相反,印刷术的发明催生了另一种迥然不同的公众。公众既是群众的外延,也是其对立面。他们是"纯粹精神上的集体,由分散的个体组成,他们没有身体上的接触,他们的组合完全是精神关系上的组合","他们之间的纽带在于同步的信念或热情,在于和许多人共享同样的

---

[1] 参见〔德〕伊丽莎白·诺尔-诺依曼:《沉默的螺旋:舆论——我们的社会皮肤》,第62页。
[2] 参见本书第七章。

思想或意愿。"①他认为,印刷术的发明、现代报纸的产生,促进了大规模公众的形成。公众和群众在取向和风格上表现出不同的特征,是因为他们的构造成分不同。公众的内聚力来自精神的沟通和平等的交流,他们最重要的特征就是他们造就的舆论。他认为:舆论与现代公众的关系好比是灵魂对身体的关系。更准确地说,舆论是一种评论,是短暂的、或多或少合乎逻辑的成串判断。换句话说,对当前的问题作出回应,在同一时期里被同一个国家、同一个社会里的人多次重复的判断,就叫舆论。但是,要使这些"成串的判断"成为真正的舆论,公众还必须形成分享某些基本信念的意识。塔尔德认为,由于报纸等大众媒介既在公众中扩散信念,又在公众成员中产生某些信念的意识,所以大众传播就值得重视。

芝加哥学派的帕克(R. E. Park, 1904—1972)和布鲁默(H. Blumer, 1900—1987)继承和发扬了上述观点。帕克认为,集群在情绪体验上比较一致,而公众的标志是对立和理性的表述。集群在回应共同的情绪中形成,而公众则在回应某个议题的过程中组织起来。加入群体只需要"有感觉和移情"的能力,而成为公众的一员还需要有"思考和与他人辩论的能力"。布鲁默则进一步明确地将公众界定为这样的一群人:(1)他们面对某个议题,(2)他们在如何对付该议题的问题上意见不一,并且(3)他们介入了对该议题的讨论。因此,争论和反驳就成为公众舆论得以形成的方式。公共讨论可能是"非常情绪化和充满偏见的",也可能是"非常明智和审慎的","公众舆论是理性的,但并不一定是明智的"。②

塔尔德所界定的"公众",在很大程度上是伴随着印刷术而出现的阅读公众(reading public)。随着广播、电视等大众媒介的产生,出现了大众受众(mass audience),因此研究从公众舆论(public opinion)扩展到大众舆论(mass opinion)。大众(mass)被认为迥异于群众和公众,是由孤立的、匿名的个体组成,在地域上非常分散,异质化程度非常高,其典型标志是成员之间互动交流少,缺乏组织性。使大众聚集在一起的不是共同的情绪(如集群),也不是意见的分歧和讨论(如公众),而是共同的利益关注。米尔斯(C. W. Mills,1916—1962)认为,在美国的政治生活中大众实际上已经取代了公众。在大众之中,(1)更少有人表达意见而更多的是接受意见;这是因为公共社区已经成为一个抽象的个体集合体,人们从大众媒体上获取对外界的印象。(2)主要的传播方式高度组织化,使得个人

---

① 〔法〕加布里埃尔·塔尔德著,〔美〕特里·N. 克拉克编:《传播与社会影响》(何道宽译),中国人民大学出版社2005年版,第214—226页。

② 转引自〔美〕Vincent Price:《传播概念·Public Opinion》(邵志择译),复旦大学出版社2009年版,第34—36页。

很难或根本不可能立即回应或产生任何影响。(3)运转中的舆论的实现受制于组织并控制这种运转渠道的权威。(4)大众从权力机构那里得不到权力;相反,权力机构的组织却能渗入大众,削弱大众可能通过讨论而形成的舆论的任何自主性。因此米尔斯认为,在现代政治生活中少有真正的公共讨论,讨论在很大程度上受制于媒介。[①]

今天,以互联网为代表的新媒介技术的发展,正在创造出一种新的媒介环境,新媒介环境下的"网友""网民""用户群"或者其他新的社会传播主体,必然有不同于以往的新的舆论表达和社会参与行为,非常值得研究。

因为不是所有人在任何时候都关心同样的问题,所以社会上存在大量不同的公众。一般可以区分为三类:单一话题公众、组织公众和意识形态公众。

单一话题公众:由关心某一特定问题的人临时聚合而成,通过种种方式引发社会对特定问题的关注,甚至影响社会决策。近年来由于传统大众媒体特别是互联网等新媒体的发展,在信息广泛迅速地传播的同时,在特定时期围绕特定话题而发生的公众表达越来越多。围绕单一话题而形成的公众,不仅拓展了公共表达空间,增强了社会交流,而且会形成强大的社会压力,甚至会导致政府的相关行动。话题公众能在短时间内聚合并形成强大的压力,会迫使事物向某一方向发展,可能促进社会的进步,但也可能因为他们意见的受重视而使其他问题被忽视或受到负面影响。例如在2013年所谓"新生儿注射乙肝疫苗致死事件"中,媒体的强势报道使社会舆论一边倒,结果干扰了公众意识和政策,影响了专业工作的正常进行。

组织公众:往往因为共同的利益和目标而组织起来,如某小区的业主维权委员会、某类消费者群体、某行业协会和一些非政府组织等。其成员不像话题公众那样广泛和分散,而是有较强的统一领导,意见表达具有组织性和长期性,并常常以组织行动追求舆论效果。2007年厦门市民反对PX的运动,从最初的业主维权,到全国政协105位委员的联合提案,再到全体市民参与的和平"散步",表现出高度的组织性和行动策略,最终促使政府将高达百亿元预算的污染化工项目停建搬迁。

意识形态公众:在一些国家的政治中很常见,如反犹主义、反移民主义、宗教激进主义,以及其他突出强调意识形态的民间组织。他们突出强调意识形态的共同性,并充分利用现代媒介加强彼此的意识形态认同和人际联系,形成一定的组织,其成员构成最为稳定。他们对一些公众话题的反应常常取决于其意识形态特征。当问题与他们的意识形态明显相关时,这些人将依其意识形态做出反应。

---

① 转引自〔美〕Vincent Price:《传播概念·Public Opinion》,第34—36页。

传统的媒体研究突出强调的是"媒介受众"的"接受"特征,借助于媒介,受众开阔了眼界,增强了内心世界与外部的联系。但是以互联网为代表的新媒体却极大地增强了人们的媒介使用能力。从"粉丝团""爱车族"到各种各样的"赛博社区",志同道合的人们可以建立自己的QQ群和微信群,开设自己的论坛和网站,通过对现代媒介的有效利用而形成新的公众群体。这些群体可能并没有很强的政治或意识形态诉求,却体现了新媒体环境下一种新的群体组织方式,并可能在特定时期形成一定的公共舆论。

这三类公众并未涵盖全部,因为一个人可能属于不同群体,其成员身份也可能随时发生变化。总之,随着问题和形势不断变化,公众的构成也在变化。

以往的研究常常把舆论置于民主政治的理论框架之下,其主要内容是公众舆论,或曰政治舆论。当代德国哲学家哈贝马斯就曾详细探讨了西方近现代史上公众舆论概念的形成过程。但实际上,现实生活中有各种身份群体和各种各样的意见表达。关注现实生活中各具形态的意见表达和意见流动,以理解和把握现实,是我们从传播学角度进行舆论研究的主旨。在本书中,我们更多地使用"舆论"而非"公众舆论"这一概念,因此研究的对象和范围也就相应地扩大了。

第三节 舆论概念的五种界定

迄今为止,还没有一个被普遍接受的关于"舆论"的定义。使舆论一词广为流行的,是法国大革命前夕国王路易十六的财政大臣内克(J. Necker)。尽管有许多分歧,但学者们普遍赞同,舆论是针对某些涉及公共利益的话题的个人意见的集合,这些意见会对个人行为、群体行为甚至国家政策产生影响。

因为舆论在不同的领域内都发挥作用,因此对舆论的讨论也涉及不同学科的学者,包括政治学家、社会学家、社会心理学家、历史学家。一些从事实际的舆论操纵的人,如政客和公关专家等,也为舆论学的发展做出了贡献。不同的学者从各自的需要出发来界定舆论概念,较为常见的是从以下五个方面进行基本定义,当然这五个方面仍有交叉之处。

一、舆论是个人意见的汇聚

很多的学者、记者、决策者和一般人都认为,舆论就是个人意见的简单相加。《不列颠百科全书》对舆论的简单定义是:"舆论是社会中相当数量的人对于一个特定话题所表达的个人观点、态度和信念的集合体。"①这是对舆论最常见的定义,它使得民意调查具有合法性。

问卷调查方法现在已经日常化了,任何受过训练的人只要有样本和计算机,就可以进行民意调查。一般认为,通过科学抽样和调查访谈,我们可以得到全体人民的意见。民意测验可以用来了解人们对不同政策的感受,但更多用于了解对社会生活的一般态度。调查方法便利了学者进行更复杂的统计分析,比如人们对某项社会改革的支持与他们各自的职业背景、阶层地位、性别、收入以及受教育程度之间有什么关系?研究表明,如果了解个人的社会经济地位、居住地、宗教或种族背景,就可以预测其投票行为。

民意调查表明,只有少量人会对公共事务认真关心。因此有学者要区分"普通民众"(general public)、"关注型公众"(attentive public)(至少了解一些重要问题)和"知晓型公众"(informed public)(参与讨论)。人们一般最关心对他们有直接影响的事务,因此,简单地增加公共事务的信息量并不一定能提高公众的知晓程度。

最为重要的是,对任何问题进行调查都能使我们看到赞成、反对或弃权等不同比例的意见,也就是说,民意调查常常反映出意见的分歧而不是意见的一致性。但习惯上我们会运用多数决定的原则,而忽视了少数人有权利要求他们的意见得到尊重。

二、舆论是以多数人观点为基础的集体意见

18世纪德国诗人维兰德曾有诗曰:"不知不觉,一种意见就占据了绝大多数人的头脑。"国内学者刘建明最早提出:"舆论,是显示社会整体知觉和集合意识、具有权威性的多数人共同意见。"②这一定义得到许多学者的支持。也就是说,多数人的价值观和信念是舆论的真实基础,或者说,最终能够影响决策的舆论,是绝大多数公民的所思所想。这一说法并没有对多数人的意见是对是错作出判断,而只是简单地说,人们确实会关注朋友、同事和邻居的意见,并且倾向于和多数意见保持一致。早在一百多年前,法国学者托克维尔就观察到:"在美国,多数拥有向个人提供大量的现成见解和减轻个人构思己见的负担的义务。""公众不是用说服办法,而是以全体精神大力压服个人智力的办法,将公众的意见强加于和渗入于人们的头脑的。"③

---

① 美国不列颠百科全书公司编著:《不列颠百科全书(国际中文版)》第14卷(中国大百科全书出版社不列颠百科全书编辑部编译),中国大百科全书出版社1999年版,第2页。
② 刘建明:《基础舆论学》,中国人民大学出版社1988年版,第11页。
③ 〔法〕托克维尔:《论美国的民主》下卷(董果良译),商务印书馆1988年版,第527页。

这一定义仍有反思的余地。一是所谓多数,究竟是个人所感知的相对多数,还是借助于民意测验得知的绝对多数？二是"多数"意见是否具有天然的合理合法性？

在系统的民意测量技术推行以前,就有人认识到,舆论超出个人意见的总和,而具有更强的力量。一些学者假定了群体思维和群体心理的存在,而对一些集体行为的观察也证明,某种心理能迅速抓住许多人,并导致他们采取在其他场合不可能采取的行动。德国女学者诺伊曼（Elisabeth Noelle-Neumann）则更明确地提出,所谓舆论,就是"对有争议的问题,在没有孤立危险的前提下可以公开表明的意见"或者"为使自己不陷于孤立而必须公开表明的意见"。前者主要围绕时事性问题,而后者侧重于社会传统、道德和行为规范。① 她认为人们总是会观察意见环境,了解在特定问题上多数人的意见,然后选择或者表达或者保持沉默。她在"沉默的螺旋"理论中提出,当人们认识到他们的意见是少数时就会保持沉默,这样少数意见就会比实际上更不具有扩散性。诺伊曼以洛克和卢梭的理论为基础,并借用了社会心理学领域大量关于一致性的实验证明。

在网络中,我们常常能很清楚地看到,当一个话题引起关注,逐渐成为公共话题时,一开始也许有争议,但渐渐地,就会出现优势意见占上风的沉默的螺旋现象,但是这种优势意见究竟是代表还是实际上对立于"沉默"的多数呢？

总而言之,这一定义的重点在于,强调舆论不等于个人意见的简单相加。正如库利所认为的,舆论不是分散的个人判断的汇聚,而是经由传播和相互影响所组织和协调的产物。因此舆论研究的重点,就转向个人意见形成的多重场合以及在不同场合下不同人的意见之间的相互关系。

三、舆论是媒介和精英的意见

根据1982年出版的英国斯库鲁顿《政治思想词典》（*A Dictionary of Political Thought*）中的定义："舆论不是多数人的意见,而是在公共领域里活跃的意见。"②比如在历史上的某些时候,英国在关于犯罪和惩罚的问题上,舆论是自由主义的,而国民中多数人的意见实际上却是非自由主义倾向的。在法国历史上也曾出现,舆论是革命的,而多数人的意见却是反对革命的。这一定义的重点在于,突出强调了舆论过程中精英和媒介的重要性。

舆论究竟是公民意见的反映还是媒体、政客、调查者以及其他精英思想的简单投射？那种认为舆论是社会领袖所创造的观点虽然有点犬儒主义式的愤世嫉

---

① 〔德〕伊丽莎白·诺尔-诺依曼：《沉默的螺旋:舆论——我们的社会皮肤》,第63页。
② Roger Scruton, *A Dictionary of Political Thought*, Macmillan Press Ltd., 1982.

俗，却有许多赞同者。最著名的就是李普曼。他是一位著名的记者、专栏作家和政治哲学家，从第一次世界大战到越南战争前期做过军方、国会及总统的顾问。在《舆论》一书中，李普曼提出，通过精心安排，总能够制造出同意。"每一个公意的形成，都离不开亚历山大·汉密尔顿的努力。"[1]他认为普通人不可能对国家的一切事物都消息灵通，因此也就很难靠他们产生对所有公共事务的明智的意见。结果，舆论就成为一个最好的象征性的概念，被演讲者运用来产生他们自己的论点并相互斗争。李普曼并不认为人们愚蠢或需要仁慈的独裁者来引导，但他确实认为人们没有时间和精力，以高度的民主理论所要求的方式来关注政治事务。因此李普曼认为，政府应当听专家建议而不是普通公民的意见。李普曼对大众民主如此清醒，因此和苏格拉底以来许多保守的思想家一样，他也转向以"精英"管理作为治理公众无知的良方。

  精英论是最古老的政治舆论观。社会成员在纵向上被区分为领袖和追随者，在横向上则按种族、经济地位、人口特征等区分为不同的社会群体。统治阶级则由不同群体的上层组成。政治舆论存在于各群体的金字塔关系的上层，低级成员服从统治阶级的决定。这样一来，舆论被看成是一种组织或一系列关系，那么问题在于这些关系的性质是什么，它们如何形成，如何持续，又为什么解除。最经常被考察的关系是领袖和追随者，即政治影响者和大众的关系。有许多学者分析了政治家如何操纵概念和符号，以在群众中形成共同意愿。公共专家和宣传家司空见惯地收集"影响者名单"，一般以社会学标准，假定这些"影响者"会将思想传给更广泛的公众。一些公关专家把他们的工作称为"结晶化公众舆论"，也就是说，把个人意见转变成能发挥影响的集体意见。关心民主政治发展的人也认为，舆论是一种有用的组织形式。在一些发展中地区，传统上人与人之间缺乏相互联系，不能建设性互动，在政府和民众之间则缺乏舆论对话机制，这种缺乏会导致政府和政策的突然和激烈的变动。如果能在政府内外建立和健全一些对话和舆论表达机制，增强对重要的国家大事的共识程度，就能减少极端行动。因此研究的重点就在于，建立一个相对稳定的机制，增强个人意见之间的联系，使舆论对个人以及政府发生影响。在当前以互联网为代表的新媒体传播中，有一种很有意思的现象，就是"草根"舆论挑战"精英"观点。无论是有关宏观经济发展的大事，还是关于地震中个人捐款的"小事"，"草根"不断地质疑权威，挑战权威，争夺话语权，通过意见的公开表达展开舆论的博弈。这些现象为现代舆论研究不断提出新的课题。

  现代媒介对舆论的影响非常值得研究。"议程设置"理论表明，媒介报道能

---

[1] 〔美〕沃尔特·李普曼：《舆论》（常江、肖寒译），北京大学出版社2018年版，第168页。

在很大程度上设置"公共话题"。各种对媒介报道框架以及媒介话语的分析,也充分证明了媒介对社会舆论的建构作用。更为重要的是,现代媒介能超越地理阻隔,极大地增强了人们之间的心理联系。人们可以通过现代媒介来了解彼此的想法,充分交换意见,采取一致行动。这一点在网络传播时代尤为明显。

还需要强调的是,我们应当把舆论同民意调查报告和报刊言论等区分开来,尽管它们之间存在必然的联系。如果没有民意调查、报刊言论等手段,舆论就无法成为独立的政治力量。但如果所有的表达手段都为社会精英和特权阶层所掌控,那么是否有舆论就很可能被质疑。也正因如此,陈力丹教授特别强调,"大众传播媒介或媒介的言论不等同于舆论","舆论不等同于意识形态"。①

四、舆论反映群体利益冲突

如果认为舆论是个人意见的汇集,那么就可以确信,舆论可以通过民意调查来测量。但如果怀疑人们在民调中意见表达的真实性,担心人们在调查中说的是一回事,心里想的却是另一回事,那么民意调查就很成问题,就需要发展出其他方法来真正把握舆论。

一些学者认为,舆论并不是个人意见的反映,而是由利益集团所培养、固化和传播的意见。这些利益团体可以是政党、商业组织或者其他积极的组织群体。在美国的政治现实中,有组织的不同利益群体会开展院外立法游说,影响媒介记者,以及在选举中拉选票等。因此,舆论就成为不同群体的公开争论。

这一定义假定,在一个多元的社会政治生活中,矛盾冲突无处不在,不同利益集团不断进行各种斗争,来确定社会问题,并提出解决办法。持这一观点的人并不关心个人的意见和态度,而是更关心这些意见如何转变成集团意见,因为利益集团的行动比个人更有力。决策者和记者们会更关心集团的意见而不是个体的意见,因此个人如果加入集体,就能获得更多。比如一个同性恋者,在周围的异性恋者中间他可能感到孤独和沮丧,而当他借助于网络媒介加入到同性恋群体中时,他却不仅可能获得身份认同和心理满足,更可能以其群体成员的身份,加入到争取同性恋者合法权益的斗争中去。

美国社会学家赫伯特·布鲁默(Herbert Blumer)就坚持这一观点。1948年,他批评民意调查是描述舆论的虚假工具。因为民意调查并没有告诉我们回答者是谁,他们支持哪一个利益集团。虽然民意调查有意平等对待一切回答者,认为所有的意见都同等重要,但是布鲁默认为,这种理解社会的方法是非现实的,因为事实上不是所有公民的意见都被平等对待。比如在堕胎问题上,利益

---

① 陈力丹:《舆论学——舆论导向研究》,中国广播电视出版社 1999 年版,第 26—27 页。

集团就积极进行游说、示威并对媒介施加影响，以争取舆论优势。民意调查者可以了解被访者的性别、种族、经济状况和受教育程度，却很难了解他们是否在社交圈中很有影响，以及他们是否是积极的公民，是否曾积极游说地方官员和记者、参与捐款，等等。有些问卷调查企图涉及答卷者行为的许多方面，但是耗时耗财，非常困难。20 世纪 80 年代至 90 年代，民意调查的回收率下降，而民意调查者则必须尽量地使回答问卷成为一种积极的被访者参与过程。

这一定义的重点，不在于对意见分布的定量测量，而在于考察群体意见的形成、舆论的政治功能及其操作实践。

五、舆论是一种虚构

有些学者更进一步认为，舆论只是一种幻象，是一种被报纸和电视滥用从而毫无意义的修辞。记者和官员们经常谈论围绕特定问题形成的舆论，但又完全没有证据支持。如果人们频繁使用"舆论"一词，却没有任何定性或定量的证据支持，那么这个词还有任何价值吗？即使有民意调查结果支持某些重要人物的观点，那么所测量的民意是否可靠？民意调查获得的是知晓型意见吗？同样重要的是，人们会按照这个意见行动吗？

那些认为舆论等同于媒介和精英意见的人认为，官员与媒介建构了舆论以适应自身的需要，但这些精英通常把他们的观点建立在某种现实基础上。但是，认为舆论是一种虚构的人，则根本否定舆论任何形式的存在。他们认为任何人都可以制造出公众及其舆论。比如问卷设计可以诱导出设计者想要的结果。除了用量化数据支持他们的观点外，立法者以及利益集团发言人还可以简单地用一些包容性的术语，如"作为美国人，我们相信……"或者简单地表述说："舆论认为……"一些公关专家还通过一些公关手段和音像资料，造成在某一问题上多数意见的假象。

为证明这一观点，还有学者从语言学与认知心理学角度来进一步讨论。有研究者发现，普通公民会使用和调查者以及决策者不同的词汇思考政治。有人质疑，普通人和精英是否同样把一些问题看成是政治的。法国学者布迪厄（Bourdieu）认为，学者们偶尔会做出有用的调查，但他不认为这些调查必然会测量出一个叫"舆论"的东西。他们曾经在调查中询问："您认为参加罢工、留长发、参加摇滚音乐节是否属于政治？"而回答的复杂多样让他们非常困惑。布迪厄还说，希望事情简单的记者们，常常把得到的已经简单化的数据进一步简化，因此到达公众时，就常常变成"50% 的公民同意停建铁路"之类的话语。应当对问卷进行严格的解读，对其中的每一个问题进行认识论上的审查，此外，还要从整个问题的系统出发讨论全部答案，从而了解什么是人们所认为的他们正在回答的问题。意见表达和测量过程是多维的,这些多维性需要被评估,以使研究者理解不同问题上舆论的特点。因此有人强调,民意调查所收集的是"人们在特定访问条件下对某种问题表述的反应"。

既然有这么多关于舆论的定义,那么哪一种定义最正确呢？这个问题比较难回答。事实上,上述五种关于舆论的定义都曾被使用,而使用这些概念取决于在什么情况下研究舆论。有人认为第一种最常见,因为以此为基础所进行的民意调查最能反映舆论。但实际上,记者和领导者们常常通过和利益集团的领袖谈话而获得对舆论更多的了解。与此同时,几乎所有的记者和决策者们都知道,舆论常常可以通过话语或写作中的修辞而被操纵。

选择哪种定义常常取决于以下一些因素。

一是研究的类型。例如,如果要考察19世纪末美国妇女关于选举权的意见,就需要从当时关于妇女选举权的历史资料,比如私人信件或妇女权益组织的文件中寻找相关证据。因为这是一项历史研究,研究者不可能做民意调查,关于舆论的定义就不可能是"个人意见的汇聚",而可以假定为舆论是个人与有组织的利益群体之间互动的产物。

二是研究的不同历史时期。在西方,从古希腊雅典民主时期,到封建君主专政时期,再到自由资本主义时期以及当代,人们对于舆论概念的理解有很大的不同。比如,在原始社会,并不存在当代民主制下不同意见的平等讨论,而更多是基于一种习俗和传统所形成的心理共识,因此,研究舆论要结合一定的社会发展来考察。关于这一点,可以参考第三章。

三是特定国家特定时期存在的技术手段,影响人们对于舆论的理解。以民意测验为例,比如,计算机技术在调查和数据分析上的便利使美国等一些国家非常普遍地运用民意测验来测量舆论。科学的调查手段确实可以保证所获得的调查结果接近于所有个人意见的汇聚,但是技术本身并不能决定我们如何理解政治和社会现实,而只是帮助我们以更有效的方式来理解社会现实。

关于舆论定义的多样性并不意味着舆论研究没有边界,在本书中,我们力图用系统的编排和介绍使读者了解什么是舆论研究的范围。为便于把握舆论的概念,最后我们还可以参考一下《不列颠百科全书》中的简单定义:"舆论是社会中相当数量的人对于一个特定话题所表达的个人观点、态度和信念的集合体。""几乎所有的学者和公众意见的操纵者,都同意舆论的含义至少包括四个因素:(1)必须有一个问题;(2)必须有多数个人对这个问题发表意见;(3)在这些意见中至少有某种一致性;(4)这种一致的意见会直接或间接地产生影响。"①

第四节 舆论的形态特征

上文所介绍的对舆论概念的不同界定,主要强调了对舆论本质属性的不同看法,但是一般说来,对舆论的形态特征,还是有比较一致的看法。

一、舆论是公开的表达和传播

传统上有"腹诽"和"民心所向"之说,但只有公开表达的意见才构成舆论。学者王雄特别强调舆论概念成立的一个前提条件,即自由和自愿的表达欲求。他因此对舆论与民意加以区分。他认为舆论是一种公开表达的意见,而民意则是存在于民众心中的关于社会事务的想法、意见、愿望和评价,以不公开表达为前提。"因此,舆论的基础是民意,但民意并不一定表达为舆论;公开表达的舆论并不必然代表民意(受控制的新闻舆论可以轻而易举地掩盖真实的社会舆论,并'代表舆论')。"②作者以此强调意见表达自由的重要性。但喻国明、陈力丹等学者则特别关注不同形式的态度表达,因此区分出潜舆论、显舆论和行为舆论等三种舆论存在形态,以便深刻而全面地把握舆论及舆论背后的民意,从而有利于有效地引导舆论。③

从根本上讲,民意可以说是一种态度。我们假定态度存在于个人心中,人们可以通过各种语言和非语言方式展示他们的态度,社会科学家从人们的外在言行推论出态度的存在,对民意的把握很大程度上是对社会心理的把握,因此民意测验虽然能以调查访谈方式系统地测定舆论,即态度的公开表达,却不是把握态度表达的唯一方式。公众给地方行政部门打电话、在公共论坛上发表意见甚至集会游行等,都是态度表达的方法。

舆论从根本上讲乃是一种社会意见事实。④舆论只有通过公开的表达和传播,在公开化的过程中,增强意见的交流,取得社会更广泛的认同,才能扩大声势和影响,取得力量和权威。舆论活动者会充分利用消息传递、讨论辩论、签名请愿、集会游行甚至罢工罢课、社会骚乱等各种形式把意见向社会公开传达。而舆论的控制者则要用各种方法引导甚至限制舆论的表达和传播。在当今社会,需要建立适当的舆论表达机制,允许人们合法地进行意见的表达和交流,使民意得

---

① 美国不列颠百科全书公司编:《不列颠百科全书(国际中文版)》第14卷,第2—6页。
② 王雄:《新闻舆论研究》,新华出版社2002年版,第7页。
③ 参见陈力丹:《舆论学——舆论导向研究》,第90页。
④ 王雄:《新闻舆论研究》,第7页。

到适当的宣泄和疏导。否则,轻者可能导致舆论以谣言、流言等形式出现从而成为社会不安定的因素,重者则可能造成对抗性的群体冲突事件,导致社会危机和结构性破坏。

二、舆论有具体的特殊的指向

相对于其他意识形态,舆论的指向性往往非常明确,或者针对某人或某个组织,或者针对一件事或一个具体问题。舆论讨论往往是由某人某事说开去,有感而发,有的放矢。以汶川地震中"范跑跑"现象为例,当2008年5月22日范美忠在天涯社区的闲闲书话板块发表了题为《那一刻地动山摇》的帖子之后,短短66小时,跟帖达444个。随后,报纸、电视等大众媒体的纷纷跟进,使消息传遍全国,舆论达到高潮。到5月25日,北大未名BBS的三角地版块先后有19个主题与此有关,跟帖量达209个。至5月30日,仅范美忠的《那一刻地动山摇》帖子下的跟帖就多达19屏(每屏约200条跟帖)。

舆论的指向性,决定了人们对相关人或事的各种具体的、细节性的现实内容的密切关注,也决定了人们对事物发展的最终结果,比如相关问题的解决、对相关人的处置等怀有的强烈愿望。参与讨论者中出现了"贬范派"和"挺范派",他们不断地解读"范跑跑"其文其人其事中的各种具体细节,并且意见指向各不相同。

实际上,就态度而言,人们对某一问题的立场也常常在细节问题上表现出显著的差异。比如某人可能赞成妇女有权决定是否施行堕胎,却反对怀孕三个月后或在其他特殊情况下施行堕胎。大多数人不是简单地赞成安乐死,而是在医学确认病人无救治可能性,并且面临生存痛苦和困境的情况下施行安乐死。所以,民意调查如果只是简单地搜集人们对特定问题"是"或"否"的意见,恐怕难以得出正确的结论。

三、舆论表达具有明显的倾向性

舆论表达往往由一系列主观的评价判断所组成:好还是坏,美还是丑,对还是错,赞成还是反对。作为现实生活的参与者和观察者,人们往往根据自身的生活体验、以往的知识储备、既定的价值观念,以及个人的利益需求等,对所掌握的信息进行判断和表达。如同盲人摸象,虽然人们进行评价的事物可能是客观的,但人们对事物的认识可能各不相同,带有强烈的主观性。建立在个人认识基础上的评价则更是主观的。舆论的倾向性就存在于各种各样的意见表达中,也存在于各种组合的评价判断中。就个人而言,每一种意见表达都代表一种倾向。而就舆论总体而言,在舆论发展过程中则往往容易形成多数人一致的集体的倾向性。如果认识到舆论表达的主观性和倾向性,那么就更应认识到客观公正的信息传播和培养知晓型公众的重要性。在2008年拉萨"3·14"事件中，无数中国人强烈谴责西方媒体的不实报道，这显然是非常重要的行动。对于舆论研究来说，重视新闻媒介对社会舆论的影响显然是非常必要的，但新闻媒介是否是舆论形成的唯一因素呢？除新闻媒介外，我们是否应更深入地考察舆论表达的其他影响因素呢？

四、舆论的稳定性和强度

舆论力量的产生很大程度上取决于舆论的稳定性和强度。稳定性是指在一段时间里人们意见的一致性。在一段时期内一致性的意见表达越多，就越可能受到关注。如果针对某个问题的舆论频繁变化，则很容易被忽视。原因在于，稳定的舆论会被视为真正的舆论，而变化不定的舆论则可能被认为反复无常，不了解情况。在2007年厦门市民反PX事件中，连岳等人充分发挥了议题管理功能，保证了舆论的稳定性和持续的强度。

如果人们对某一问题有很强烈的感受，或者对某一问题的激烈争论导致了社会的强烈关注，那么就可能形成很高的舆论强度。如果针对某个问题存在一个对立于相对无动于衷的多数的强硬少数派，那么多数人的意见也可能因为少数派的强势而被决策者忽视。如果无论多数方还是少数方的意见都不强，那么决策者就可能认为，舆论环境允许他按照自己的意愿行动。而如果多数方意见强硬，那么决策者也可能被迫对舆论要求做出反应。

舆论的强度也可能受人们所把握的信息内容的影响。有很多证据表明人们并不很了解公共事务，可能对公共事务漠不关心或者做出错误判断，因此对公众知晓权的维护非常重要。但是在很多情况下，非知晓型的舆论对政治的影响，常常和知晓型舆论同样重要。

五、舆论是一个变化发展的过程

社会学家库利曾说："如果我们想看清其本来面目的话，公众舆论应被视为一个有机的过程，而不仅仅是一种对一些问题普遍同意的状态。实际上它是一个复杂的成长过程，总是由过去延续而来，从来不会变得简单，而且其中只有一部分偶尔会与确定的行动统一起来。"①"共同意见是舆论的基础"这种观点的主要论点是：形成共同意见是做出决定的唯一方式，因而也是行动的唯一方式，换句话说，只有作为一种共同意见，舆论才可能发挥作用。实际上，这种认为只有当人们意见相合的时候才可能产生舆论的观点，包含着一种早期社会心理

---

① 〔美〕查尔斯·霍顿·库利：《社会过程》（洪小良等译），华夏出版社2000年版，第318页。

学的过时观念,即认为个体在正常状态下都是孤立的,社会生活的出现部分归因于这种孤立并以某种特殊的方式聚合在一起。正是这种思维习惯使得大部分人难以理解,为什么一个对某一问题进行了深思熟虑和详细讨论的群体,可以不管其成员是否同意或反对就能形成一种舆论。

简而言之,从事件的发生到相关消息的传递,到各种意见的汇聚、交流和互动,直到最后的决定及其影响,舆论的心理过程使被讨论的事件有所发展,并导致了行动统一体的产生。毋庸置疑,决定是其中一个至关重要的阶段,并且从某种意义上来说,注意、讨论和民主的组织这一系列过程都是为决定所做的准备。但同样正确的是,决定仅仅是一个局部的甚至是表面的行动,包括对不同寻常的意外事件的妥协和调整。无论是在个人还是公众方面,对人类心理的真正理解都要求把它视为一个整体的过程,在这个过程中多数人同意和决定都只是过渡性的阶段。

舆论发展处在不断变化的过程中。首先,社会处在不断变化的发展中,针对各种新发生的事件,各种意见有可能出现汇聚。其次,舆论的存在是以公众的关心和持续的意见表达为前提的,如果公众的关心和持续性的意见表达缺失了,那么舆论也就自动消解了。舆论的消解有很多种原因:或者是舆论的力量导致了问题的解决,事情的不确定性取消了,社会矛盾化解了,公众也就对相关问题失去兴趣,舆论消解;或者由于某种限制,公众不便发表意见,舆论场消解,或者暂时消解。

第五节 舆论研究的重要性

随着中国改革开放的深入和社会的迅猛发展,越来越多的新情况和新问题摆在了党和政府面前,新媒体的发展和传统媒体的变革也为社会舆论的表达创造了更多便利,因此,近年来各种舆论现象引起了学者的广泛关注,舆论研究的重要性不言自明。作为一本主要面向在校大学生的教材,本书作者要进一步强调,舆论研究不属于某一个单独的学科,而是一个广泛的领域,要以多学科的基础知识和研究角度为支撑。许多学科的学者都想了解人们对公共事务的态度如何形成、如何传播、如何测量,以及如何发挥作用。政治学通过考察公民在政治中的作用来把握舆论,从而把握一国政治的基本特征。心理学中的态度研究、认知理论以及相关的测定技术为我们理解个人态度提供了重要帮助。社会心理学研究个人态度形成过程中所受到的他人影响,以及集体态度和行为的形成。社会学的研究则侧重于社区中的社会结构和社会过程如社会运动,对舆论的影响以及舆论在其中的作用。现代统计学促进了以调查为主的现代舆论测量。传播理论的发展则促使我们更多地关注现代传媒与舆论和大众行为之间的关系。因此,学习舆论学有利于学科知识的拓展和整合,以培养更深厚、更广博的学术观察能力。

舆论研究与社会发展同步,对舆论的把握对于民主社会来说至关重要,具体理由如下。

第一,民主国家的公共政策应当以民意为基础。尽管对于公众在政策制定中应当发挥什么样的作用有不同的理论看法,但所有人都承认人民应当对于他们如何被管理发表看法。在大多数情况下,舆论与政策决策之间的有效互动,有助于社会稳定发展,并促进保障公民的合法权利。

第二,舆论在某种程度上具有制约和监督功能。舆论可能制约官员的无能、腐败乃至错误判断。尊重民意可以有效地制约权力,以防止在任何国家任何时期都可能存在的个人惑众甚至独裁的危险。

第三,舆论帮助我们理解文化。舆论与文化密不可分。除了一些美学产品,如艺术、音乐、舞蹈之外,舆论以意见的方式,反映文化中的规范、价值观和品味,因此有利于我们理解文化。

第四,把握舆论规律有利于社会动员。除去战时动员,即使在和平时期也可能出现一些需要全体动员的事件,如地震等自然灾害、突发性事故等。领导人如果要进行说服式动员,那就需要理解公众的态度、信念、价值观等,此外还必须很好地把握舆论发生机制和发展规律,以达到良好效果。

除此之外,在新媒体时代,消息的传递与意见的汇聚如此广泛、迅速和深入,各种职业的人都可能随时面临各种舆论压力,因此舆论知识应当为更多的人所了解和把握。

小结

本章首先探讨了民意与舆论以及网络舆情等概念之间的区别与联系,特别强调了在传统中国政治文化背景下,"舆论"一词所暗含的等级制观念,因此更接近于民意(general will)而不是西方式民主语境下的舆论。其次简要回顾了公共与公众概念的起源并区分了三种主要的公众类别。在对舆论概念的界定中提出五种主要的定义,并强调其不同的重点和适用范围。最后总结了对舆论形态特征相对一致的学界看法,并强调了舆论研究的重要性。

思考题

1. 民意、舆论以及舆情之间有什么区别与联系?

2. 舆论有时又称公共舆论或公众舆论,三者之间有什么区别与联系?

3. 公众(public)有哪些分类?公众与"大众"(mass)及"乌合之众"(crowd)的概念有什么异同?

4. 对舆论概念一般存在哪几种界定?每一种界定所强调的研究重点是什么?对此你有什么看法?

5. 试以一个舆论现象为例,分析其中典型的舆论形态。

6. 舆论研究主要和哪些学科密切相关,为什么?请谈一下你的看法。

推荐阅读

〔美〕Vincent Price:《传播概念·Public Opinion》(邵志择译),复旦大学出版社2009年版。

第二章 舆论形态的历史演变

1127年2月,一个名叫陈东的学士联络太学生和成千上万名民众聚集在京都皇宫门前,递交请愿书请求恢复主战派李纲的职务,谴责主和派李邦彦嫉贤妒能,并批评朝廷决策正中敌人下怀。据《宋史》记载:"军民从者数万。书闻,传旨慰谕者旁午,众莫肯去。"请愿民众击登闻鼓示威,喧呼震地。侍卫首领惧怕出现骚乱,就恳请皇上答应请愿民众的要求。皇帝恩准并指派一名宦官前去宣布对李纲的新任命。宦官宣读完圣旨之后,请愿民众攻击并杀死了他,把他的尸体撕成碎片,另外还杀了几十名宦官。[1]

舆论研究为什么要从研究历史开始?简单来说,一是为了理解现在,即事物是如何发展而来的。比如要了解一个朋友现在的行为,我们很可能需要从他以往的经历中寻找更多的信息。同样,如果我们要理解当今的社会文化,我们也需要知道过去:政治文化如何发展至今?什么样的社会运动改变了人类的社会实践?二是因为历史会提示我们可能的选择。如果我们通过历史研究,了解到有诸多的舆论传播方式,我们就会在表达意见和评估民意上更有创造性。有两种考察舆论历史发展的方法:其一,关注不同时期人民用以表达其思想的传播手段和工具,以及社会管理者评估这些表达的思想方式;其二,关注不同历史时期的哲学家、思想家关于舆论概念的争论。这两种方法无优劣之分,而是互相补充。在本章和下一章中,我们采用社会史和思想史两种方法,既考察在不同历史时期社会舆论如何被表达和测量,又要理解舆论概念的发展。

第一节 中国古代的舆论表现形式

民族志的大量材料可以证明原始氏族公社的舆论存在。达尔文的研究表明:"原始人在很荒远的一个时代里,是受到同辈的毁誉的影响的。显然,同一部落的成员对他们认为是对大家有利的行为会表示赞许,而对被认为是邪恶

---

[1] 参见林语堂:《中国新闻舆论史》(王海、何洪亮主译),中国人民大学出版社2008年版,第44页。

的行为表示谴责。"①一些民族的禁忌也常常以舆论的形式表现。在《民族学概论》一书中,杨堃教授谈到,任何违背通婚规定的行为,例如同一图腾信仰的民族男女之间发生了性关系,在人们看来都是冒犯了"大不韪",都是不道德的,要受到舆论的谴责甚至严惩。②在氏族公社时期,也存在着公共事物共同管理、重大事务由民众大会讨论决定的机制。恩格斯曾援引摩尔根的《古代社会》并指出,易洛魁人有酋长议事会,遇有重大事务,酋长议事会"在聚集起来的民众面前公开举行,每个易洛魁人都可以发言",民众的意见对决议"有决定性影响"。③

"舆谔"被看成中国原始社会意见表达的最初形式。《吕氏春秋·淫辞》中有所谓"今举大木者前呼舆谔,后亦应之"的描写。"谔"是一种齐声歌唱,反映了语言成熟以前,原始社会人民在共同劳动中的一致表达和协作关系。④中国古籍中有各种重视民意的相关记载,如《管子·桓公问第五十六》记载:"黄帝立明台之议者,上观于贤也;尧有衢室之问,下听于人也;舜有告善之旌,而主不蔽也;禹立谏鼓于朝,而备讯也;汤有总街之庭,以观人诽也;武王有灵台之复,而贤者进也。"《吕氏春秋·自知》讲:"尧有欲谏之鼓,舜有诽谤之木。"《古今注》中说:"诽谤之木何也?答曰,今之华表木也。"西汉司马迁在《史记·商君列传》中有言:"千人之诺诺,不如一士之谔谔。武王谔谔以昌,殷纣墨墨以亡。"其中"谔谔"是指直言争辩的样子。"谔谔以昌"就是说,百官敢于直言争辩,国家就会兴盛。

徐向红认为,受制于一些基本的社会因素,如自然经济、血缘伦理、集权政治和大一统观念,为维系宗法制度和意识形态的统一,中国古代舆论体制的上行路线,表现为进谏与纳谏的统一,而下行路线则表现为教化与顺化的一致。具体而言,制度上较完备,包括采风制度、谏诤制度、朝议制度、监察制度等。形式上较丰富,如奏疏、文章辞赋、诗歌民谣、传语时论、露布檄文等。此外还有多种多样的舆论形成方式,如辩论、讲学游说、察举策对、清议党议、人民上书等。与此同时,统治者不断施行严密的舆论控制。如对影响决策的朝官之议,一是利用、收买、操纵,二是限制、辱杀。对被引为经典、影响当世的古人之议,能用则用之,不能用则删之、禁之、毁之。对影响身后评价的史官之议,则心存顾忌,千方百计加以篡改。对影响社会政局的庶民之议,历代统治者下力气最大,思虑最多,控制措施最为圆熟。一是制造舆论,利用舆论。二是思想判罪、实行言禁,包括言论之禁、书籍之禁和新闻之禁等。⑤

---

① 〔英〕达尔文:《人类的由来》(潘光旦、胡寿文译),商务印书馆1983年版,第203页。
② 杨堃:《民族学概论》,中国社会科学出版社1984年版,第233页。
③ 《马克思恩格斯选集》第4卷,人民出版社2012年版,第107页。
④ 参见何扬鸣、张健康编著:《20世纪中国新闻学与传播学·宣传学和舆论学卷》,复旦大学出版社2002年版。
⑤ 徐向红:《现代舆论学》,第37—52页。

林语堂先生于 1936 年出版的《中国新闻舆论史》①英文版,被认为是中国舆论史研究的开山之作。他认为统治者和被统治者之间总是存在一种潜在的对立,因此,某种公众批判总是存在于任何形式的政府中。秉承这一史观,他分别考察了不同历史时期的民间意见表达。

　　按照林语堂的观点,从孔子编订的《诗经·国风》开始,以民谣和讽刺诗传诵的形式表达对统治者的批评已经成为中国传统之一,近三千年来从未中断,远远超过西方。汉代的"太学谣"曾广为流传并被正式记录,反映了当时三万太学生对抗朝廷,这也是中国舆论史上第一次有组织的舆论事件——太学生运动。

　　太学生运动起于太学清议。东汉后期,政治腐败,士大夫中形成了以品评人物为基本形式的政治批评的风气,具有一定的激浊扬清的作用,时称"清议"。一些善于品评人物的"天下名士",对人物的评论可左右乡间舆论,进而影响士大夫的仕途。太学则成为清议的中心。"自公卿以下,莫不畏其贬议"(《后汉书·党锢列传》)。安帝以来,农民暴动四起。太学生认为宦官外戚的统治是引起民怨、招致王朝衰败的主要原因,因此力图以清议的手段打击宦官外戚势力,挽救东汉政权。当时郡国学的诸生,也与太学清议相呼应,形成了更广泛的舆论力量。这些学者主要的批评手段,首先是歌谣,其次是联名请愿和向朝廷呈送弹劾的奏折,最后是利用手上的权力。太学生运动导致了激烈的论战和"党锢"运动,并最终引发大规模的囚禁和杀戮。魏晋时期,"清议"让位于"清谈"。清谈在思想观念上走向清议的反面,不再关心政治的廉洁和公正,倾向于从现实生活的真实世界中脱离出来,转向道家哲学纯粹的乌托邦中去。儒家学说也失去了思想统治地位,而被老子的"无为而治"和庄子的"逍遥"思想所取代。一种漠视政治、崇尚享乐和声色的风尚席卷全国。然而与太学生运动类似的学潮,从此以后直到宋代和明代都不断重演,从一个侧面展示了中国知识分子的勇气和胆识。宋朝的太学生运动与东汉相比,一是持久,历时一个半世纪;二是反对外敌入侵而非反对宦官暴政;三是没有有组织的党派团体,而是广泛采用联合情愿和在宫廷前集合抗议的形式,因此没有导致激烈的宫廷政变,也没有遭到朝廷制裁。这些运动的最终失败表明,在中国古代,表达人民声音和意见的法制途径是缺失的。除非宪法给予保护,否则,建立名副其实的舆论力量是不可能的。

　　以御史和谏官为代表的言官制度,也是中国古代官僚机构的重要组成部分。早在战国时期,韩赵魏齐秦等国都设御史,其主要职能是记史,但已经兼有监察的职务。秦始皇统一六国,奠定了中央集权统治的基本模式,其中包括负责监察

---

① 参见林语堂:《中国新闻舆论史》(王海、何洪亮主译),中国人民大学出版社 2008 年版。

内外官吏、促进国家法令贯彻实行的御史制度。言官监督的对象主要是帝王、宗室、各级官吏。他们将官员违法行为如实反馈给帝王,也对皇帝的不符合礼法的行为进行谏言。历史上曾多次发生言官前赴后继、联名结社进行情愿和抗议的事件,甚至有言官以"尸谏"的方式进行请愿弹劾,有些官员还利用"封还上谕"的权力,将需要颁布的圣旨返还给皇帝,以提出批评或修改建议。但这一制度也存在明显的缺陷,有很多言官因言获罪,遭遇罚款、降职、囚禁、流放甚至处死等各种处罚。在明朝万历年间,由于御史官与当朝大臣之间不断发生冲突,一些官吏被迫辞官,引退并加入东林书院,继续从事批判朝廷的活动。东林党人号称"清流",他们怀着忧国忧民的意识,意在有所作为,影响着天下的舆论,形成了一股不容忽视的政治势力。

报刊被视为重要的信息传播和意见表达工具。中国的报纸可以追溯到唐代的进奏院状报、开元杂报以及宋代的邸报,内容以报道朝廷政事为主。宋代及以后各代,常有一种小报,发行者通常是各地驻在首都的进奏官、使臣、政府机关的中下级官员和书肆主人,内容主要是政府没有公开的"朝廷机事"、不准备发表或尚未发表的皇帝诏旨、大臣表疏和官吏任免事项等。南宋时,小报上还常载有北方军民抗击金兵的消息和主战派官员反对议和的奏疏,后被加上"撰造浮言""乱有传播"等罪名,受到严厉查禁。19世纪初,现代报纸由传教士引入中国,在中国波澜壮阔的现代历史进程中,不断发挥着重要影响。

第二节 西方古代早期的舆论表现形式

英国哲学家大卫·休谟在他1739年出版的作品《人性论》中使用了"舆论"这个概念。但在此之前,包含了一致同意、共同基础等含义的和舆论十分相似的现象在许多历史时期都曾经出现。《不列颠百科全书》记载了古代埃及的一首诗,反映出一种舆论的激变。关于民众态度的类似说法也可以在古巴比伦和亚述的历史中找到。古代以色列的先知者有时向民众辩护政府的政策,有时则呼吁民众反对政府,在这两种场合中他们都关心舆论的变动。

最为典型的是公元前6世纪至前5世纪古希腊以雅典城邦为代表的民主政体。在顾准所著的《希腊城邦制度》详细描写了雅典民主制如何仰仗民意。[①]所有公民有权参加的公民大会是国家最高权力机构,集立法、司法和行政大权于一身;公民大会定期召开,任何公民都有创制权,在会上自由发言和进行讨论;公民集体商议决定国家一切大事,最后决议以简单多数票通过;所有其他国家机

---

① 顾准:《希腊城邦制度》,中国社会科学出版社1982年版,第132页。

构,或者是公民大会的派生物,或者直接对公民大会负责。为吸引和保证贫穷的公民担任公职和从事政治活动,减轻为生计而忙碌的穷人的经济负担,国家发放公职津贴。还有最为著名的所谓"陶片放逐法"。每年春季,召开一次非常公民大会,口头表决公民中是否有人危害了公民自由,是否要实行陶片放逐。假如指出了其人,就召集第二次公民大会,每个人在陶片或贝壳上写下他认为危害公民自由的那个人的名字。凡被大多数投票判决有罪的人,就要离开雅典十年,但财产不被没收。期满回来后,即可恢复以前的一切权利。在这一制度下,出现了一批"智者学派"(sophists),专事教人如何进行公共演讲和说服,因为财富、声望和尊重既可以通过说服民众来获得,也可能因此而被褫夺。

需要指出的是,这种民主制有着明显的局限性和鲜明的阶级性。一是只有公民才能享受民主权利,广大妇女和外邦人都不在此列,奴隶就更不用说了。雅典当时约有十二万成年人,只有四万人是自由公民。其他的人,包括两万五千个外邦人,和五万五千个奴隶,都没有公民权。二是集会规模很小,大多数城邦集会的参加者不过数百人,最大的也不超过数千人,而城外的农民无法经常出席公民大会,实际被褫夺了公民权。三是大多数公民文化水平低,舆论主导权实际掌握在少数寡头手里。

罗马时代,"公民会议"发展为"部落会议"和"百人团会议",在牛栏形的围场举行。人们可以个人身份发言,多数表决决议。开会时,平民也可以组成"院外"集团,从事演讲和游说。不过和古希腊一样,实际参与的人很少,公民会议也经常被操纵。真正表达民意的方法是罢工和暴动。在与贵族的斗争中,平民曾多次举行总罢工。他们曾几次从罗马列队出走,威胁要在台伯河上建一座新城,逼使贵族让步。

在古罗马,作为舆论形成的必要条件,新闻的广泛传播已经出现。消息的传递主要借助人际渠道。公元前51年,当罗马政治家西塞罗在西里西亚时,他要求他的朋友凯基利乌斯随时告诉他首都发生的事情。凯基利乌斯则答应,如果发生了任何有重要政治性质的事情,就会尽力地向他说明根源、关于此事的一般舆论以及它揭示的未来行动的情景。罗马有自己的壁报,由罗马官员编写并张贴在公共场所,向人民报告政府的活动以及当地大事。

第三节 中世纪西欧的舆论表现形式

在中世纪的西欧,人民生活在传统的农业社会中,绝大多数的活动和态度都受制于个人的生活状态,但是类似舆论的现象仍然可以在宗教人士、知识分子和政治精英中看到。宗教争论、教皇与神圣罗马帝国之间的斗争,以及各国的改朝换代等，都需要运用说服手段，争取追随者，统一支持者们的意见。1191年，英格兰的威廉主教曾被他的政敌攻击，因为他雇用民谣歌手在公共场所颂扬他的功绩，所以"人民说他好像世无匹敌"。皇帝们和教皇们之间的宣传战主要是通过布道进行，但手写作品也有一部分作用。

　　从13世纪末开始，卷入时事争论的人群稳步扩大。主要原因是，教育在世俗人群中迅速普及，意大利人文主义的兴起导致出现一群作家和时事评论员，那些要巩固民族国家的国王也急切地需要他们。一些作家被邀请担任顾问和外交使节，其他人则被聘作评论员，因为他们有能力左右舆论。其中有一个意大利人阿雷蒂诺（1492—1556），据说比起所有其他人来，他更善于诽谤、威胁和吹捧，因此西班牙的查理五世和法国的弗兰西斯一世都找他帮忙。

　　15世纪活字印刷的发明和16世纪的新教改革进一步增加了能够对时事争论形成意见的人数。马丁·路德放弃古拉丁文，转向方言写作，从而直接面向人民。他曾写道："我很高兴将从事伟大事业的荣誉留给他人，也不会因用德语向未经教育的人布道和写作而感到耻辱。"路德的《九十五条论纲》被刊印，并在整个欧洲传播，尽管这有些违背他本人的愿望。除了神学类著作外，路德还进行了其他一些主题的写作，如对土耳其之战、农民起义和高利贷之恶等。他的有力表述遭到他的许多世俗的和宗教敌对者的强烈反对，但促使对当时的重要事务怀有意见的社会群体日益壮大。

　　在三十年战争期间（1618—1648），有人试图广泛地制造和影响舆论，争论双方都散发大量有木刻插图的宣传品，还用演讲、布道和面对面讨论的方式来左右舆论，而政府和宗教当局，以愈来愈严的审查制度，来控制那些异端思想传播的做法，则不足为奇。1471年，教皇西克斯特斯率先宣布，对一切书籍要事先进行检查，由此开始了对出版业的大规模迫害。1550年，查理五世颁布了迫害异端诏令，史称"血腥诏令"。诏令宣布"禁止任何人刊印、抄写、持有、保藏、出售、购买以及在教会内、街道上和其他地点散发下列各人的一切刊印的或手抄的文集：马丁·路德……及其他异端创始人"。否则，"男人——杀头；女人——如果不坚持错误，活埋，如果坚持，则受火刑"。诏令还规定不准减轻刑罚，不准请求赦免。1563年法国查理九世颁布法令，规定非经国王特许，任何作品均不得印刷。教皇保罗四世于1559年拟定了第一批禁书名单。此后四百年，罗马教廷先后公布了22批禁书名单。1789年法国革命后，宗教裁判所禁止阅读和传播《人和公民的权利宣言》。在1929年的罗马教廷禁书目录中，有几十名作家、约4000种著作遭禁，其中包括培根、布鲁诺、笛卡儿、斯宾诺莎、休谟、梅利叶、孟德斯鸠、伏尔泰、卢梭、狄德罗、康德、巴尔扎克、雨果、海涅、蒲鲁东、左拉、司汤达、乔治·桑、福楼拜等诸多著名人士。1948年，罗马教廷出版最后一期禁书目录。1966年，在世界舆论的强大压力下,梵蒂冈宗教裁判所委员会被迫改组为信理部。①

第四节 近代以来的新闻传播与舆论

不成熟的新闻服务从古代起就一直被政府当局和富有的商人们把持着,只是不公开而已。从13世纪开始,早期金融和贸易资本主义由意大利北部城市逐步向西欧和北欧蔓延。随着远程贸易和新的交易市场的兴起,商人们在核算时越来越需要准确了解远方发生的事情。因此从14世纪开始,古代商人间的信件往来已经演变成为一种带有职业性质的沟通系统。大概就在交易所出现的同时,定期邮路开始形成。大的贸易城市同时也是信息交流中心。

近代早期最大的新闻中心是金融交易市场。随着在诸侯的封地支付文官薪俸和士兵薪饷制度的施行,王公们发现必须借钱。反过来,银行家则需要详细了解王公们的信用、他们的政治前途以及在臣民中的声望。各种政治和经济的信息汇集到安特卫普、里昂和纽伦堡等借贷中心,这类信息导致了银行界的一般舆论。交易所的意见常常见于当时的各类文件中。英国的伊丽莎白女王之所以被认为消息灵通,就是因为英国王室的财政代表托马斯·格雷欣爵士和安特卫普交易所保持经常性的联系。

但是商人们所需要的是一个能够保守商业秘密的信息系统,市政管理机构和宫廷需要的则是一种能够保守政治秘密的信息系统。两者都无意于把信息公之于众。他们更感兴趣的是"书写的报纸",是信息商汇集起来的私人信件,而信息商这样做则纯粹是出于职业动机。② 1464年法国首先开设了定期邮政服务,1490年这一服务也在奥地利帝国开始推行,从而便利了信息的迅速传递。到16世纪,人们已可以在欧洲许多大城市买到专门的新闻报纸。一份印于1514—1515年的新闻纸,摘记了一位商人的信件,其中谈到葡萄牙人发现了巴西。

大约在1600年出现了第一批定期出版的报纸。开始是一周一期,到17世纪中叶就改成日报。印刷的报纸通常都是出自早就开始出版手写报纸的通讯社。当时的私人通信中已经开始出现有关国会和战争情况、农作物收获、税收、贵金属贩运以及国际贸易等各种广泛而详细的消息,但是由于上文所说的商业秘密和宫廷秘密原则,经过"手写"报纸过滤,发布在印刷报纸上的消息非常之少,基本没有什么使用价值。当局很快就开始用新闻媒体来维护其统治。1631年法国创办了国家报,1665年英王查理二世以此为样板,出版发行了《伦敦报》。

---

① 详见董进泉:《黑暗与愚昧的守护神——宗教裁判所》,浙江人民出版社1988年版。
② 参见〔德〕哈贝马斯:《公共领域的结构转型》(曹卫东等译),学林出版社1999年版,第14—15页。

官方报纸向所有臣民发布公告。但通常它们并不能到达"普通人"那里,最多只能到达"有教养的阶层"。当局对一些非官方报纸采取严密的新闻检查,重点在境外新闻、宫廷新闻和一些贸易消息。

17世纪中叶,不仅茶叶早已普及开来,而且连巧克力、牛奶和咖啡也成为民众当中富裕阶层的一般饮品。此后不久,一个地中海国家的商人的车夫开了第一家咖啡馆。到18世纪初,伦敦已经有3000多家咖啡馆,每一家都有固定的常客圈子。他们先是围绕着文学和艺术作品展开批评,然后很快就扩大为关于经济和政治的争论。在法国,这样的争论常常是在沙龙里进行的。在德国,相似的情况则出现在一些学者的宴会、古老的语言协会以及一些秘密团体中。

从17世纪末开始,杂志作为报纸的补充开始出现。杂志上所刊登的主要不是信息,而是教诲文章,乃至批评和评论文章。1709年,第一期道德周刊在英国推出。新杂志与咖啡馆生活联系密切,以至于随意翻阅某期杂志,都可以完整地复述出咖啡馆里的生活。而进咖啡馆的人也已经形成广泛的圈子,以至于这样一种上千人的圈子,必须要依靠一种媒介才能组织起来并维持下去。报刊文章不仅被咖啡馆成员当成讨论的对象,而且被看成是他们的一个组成部分。在一家名为"布顿咖啡馆"的西边,安装有一个狮子头。读者可以把信从它的嘴里扔进去,而编辑每周都要从中选择一些读者来信刊登,题为《咆哮的狮子》。报刊中有些文章保留对话的形式,表明它们十分接近于口语,以便于读者跨过阅读,重新进入起初的对话媒介中。后来出版的一些此类周刊甚至不要日期,以此来强调相互启蒙过程的永恒连续性。①咖啡馆被视为政治动乱的温床。早在1674年和1675年,英国政府就曾几次发布公告,号召人们提防咖啡馆辩论所引发的危险。公告中说:"人们自以为有一种自由,不仅在咖啡馆里,而且在其他地方和聚会上,不论是公共场所还是私人场合,随意评论和诋毁国家事务,大谈他们并不懂的事情有多少弊害,在英国臣民的头脑中制造和鼓励一种普遍的猜忌和不满。"②

1695年,英国的"光荣革命"导致历史上第一个内阁政府的成立,标志着议会制发展到了一个新的阶段,而在同一年颁布的许可证法彻底结束了书刊检查制度。尽管当时书刊还一直受着严格的诽谤法以及诸多关于王室和议会特权的规定的约束,1712年通过的印花税法也曾造成暂时的倒退,但英国的出版界显然享受着高于欧洲其他国家的一些特有的自由。

在这种新形势下,英国的新闻事业蓬勃发展,出现了如《评论》《观察家》《考察者》等一批新杂志,以及笛福(Defoe)、塔钦(Tutchin)、斯威夫特(Swift)等一批代表

---

① 〔德〕哈贝马斯:《公共领域的结构转型》,第47页。
② 同上书,第70页。

性的人物。笛福被称作第一位职业报刊的撰稿人,他不仅像当时人们所做的那样利用传单,而且在新的杂志上为辉格党人的事业辩护。事实上,正是新的议会内阁制,使真正具有现代风格的政治新闻事业得以创立。两位辉格党人曾用假名"卡图",为当时影响最大、发行最广的《伦敦杂志》(London Journal)写了一系列社论。这些文章,尤其是在"巴拿马"丑闻期间,极力"为正义而大声疾呼"。1721年,这家报纸还公开发表了议会设立的调查委员会的记录,并发表评论,从而引起广泛的注意。1722年,该杂志被辉格党人正式收购,而以博林布鲁克为首的反对派托利党人则在1726年创办了《匠人》(Caftsman)杂志。直到这位主编于1735年流亡法国为止,这个杂志一直是反对派的时事论坛。

博林布鲁克及其朋友懂得如何利用这样一种大众舆论去形成一种公众舆论,以实现政治目的。"应该说,这种公众舆论是由另一种因素引导的,即一种独立的新闻业的建立。这种新闻业懂得如何确立自己与政府相对的立场,把针对政府的批评和公开的反对立场提高到一种规范的高度。"① 正是有了《匠人》杂志以及随后问世的《绅士杂志》(Gentlemen's Magazine),报刊才真正成为具有批判意识的公众,即第四等级(fourth estate)的批评机构。

实际上,报纸和议会的关系也经历了差不多一个半世纪的演变。最早的政治报纸,如1643年出版的《宫廷、城市和乡村消息日报》,经常刊登关于议会(当然是王权下的议会)的经过严格审查的报告。1681年,有关议会某些讨论结果的投票表决的简略报告被批准发表,但是议会坚决要求禁止公众接触这些报告。此后很长一段时间,刊登议会报告仅限于一些明显偏袒政府的"政治报刊",如《大不列颠政治状况》和《历史记录》,议会中的反对派只能在一些周刊上,偶尔读到有关自己的代表的最重要的讲话报道,或者由反对派自己以小册子的形式汇集一些代表的议会演讲。但是30年代的《匠人》杂志创造了新的批判氛围。代表辉格党的《伦敦杂志》和代表反对派托利党的《绅士杂志》,开始对议会辩论进行报道,以至于议会不得不反复重申有关出版方面的禁令。到1738年,议会甚至下令,把在两届议会之间发表议会辩论记录视为侵犯议会特权。议会特权最早是用来同王权对抗的秘密而有效的武器,现在却被用于同代表舆论的报刊对抗。直到1771年,伦敦市参议员威尔克斯(Wilkes)才成功地在实际上而不是在法律上破除了议会的这种特权,因为有关他作为《晚邮报》(Evening Post)主编侵犯议会特权的判决并未执行。当时《记事晨报》(Morning Chronicle)的主编伍德福尔(Woodfall)全文连载了16卷的议会演讲,从此,公众再也无法被排除在议会审议活动之外了。直到1803年,英国下议院议长才正式允许记者在议院楼

---

① 〔德〕哈贝马斯:《公共领域的结构转型》,第71页。

上旁听。在此之前近一个世纪的时间里,记者们只能不合法地偷听。

除报刊的发展外,在英国资产阶级革命期间,舆论也有诸多其他形式的表现。自 1680 年以来,就有多次民众情愿活动。在 1701 年和 1710 年,有关请愿曾迫使议会解散,但是这些呼声基本上被国王所利用。到 1770 年,公众集会规模越来越大,越来越频繁。政治结社大量涌现。到 18 世纪末,议会两党开始在议会外建立起组织基础,这种"院外组织"的范围,超出了请愿、公众集会和政治协会的范围。由于地方支部的建立,它们首次具有了严密的组织形式。议会专制主义不得不一步步地让出它们的特权,诸如"民意",甚至"老百姓的意见"等词汇也不再使用。1792 年,议员福克斯(C. Fox)在众议院发表著名的演讲,提出"征询公众舆论理所当然地是正确而明智的""必须给公众一种形成舆论的手段"。这次演讲被认为是严格意义上的公众舆论第一次进入议会。①公众舆论被认为是受过教育和知情的公众,有能力形成某种意见之后,在公众讨论中形成的。它彻底打破了议会的排他性,使公众成为议员正式委任的讨论伙伴。1834 年,火灾后重建的议会大厦有了记者席。在此之前两年,关于扩大选举权的改革法案终于获得通过,修改了过时的选区名额分配。在当时约 2400 万居民中,有将近 100 万人获得了选举权。长期成为报刊所代表的公众舆论批评对象的议会,通过这个改革法案而被改造成公众舆论的喉舌。

大约在 18 世纪中叶,法国也出现了具有政治批判意识的公众。在 18 世纪前半叶,哲学家们的批判集中于宗教、文学和艺术。百科全书派则转向关心道德以及政治道德问题。18 世纪后半叶,受英国思想的影响,出现了一批俱乐部中的"绅士团体",更为关心经济问题。

使"舆论"一词广为流传的,是法国革命前夕路易十六的财务大臣内克(Jacques Necker)。他注意到 18 世纪的政治话语和政治特点发生了戏剧性的变化。资产阶级第一次通过人际交流和报纸来收集和讨论政治。他反复提到,公众的信任依靠政府债券的持有人和购买者关于王室当局生存力的看法。他也非常关心交易所的观点,同时注意到其他领域舆论的力量。他写道:"一切想引起人们注意的人都不得不出现在它面前;它就是公众舆论。""大多数外国人很难对法国公众舆论的权威获得一个正确的认识。只有费很大的功夫,他们才能懂得,这里有一个无形的权力;没有国库,没有卫兵,没有军队,但是这里制定法律,甚至在国王的王宫里也要遵守这些法律;但是,这里千真万确没有任何东西。"从此人们就开始谈论"内克先生的公众舆论",这种说法甚至进入了给国王的报告中。②但是内克

---

① [德]哈贝马斯:《公共领域的结构转型》,第 76 页。
② 同上书,第 100 页。

并不关心所有法国人的意见。在他看来,形成公众舆论的人,是那些能够阅读和思考、居住在城里、关注每日新闻、有钱购买政府债券的人,简单地说,就是资产阶级。最后,内克因为公开了国家财政预算的收支情况,被国王解除了职务。

法国大革命以前,法国并没有出现英国式的自由新闻制度和资产阶级议会内阁制度。但是法国革命一夜之间就创造了英国经过一个多世纪的缓慢演进才取得的成果。革命中,三级议会把自己的审议活动公开化了。以俱乐部为基础的政党纷纷涌现,议会派别由此产生。革命中,各种小型政治团体的报刊如雨后春笋般涌现出来,任何一个稍有名气的政治家都要组织自己的俱乐部或出版自己的报刊。1789 年,仅从 2 月到 5 月,就冒出来 450 家俱乐部和 200 多家报刊。①在法国大革命期间,公众舆论超出了中产阶级的范围而包括了全体市民。认真观察这次革命的许多人对这一现象感到困惑,甚至常常感到恐惧。因为舆论似乎能够推倒当时一些牢固的制度,如君主制、教会和封建制度。

在德国,18 世纪后半叶,开始大量涌现各种杂志,包括政治杂志,从 70 年代起,私人读书会和商业读书会在所有城市甚至小城镇到处涌现。到 18 世纪末,德国有了 270 多个这样的固定读书会。早期的读书组织仅仅是为了组织订户,以降低订阅的费用,这时的读书会则不再出于经济动机,而是通过阅读和讨论期刊,交换个人意见,促成自 90 年代以来人们所说的"公众舆论"的形成。

18 世纪后期和 19 世纪初的思想家给出了关于公众舆论确实是什么的各种定义。最为详尽的描述是德国诗人维兰德 1799 年提出的。他密切关注了在法国以及随后在西欧其他国家的风暴性事件后写道:"就我的理解,舆论是在全体人民中逐渐生根的。那些团结成一个群体的人具有最大的影响力。因此就使这种舆论占上风,人们随处可闻。意见不知不觉地占据了绝大多数人的头脑。即使在有些场合下人们不敢高声表达,意见也可以从越来越响的压抑的咕哝声中被觉察出来。然后只要有一些小小的空气开口,它就会强有力地迸发出来。它会在短促的时间内改变所有的国家,使整个世界呈现出新貌。"当时一位德国哲学家加尔夫(C. Garve)曾强调舆论的合理成分:"最清楚地了解这个问题的法国作家解释舆论是一个国家的许多人或多数公民所作出的一致判断,这是每一个单独的个人根据他对于某一件事的个人思考或实践知识所得出的结论。"②

随着代议制民主在西方国家的普遍建立,公共性成为国家机构本身的组织原则,公众舆论被视为政治统治合法性的基础。"现代国家把人民主权当作其自身存在的前提,而这种主权就是公众舆论。如果没有这一前提,如果没有将公众舆论作为

---

① 〔德〕哈贝马斯:《公共领域的结构转型》,第 220 页。
② 美国不列颠百科全书公司编著:《不列颠百科全书(国际中文版)》第 14 卷,第 3 页。

一切权力(能够对所有人产生约束力的决定权力)的起源,那么,现代民主政体就缺少其存在的根据。"①但根据哈贝马斯等人的分析,随着自由资本主义国家的结构转型,公众舆论从理论到实践都发生了很大变化,出现了许多新的表现形式。

第五节 互联网时代的数字媒体传播与舆论

1994年中国正式加入国际互联网。此后,由于网络通信技术的不断发展,网络论坛、即时通信、虚拟社区、博客、搜索引擎、微博、微信、手机 App 等数字媒体传播形态不断涌现,公众舆论的发生机制、传播模式以及舆论环境和格局都发生了深刻的变化,对传统的媒介管理和社会治理提出挑战。

互联网时代,网络舆情事件或称"新媒体事件"频发。最著名的如1999年中国人民抗议美国袭击中国驻南斯拉夫大使馆事件,由此人民网诞生了"强国论坛"。2003年的孙志刚事件,最终导致《城市流浪乞讨人员收容遣送办法》的废止。还有2007年的"华南虎事件",2008年的"抵制家乐福事件""范跑跑事件"等。《媒介事件》(*Media Event*)是1992年出版的美国学者戴扬和卡茨(Dayan & Katz)的专著,其中集中探讨大众媒体尤其是卫星电视直播对当代全球性重大历史事件的影响。在互联网时代,新媒体事件在传播形态和传播机制上具有什么特点?新媒体事件如何从集体行动、社会动员、网络参与、社区构建等方面反映出社会变迁的新趋势?这些问题引发了关于新媒体事件的研究。②

关于互联网舆论场的研究也颇引人关注。1998年1月,新华社原总编辑南振中提出正确处理"两个舆论场"的观点。他认为在现实生活中实际存在着"两个舆论场":一个是老百姓的"口头舆论场";一个是新闻媒体着力营造的舆论场。所谓舆论场的概念,很大程度上建立在法国社会学家布迪厄的"场域"理论基础上。布迪厄认为社会空间中有各种各样的场域,如法律场域、宗教场域、政治场域、文化场域、教育场域。场域由社会成员按照特定的逻辑要求共同建设,是社会个体参与社会活动的主要场所,它超越了地理空间的概念,是一个关系争夺网络,是力的较量场所和空间场域,场域内充满着权力和资本的影子。场域的多样化是社会分化的结果,而这种分化的过程被布迪厄视为场域的自主化过程。有学者根据网络参与的主体性,区分了官方舆论场和民间舆论场;也有人提出三分法,即官方舆论场、媒体舆论场和民众舆论场。还有学者从地理空间的角度提出中国舆论场的内外有别,其中最为典型的如港澳地区与内地之间的差

---

① [德]哈贝马斯:《公共领域的结构转型》,第285页。
② 参见邱林川、陈韬文:《新媒体事件研究》,中国人民大学出版社2011年版,第2页。

异。钟智锦的研究指出,中国内地民众主要集中使用微博、微信等本地产品,而港澳地区民众则习惯使用"脸书"和本地论坛,致使内地和港澳地区舆论场在多数情况下呈分化状态。如在"双非孕妇""奶粉限购""蝗虫""地铁冲突""小孩便溺""反水客"等事件中,各自的舆论场中充满对对方的负面评价,甚至上升到意识形态和政治高度。更为重要的是,"由于舆论场的长期分化,各舆论场中话语、形式、议题逐渐定型,不同的舆论场形成不同的话语习惯、表达形式及讨论议题。由此,两个相互分离的舆论场相互吸纳、认可或学习的可能性降低,甚至会因形态等不同而出现舆论场互斥"①。她采集了2014年9月至12月期间港澳两地关于"占中"的舆论数据以比较舆论场的差异,还对有关2016年1月"帝吧出征"事件的各方舆论评价进行了概括分析和反思。

近年来关于社会化媒体的舆论研究出现了新的议题。除了基于特定个案或网络舆论场的整体视角对微博、微信舆论的各种研究外,还有运用跨学科的复杂网络理论,探讨微博与微信舆论的关系网络特征,以及运用复杂网络分析方法,探讨建构舆论拓扑结构和演化模型等。"节点"和"平台"是把握关系网络的两个关键词。互联网平台上的个体和组织都被高度节点化,节点成为信息、意义生产与传播的双重主体。节点之间的互动、节点与网络平台之间的互动形成特定的复杂关系网络,决定了舆论场的基本形态与演化动力。②周葆华提出,社会化媒体时代的舆论研究的主要议题有三:一是对网络"大众意见"的数据挖掘;二是对线上与线下"大众意见"的对比分析;三是对新媒介环境下舆论"可视化"动态过程及其动力机制的系统考察。③

小结

原始社会中个人的意见表达和对所有事物的决定,都基于传统的习俗准则,而并不存在目前一般所认为的舆论表达中的"意见的争论过程",但这并不妨碍我们将其视为早期的舆论表现形式。关于中国古代的舆论表现形式,曾有学者做了较为系统的总结,也有待后人进一步梳理和总结。本文着重介绍了古希腊雅典民主政治时期的舆论表现形式,中世纪西欧主要体现为宗教人士、知识分子和政治精英活动的舆论表达,印刷术发明以来,与资本主义发展、资产阶级

---

① 钟智锦:《政治传播视角下的跨境网络舆论场》,载张志安等:《新媒体与舆论:十二个关键问题》,中国传媒大学出版社2016年版,第49页。

② 参见张志安、束开荣:《基于关系网络视角的微博与微信舆论场特征研究》,载张志安等:《新媒体与舆论:十二个关键问题》,第75—79页。

③ 周葆华:《社会化媒体时代的舆论研究:概念、议题与创新》,《南京社会科学》2014年第1期。

革命相伴随的各种舆论表达形式,以及互联网时代数字媒体传播所带来的网络舆论的新发展,以促进读者对历史发展与舆论形态变化之间关系的认识。

思考题

1. 中国古代社会有哪些意见表达形式可以被视为舆论形式?
2. 如何理解古希腊雅典民主政体下的舆论表现形式?
3. 中世纪西欧的舆论表现形式有哪些特点?
4. 哪些因素导致了西方近代报刊成为新的舆论载体?
5. 如何理解西方宪政民主理论中的舆论观?
6. 互联网时代网络舆论的发展有哪些新的特点?

推荐阅读

林语堂:《中国新闻舆论史》(王海等译),中国人民大学出版社2008年版。

第三章 舆论概念的历史发展

1880年,在埃及沙漠中发现了两小页破损颇多的纸草。学者鉴定,纸草上抄录的是亚里士多德写于公元前328—前325年之间的名著《雅典政制》中的部分内容。十年之后,不列颠博物馆的一名图书管理员凯尼恩又从自埃及得到的纸草卷中认出有四页几乎包括全文的抄本。这几页纸草的两面都写着字。一面是埃及赫尔摩波利斯城附近一个庄园管理人狄底穆斯在公元78和79年为他的主人保存的一些收支账目,而另一面则是亚里士多德的论文。这些残篇短片,经过学者们从各种古代文献的引文中搜求补正,并附以完善的注释,最后于1920年在牛津发表。在这部经由各种历史挖掘抢救而来的小册子中,亚里士多德记录了公元前400年雅典城邦公共生活中的各种细节和发展历程。"人是城邦的动物",意味着人区别于其他动物之处,在于可以在一个共同体中寻求文明的集体生活。在古希腊,除了个人的私生活,公民还有许多以选举投票、议事轮值、祭祀、出征以及奥林匹克运动会等为代表的公共生活。"舆论"的概念就来自公共生活,是对公共事务的集体意见反映。

探寻和梳理不同历史时期有代表性的舆论观,不仅可以加深我们对舆论概念的理解,而且有助于我们认识到舆论观念与不同时期的文化传承、社会发展以及制度演变之间的复杂关系。由于现代意义上的舆论研究发源于西方,而国内对西方思想家的舆论观介绍较少,因此本书侧重介绍一些西方观点。

第一节 古典主义舆论观

在西文中,"舆论"一词源于拉丁语中的"opinio",意指"众人的、没有得到充分论证的不确定的判断"。因此,希腊哲人最早对舆论缺乏知识性进行了批判。色诺芬尼(Xenophanes)第一次提出意见的或然性,并批评舆论盛赞体力和角力往往胜过重视可贵的智慧。他的学生巴门尼德(Parmenides)更加明确地区分了意见和真理,把意见判为"凡夫俗子"的日常舆论,而把真理视为只有哲学家借助理性才能攀登的山峰。

作为西方政治思想史上的第一人,柏拉图在很大程度上批判了雅典民主制。他的《理想国》的核心主张之一,便是"哲学王"依据代表"善"的知识进行统治,社会成员依自己的禀赋才干在政治生活中各安其位,各尽所能,达到社会协调。在《理想国》中,柏拉图对舆论的影响没有给予足够的重视。因为在他看来,人是生而不平等的,造物主在制造他们时用的是不同的材料。①政治应是第一等级——城邦的统治者——操心的事,这种专利最多扩展到第二等级,即城邦的护卫者之中。那些构成了多数的下层人根本没有能力自己认识体现着"善"的光辉的知识及艺术,特别是政治艺术。在一个符合正义原则的国家里,他们应只满足于被启蒙、被领导,他们的意见当然也无足轻重。

苏格拉底对参加公民大会的人的评价是:最愚昧无知、最微不足道、从未考虑过管理政务的擀毡工人,或补鞋匠,或铜匠,或批发商,或整天在市场上为蝇头小利而斤斤计较的人。②他的这种见解被柏拉图全面继承了下来。柏拉图认为,公民不能理解政治的复杂性,因此统治者不必关心公民的要求。所谓舆论,其实是一些变化无常的判断,介乎有知和无知之间,不能和知识相提并论。真理更是超出了大多数人的理解力。一个统治者如果不去致力于自身品质的提升,而去迎合民意,声称以民意为依归,就不是一个合格的领袖,而是"蛊惑家"(demagogue,或译"平民领袖")。

虽然亚里士多德是柏拉图的学生,但他在本质上是一个现实主义的政治学家。他更关注的是探讨一个在现实中最有可行性的次优政体,一个"大多数人所能实践的生活以及大多数城邦所能接受的政体"③,而不是构建一个只存在于理论中的理想国。

他将一切现存的政体划分为两大类:正常的与变异的。它们的关键区别不在于民主制、贵族制或君主制等不同形式,而在于政治权力的运用是以城邦全体公民的利益为目的还是仅以执政者或执政集团的利益为目的。"凡照顾到公共利益的各种政体就都是正当或正宗的政体;而那些只照顾统治者们的利益的政体就都是错误的政体或正宗政体的变态(偏离)。"④实际上,他所真正欣赏的,是一种依法统治的、以公众利益为目的的、结合了不同政体形式优点的共和政体。他坚持认为:"政治家所治理的人是自由人;……政治家所执掌的则为平等的自

---

① 〔古希腊〕柏拉图:《理想国》(郭斌和、张竹明译),商务印书馆1986年版,第128页。
② 〔古希腊〕色诺芬:《回忆苏格拉底》(吴永泉译),商务印书馆1984年版,第111—112页。
③ 〔古希腊〕亚里士多德:《政治学》(吴寿彭译),商务印书馆1965年版,第204页。
④ 同上书,第132页。

由人之间所付托的权威。"①这种自由人便是公民,是那些得以参加公共事务的治理的人。②

按照亚里士多德的观点,既然公共利益应是权力行使的目的,既然政治其实是公民的共同事务,那么公众舆论便当然应当得到统治者的重视。虽然亚里士多德不是一个真正的民主派,但他也没有柏拉图那么强烈的精英意识,没有对公众舆论那么不屑一顾。在我们的话题中,这种区别是关键性的。亚里士多德心目中理想的治理方式当然是法治,但如果不得已而求其次,他也可以接受依照多数人的意见来治理。因为"就多数而论,其中每一个别的人常常是无善足述;但他们合而为一个集体时,却往往可能超过少数贤良的智能"③。正如多数人出资举办的宴会总好于一人独办。作为集体的人民,他们的能力会超出个人的能力,因此公众舆论也会比个人的意见更有价值,群众的智慧会优于任何个人的裁断。至少多数人不会同时丧失理智,他们也更不容易被腐化,正如大湖的水总比小池塘中的水更干净一样。④

尽管亚里士多德认为人民的态度很重要并值得重视,但他并没有把舆论理解成我们今天所谓的"人民对特定问题的看法"。在他眼中,舆论等同于价值观、规范和文明的品位。这种被后来的美国社会学家罗伯特·默顿(Robert Merton)所定义的"意见气候",通过法庭、学校等社会机制反映出来,并发挥了适当的影响。换句话说,社会机制从社会中拿来"生硬"的意见,重新组织、剔除其中的非理性成分,把它变得连贯一致。总体上说,亚里士多德对舆论特点和重要性的认识,比他的老师柏拉图要达观得多。

古罗马人和柏拉图一样怀疑舆论的作用。西塞罗曾经说过:"这些普通的乌合之众,他们多从意见而不是真理来判断事物。"罗马人不是完全不考虑公众舆论,而是简单地认为舆论与统治最为相关,如领袖是否受人尊敬,是否受人爱戴。因此,罗马时代许多关于舆论的讨论就限于这一狭隘的政治方面。

第二节 早期的现代主义

经过漫长的中世纪,西欧的民族国家陆续形成,君主政体逐渐代替封建政体或自由城市制,成为西欧普遍的政体。以意大利的马基雅维利(Machiavelli)和英国的霍布斯为代表的思想家,最早开始对现代国家、现代政治的特点进行理论

---

① 〔古希腊〕亚里士多德:《政治学》,第19页。
② 同上书,第111页。
③ 同上书,第143页。
④ 同上书,第167页。

探讨,因而被看成是早期的现代主义者。

1513年马基雅维利完成了《君主论》。他认为,人类被暂时的欲望和舒适所困扰,因此不能自我统治,而只能被仁慈的君主所统治。他写作《君主论》的目的,在于给各种君主筹划富国强兵之策。

马基雅维利在《君主论》中指出了君主的各种可能处境,其中的一个长篇话题就是讨论君主如何在公众面前表现。他建议君主总体上应关注民众的利益,对公众舆论给以足够的重视。因为尽管统治者的力量是第一要素,但民心的向背仍是决定统治是否稳定的关键。马基雅维利很实用地看待"公众舆论"这一概念。他把公众舆论看成一个载体,既可以用于统治者的一己之私,又可以服务于国家的集体之善。他认为,如果一个人可以用公众舆论谋求自己的利益——获得权力——那么就应该用它;如果不能,那么就仅仅需要认清它的存在。舆论应当被操纵或者被调节,但不能被忽视。特别是对那些由于人民的支持才获得王位的人,一旦"人民满怀不满,君主是永远得不到安全的"。他应该努力与人民保持友好关系,想方设法去争取他们的好感与支持。①深沟高垒并不是君主权力的真正保障,"最好不过的堡垒就是不要被人民憎恨。因为即使你拥有堡垒,如果人民憎恨你,任何堡垒都保护不了你,因为当人民一旦拿起了武器,外人就帮助他们,这是少不了的"②。不靠祖上余荫,只凭自己的奋斗来建立一个新政权之所以相当困难,也是因为在此过程中,君主不可避免地会开罪那里的人民,损害他们的既得利益,为他们所憎恨。而"当大众一旦不再相信他的时候,他就同他的新制度一起被毁灭了"③。

一个英明的君主不必去强求人民的爱戴,有时人民对他的畏惧比对他的爱戴更为可靠,但畏惧并不等于憎恨,并不等于一种不利于他的舆论氛围。他论道:究竟是被人爱戴比被人畏惧好一些呢,抑或是被人畏惧比被人爱戴好一些呢? 我回答说,最好是两者兼备;但是,两者合在一起是难乎其难的。如果一个人对两者必须有所取舍,那么,被人畏惧比受人爱戴是安全得多的。因为,关于人类,一般地可以这样说:他们是忘恩负义、容易变心的,是伪装者,冒牌货,是逃避危难,追逐利益的。当你对他们有好处的时候,他们是整个儿属于你的。正如我在前面谈到的,当需要还很遥远的时候,他们表示愿意为你流血,奉献自己的财产、性命和自己的子女,可是到了这种需要即将来临的时候,他们就背弃你了。因此,君主如果完全信赖人们说的话而缺乏其他准备的话,他就要灭亡。因为用

---

① 〔意〕尼科洛·马基雅维里:《君主论》(潘汉典译),商务印书馆1985年版,第46—47页。本书中使用"马基雅维利"这一译名。
② 同上书,第103页。
③ 同上书,第27页。

金钱而不是依靠伟大与崇高的精神取得的友谊,是买来的,但不是牢靠的。在需要的时候,它是不能够倚靠的。而且人们冒犯一个自己爱戴的人比冒犯一个自己畏惧的人较少顾忌,因为爱戴是靠恩义(di obligo)这条纽带维系的;然而由于人性是恶劣的(tristi),在任何时候,只要对自己有利,人们便把这条纽带一刀两断了。可是畏惧,则由于害怕受到决不会放弃的惩罚而保持着。……我的结论是:人们爱戴君主,是基于他们自己的意志,而感到畏惧则是基于君主的意志,因此一位明智的君主应当立足在自己的意志之上,而不是立足在他人的意志之上。他只是必须努力避免招仇惹恨,有如前述。①

作为一个典型的现实主义者,马基雅维利未必会由于价值观的因素而对舆论多加考量,但他确实比柏拉图或亚里士多德更清醒地认识到了公众舆论在政治中的重要性。马基雅维利尊重舆论,仅仅是由于它是一种政治力量,可能给君主和国家带来危害,而并不是因为舆论的内在价值。他并没有像几个世纪以前的亚里士多德那样鼓吹舆论中的集体智慧,也没有像亚里士多德那样关心社会协调以及政治共同体的道德状况。比较起来,亚里士多德显然更重视道德教化。

虽然马基雅维利并不是一个民主理论家,但他的许多洞见都反映了对当下公民的一些看法。马基雅维利被描述成一个矛盾的理论家。他相信即使是在最好的社会里也依然存在矛盾冲突的价值观、无法满足的愿望以及仇恨。他认为社会中最根本的冲突存在于统治者和被统治者之间,两者互相猜忌,而君主总是占上风。他警告统治者要认清这一现实,要表现出仁慈和高贵,关注民众的利益,对公众舆论给予足够的重视。总结起来,马基雅维利认为:舆论变幻不定,非理性,并具有潜在的爆发性。领导者要警惕地关注舆论,确保民众对统治者的敬意。

霍布斯和马基雅维利一样,对人性持一种消极看法。他认为人们为了财产、荣誉和个人安全而无休止地争斗。在《利维坦》一书中,霍布斯认为,人生就是"孤独、贫穷、贪婪、粗野并且短暂"。作为一个坚定的王权主义者,他认为建立国家的核心目的在于保障所有社会成员的生命安全。为此,君主应当拥有几乎不受任何限制的专制权力;他所象征的国家应当成为《圣经》中描写的力大无穷的怪兽——利维坦。"人们能想象得到使它有多大,它就有多大。"②从逻辑上推理,既然连时人多少视为神圣的教会权力、所有权、法律都不构成对君主权力的制约,那么公众舆论当然更不在话下:"有管辖权的人的命令不能由臣民加以指责和争议。"③个人也无权自行判断善恶是非。不仅如此,他还主张应对舆论主

---

① 〔意〕尼科洛·马基雅维里:《君主论》,第80—82页。
② 〔英〕霍布斯:《利维坦》,商务印书馆1985年版,第161页。
③ 同上。

动进行干预,因为"良好地管理人们的意见就是良好地管理人们的行为"①。

尽管如此,笔者仍不愿忽视霍布斯在我们这个题目上的可能贡献。这不是指他认为君主在作出重大决策之前应当分别认真听取那些无私的、有丰富专业知识的专家的建议,或是在一般事务的治理中重视人民的利益诉求②,而是因为他事实上为这种近于无限的君权设想了一个契约论式的来源,从而将个人主义引入政治思想之中。总的来说,我们感兴趣的与其说是霍布斯的基本结论,毋宁说是他的理论的起点。

按照霍布斯的说法,人类在国家出现之前生活在一种没有人定法、没有政治权力的自然状态之中。这是一种战争状态,是每个人对每个人的战争,人与人之间像狼与狼之间一样,不断处于暴力死亡的恐惧和危险中。没有农业,没有商业,没有建筑,没有科学,没有文艺……为了摆脱这种处境,人们出于纯粹理性计算的考虑,各自自愿放弃了自己在自然状态之中的自由和权利,将它们通过契约的方式让渡给第三方——主权者,由他来保障自己的生命安全。这便是国家的起源,人类因而从自然状态过渡到了社会状态。"由于多数人以彼此同意的意见宣布了一个主权者,原先持异议的人这时便必须同意其余人的意见。"③

作为一个早期的"契约论者",霍布斯认为舆论对国家的形成非常重要。他认为虽然主权者的权力应当是绝对的,但它却源自人民通过契约形式的让与。人民是第一性的,国家是第二性的,是人出于实用目的而发明的一种工具,没有丝毫神性。这是一种相当典型的个人主义观点。虽然在霍布斯那里它没有导出民主的结论,但至少是对无条件的国家主义的否定,从而为日后的宪政、民主思想开辟了理论道路,也因此标志着一个新的时代的到来。从霍布斯"契约论"的观点出发,作为民众利益反映的公众舆论自然有其价值,应当引起统治者的重视。马基雅维利并没有讨论公众在政府的形成中的角色,因为在他看来,是政治家而不是公众在自己的哲学世界中设计社会。霍布斯认为,人民通过确立建立政府的核心原则来参与政治,政府一旦建立,公民的政治参与就没有必要,因为权力已经一次性让渡给领导者了,人们因此依赖仁慈的独裁者。但是他的理论很清楚地阐明,国家的产生是通过公众与政治家之间的"契约"而创造出来的。如果这个国家由于内外压力而崩溃了,那么公民就应当再次以契约的形式创造新的政府。

从柏拉图到马基雅维利和霍布斯,我们还可以看到,早期政治理论家的相通之处在于,他们都关注基本人性。他们认为,如果把握了人作为政治动物的基本特征,就可以更全面地探索他们在政治中的行为了。

---

① 〔英〕霍布斯:《利维坦》,商务印书馆1985年版,第137页。
② 同上书,第273—275页。
③ 同上书,第135页。

第三节　早期的宪政民主理论

宪政思想自17世纪开始兴起和发展，思想自由、言论自由应当成为人的基本权利的观念逐渐深入人心。公众的议论在英国内战中所起的作用，标志着舆论成为政治生活中的一个重要因素。英国当时出现了大量的论辩性著作。它们利用仍作为政府机构的印刷厂，揭示弊端，讨论宪政，抨击或维护教会并考察其与世俗当局的关系，要求或拒绝各种形式的公民自由权利。

在这种背景下，洛克的《政府论》就成为英美现代宪政民主制度的最重要的理论支撑。和霍布斯一样，洛克确信，政府来自社会契约。但在洛克看来，在这种契约中，统治者不再是第三方，而成为两造中的一造，在获得政治权力的同时承担了各种责任和义务。统治者必须尊重民众的各种权利，个人权利的不可取消性构成了政府权威的限度。他强调政治权力必须受到限制，否则便会演变为暴政。这些限制首先是权力的分割制衡及法律制度，但也可以是本国历史固有的政治传统和习俗。因此，洛克把"舆论法则"作为一个范畴，与"神法""民法"相提并论。他提出："人们判断行为的邪正时所常依据的那些法律，可以分为三种：一为神法（divine law）、二为民法（civil law）、三为舆论法（the law of opinion or reputation）。"①舆论法则判别的是美德和恶行，而美德完全是根据公众的评价来衡量的。"这些称、讥、毁、誉，借着人类底秘密的同意，在各种人类社会中、种族中、团体中便建立起一种尺度来，使人们按照当地的判断、格言和风尚，来毁誉各种行动。因为人们在联合成为政治团体以后，虽然自行恬退，把自己底一切力量让公家来处理，而且在法律所许可的范围以外，不准向其同胞来利用自己底暴力，可是他们仍然有能力来称赞、来毁誉与他们相处的那些人底行动。因此，他们借这种赞赏和不悦，便在人类中建立起所谓德行和坏行来。"②在此，洛克使"舆论"一词从语意上摆脱了最初的"不可靠的判断"这一略带贬义的含义，而承认舆论是一种合法标准，可以用来衡量法律和政府行为。神法作为第一种法律关系，构成了政治权力的合法基础。民法作为第二种法律关系，可使统治者支配人民行动。而舆论作为第三种法律关系，则以历史积淀而成的民俗风尚为尺度，判断一切个人和国家行为的好坏及合法性。

洛克还提出："要知道，任何共同体既然只能根据它的各个个人的同意而行动，而它作为一个整体又必须行动一致，这就有必要使整体的行动以较大的力量

---

① 〔英〕洛克：《人类理解论》上册（关文运译），商务印书馆1959年版，第329页。
② 同上书，第330页。

的意志为转移,这个较大的力量就是大多数人的同意。……根据自然和理性的法则,大多数具有全体的权力,因而大多数的行为被认为是全体的行为,也当然具有决定权了。"①洛克的后继者大卫·休谟(David Hume)将洛克的思想发展成关于国家的理论。普通公民中的一致性意见能够产生强大的共识力量,并且构成了政府的真正的基础。在1739—1740年出版的《人性论》一书中,休谟提出的基本原则是"唯有……在舆论的基础上,政府才能建立"②。

18世纪政治思辨的中心转到了法国,整个学术界充满了对社会和政治问题的讨论。洛克的哲学成为法国启蒙思想的基础,并经由孟德斯鸠而得到进一步的发展与完善。在《论法的精神》中,孟德斯鸠用很大的篇幅抨击以言治罪的封建专制,热烈赞美政治自由,主张"自由是做法律所许可的一切事情的权利"。他认为"法律的责任只是惩罚外部的行动",惩罚思想,就像一个人梦见割断别人的喉管就要被处死一样,只能导致"大暴政","如果不谨慎的言辞可以作为犯大逆罪的理由的话",必然是最为严酷的无端和专横。正是在孟德斯鸠、伏尔泰、狄德罗等百科全书派启蒙思想家的推动下,天赋权利的学说日益普及。它确立了个人的人格,树立了什么是法律和政府有权去做的标准,以及政府无权逾越的界限。但此时真正最有影响与特色的,却是卢梭的民主思想。

和洛克一样,卢梭非常关心个人权利,他也极力推崇社区的价值以及人们彼此互相尊重和倾听的需要。和霍布斯的君主主权论不同,卢梭明确提出,人民主权论认为主权在民,人民可以定约,也可以解约,甚至可以革命。在《社会契约论》中,与洛克的说法类似,卢梭将法律分为三种类型:公法、刑法和民法。但是他进一步解释说:在这三类法律之外还有第四种类型,而它是所有法律类型中最重要的。它"既不是铭刻在大理石上,也不是铭刻在铜表上,而是铭刻在公民的内心里;它形成了国家的真正宪法;它每天都在获得新的力量;当其他的法律衰老或消亡的时候,它可以复活那些法律或代替那些法律,它可以保持一个民族的创制精神,而且可以不知不觉地以习惯的力量取代权威的力量。我说的就是风尚、习俗,而尤其是舆论"③。在此,卢梭不仅突出了洛克的舆论法则所强调的舆论的社会控制功能,还进一步强调了舆论的立法功能。

卢梭所强调的舆论,不仅来自淳朴民风和善良心灵的习惯和风俗,而且可以进一步上升为一种集体的普遍意志,即"公意"(volonté générale 或 general will)。他认为国家应当建立在"公意"——当把社区作为一个整体时,公民所表示的意愿——的基础之上。换句话说,公意就是我们最有感情移入(empathetic)的态

---

① 〔英〕洛克:《政府论(下篇)》(叶启芳、瞿菊农译),商务印书馆1964年版,第60页。
② 〔德〕伊丽莎白·诺尔-诺依曼:《沉默的螺旋:舆论——我们的社会皮肤》,第71页。
③ 〔法〕卢梭:《社会契约论》(何兆武译),商务印书馆2003年版,第70页。

度,是最能增加全体人民共同福祉的行动。公意是至高无上的,是主权的所在,而政府仅仅是公意的仆人,是执行公意的工具。同时,它也构成了对社会团体的所有成员都具有效力的道德标准。

但是卢梭所认为的公意,并不是个人意见的简单汇聚。对于后者他称之为"众意"。在卢梭看来,公民既考虑自己的需要,也会考虑社会的共有之善。"众意与公意之间经常总是有很大的差别;公意只着眼于公共的利益,而众意则着眼于私人的利益,众意只是个别意志的总和。但是,除掉这些个别意志间正负相抵消的部分而外,则剩下的总和仍然是公意。"① 公意是抽象的,高于众议的集体意志。卢梭反复声称,公意永远是公正的,这不过是不言自明之理,因为公意代表社会幸福,它本身就是公理的标准。凡不正确的就说不上是公意。"我们每个人都以其自身及其全部的力量共同置于公意的最高指导之下,并且我们在共同体中接纳每一个成员作为全体之不可分割的一部分。"②"为了使社会公约不至于成为一纸空文,它就默契地包含着这样一种规定——唯有这一规定才能使其他规定具有力量——任何人拒不服从公意的,全体就要迫使他服从公意。"③

人们经常将洛克、孟德斯鸠、卢梭等人统称为民主派思想家。但实际上他们的思想是有着本质区别的。前两人鼓吹的是自由主义的法治、宪政精神:强调通过三权分立等制度性或公众利益、舆论等非制度性因素限制政治权力,以保障公民的自由。在他们的体系中,没有绝对权力的存在。只要存在对权力的有效制约,政体性质是否民主并非十分重要。正如托克维尔所总结的那样:"政治自由来因于国家弱小,而非来因于国家本身。"④ 卢梭则是近代民主主义思想的代表。他主张政治权力的高度民主化,认为这是根除人类社会中苦难、不幸、压迫的不二法门。虽然人民主权肯定是基于公众的利益和呼声,但它一经建立,就是至高无上的。没有什么可以构成对它的约束,包括舆论。因为舆论甚至可以被归结为第二性的"众意"。这也是卢梭的"公意"在英语中被翻译成"公众精神"⑤而非公众舆论的原因。

到19世纪,许多政治哲学家,包括英国的功利主义者(utilitarian)解决了围绕舆论的一些困难的问题。杰里米·边沁(Jeremy Bentham)曾大量写作关于舆论的话题。他最感兴趣的是舆论如何成为一个标准。换句话说,他认为舆论是一种力量,通过阻止人们一些不规范的行为来保持社会平衡。人们害怕舆论,就

---

① 〔法〕卢梭:《社会契约论》(何兆武译),商务印书馆2003年版,第35页。
② 同上书,第20页。
③ 同上书,第24页。
④ 〔法〕托克维尔:《论美国的民主》上卷(董果良译),商务印书馆1988年版,第179页。
⑤ 〔德〕哈贝马斯:《公共领域的结构转型》,第111页。

不敢超出被绝大多数人所接受的边界。这似乎是对人类社会的一种悲观看法,但边沁等人确实希望通过保持社会协调来扩大人类的幸福。约翰·穆勒(John Mill)和边沁都坚信民主制,但更强调多数意见的重要性。事实上,他们认为,只有当意见的法则无效时,才有法律的必要。

阿历克西·德·托克维尔(Alexis de Tocqueville,1805—1859)也有类似的把舆论视为社会控制的手段的观点。在《论美国的民主》一书中,托克维尔还提出了政治平等及其与舆论的关系的著名观点。他发现,在一个特别不平等的社会,如贵族制社会中,舆论并不被特别看重。因为那些穷困的人承认别人比他们有更良好的教育和世界的眼光,因此有更指导性的意见。而当公民获得越来越多的平等时,他们就认为他们和邻居、朋友们一样有能力。在这种条件下人们关心数量:人们一致性的程度越高,就越不愿意盲从于任何人或阶级。但是他们更倾向于相信大众,因此舆论就越来越成为世界的主导。在平等时代,人们彼此相像,这就使他们几乎无限地相信大众的判断。他们认为,如果所有人都有同样的知识工具,那么真理会存在于大多数人的对立面的想法是不理智的。这种想法在大众传播时代尤为重要。尽管所有的美国人并非在教育或收入上完全平等,但绝大多数人都有电视机,收看晚间新闻,他们对公共事务的判断同样建立在大量信息的基础上。如果人们认为自己的意见和别人的意见同样有价值,那么他们就倾向于尊重多数人的意见。

在托克维尔描述美国政治的同时,马克思则从完全不同的立场思考和描述政治与社会生活。托克维尔既赞美民主制的某些方面,又对民主制的另一些方面有深深的忧虑。而马克思则是对现状完全不满。他确信民主制(和其他形式的政治一样)正在被资本主义力量所腐蚀。这一观点目前依然在一些学者中流行,他们认为民主制与资本主义相伴而生,但民主的理想正在被消费文化所侵蚀。现代西方福利国家中的公民,正在把思想自由看成一种消费选择,即有权利在各种产品和生活方式中选择,而对于严肃的关于言论自由的讨论则不太关心。马克思并不常使用"舆论"一词,因为这一词在当时的德国哲学思想中并不常用,而是直到19世纪晚期才开始流行。但马克思和恩格斯曾热烈地讨论过"有机的、草根公众舆论的难以获得"。在《德意志意识形态》中,他们发现,普通民众倾向于模仿统治阶级——有钱有势者——的意见。事实上,哲学家们早就发现,人民常常把统治精英的态度和价值观奉为共同智慧,即便这些态度经常不符合其本身利益。马、恩认为,工人阶级没有很多政治权力,因为他们认识不到自己的利益,而认为统治阶级知道什么是最好。这一过程被称为"霸权"。后来的意大利共产党人葛兰西(A. Gramsci)在其著名的《狱中札记》中,重点阐述了"霸权理论"。但实际上,马、恩最早论述了"霸权"现象,而且自1846年以来,关于这一问题已经有很多论述。按照霸权理论，统治阶级的思想就是当时占统治地位的思想，阶级是统治的物质力量，同时也是精神力量。因为每一个新阶级进入统治地位后，都要把自己的利益说成是社会全体的共同利益，要把它的思想表达为普遍思想，唯一合理的普遍的正当的思想。①

黑格尔深受卢梭的影响。他的"国家理念""民族精神"与卢梭的"公意"有相似之处："作为民族精神的国家构成贯串于国内一切关系的法律，同时也构成国内民众的风尚和意识。"②他认为政府必须给人民一个表达意见的出口。"个人所享有的形式的主观自由在于，对普遍事务具有他特有的判断、意见和建议，并予以表达。这种自由，集合地表现为我们所称的公共舆论。"③尽管如此，黑格尔却明确反对把舆论作为政治行动的指南。实际上，他将其描述成"真理和无休止的错误的大杂烩"。因此，公共舆论又值得重视，又不值一顾。不值一顾的是它的具体意识和具体表达，值得重视的是在那具体表达中只是隐隐约约地映现着的本质基础。既然公共舆论本身不具有区别的标准，也没有能力把其自身中实体性的东西提高到确定的知识，所以脱离舆论而独立乃是取得某种伟大的和合乎理性的成就（不论在现实生活或科学方面）的第一个形式上条件。这种成就可以保得住事后将为公共舆论所嘉纳和承认，而变成公共舆论本身的一种成见。④政府当然应了解民众的需要，但不必将自己的决策建立在公众的要求基础上。实际上，黑格尔的思想更接近于柏拉图，即认为民众的心智不能理解现实，认为政治必须避开舆论的影响。在他的国家学说中，舆论作为历史的道德力量受到推崇，但作为个人意见的汇聚，其重要性则遭到拒绝。

总的说来，对法治、宪政、权利、契约政府等的要求构成了17—18世纪西方政治思想的主流，并在19世纪产生了主要的实际后果。到18世纪末期，对舆论有了不同于以往的理解，指的是"有判断能力的公众所从事的批判活动"⑤。埃德蒙·伯克（Edmund Burke）在美国《人权宣言》发表之际曾写道："如果没有被统治者的普遍舆论，任何立法机关都无法发挥作用。普遍舆论是立法的媒介和喉舌。"⑥虽然宪法对于舆论、媒介等在政治中的具体作用一般没有十分明确的规定，但普遍舆论的概念已不容怀疑。而此时的舆论，也不再被认为是单纯的个人偏好，而是人们对公共事物的关注和公开讨论。正如伯克所说：

---

① 参见〔意〕安东尼奥·葛兰西：《狱中札记》（曹雷雨、姜丽、张跣译），中国社会科学出版社2000年版。
② 〔德〕黑格尔：《法哲学原理》（范扬、张企泰译），商务印书馆1961年版，第291页。
③ 同上书，第332页。
④ 同上书，第334页。
⑤ 〔德〕哈贝马斯：《公共领域的结构转型》，第108页。
⑥ 同上书，第112页。

"在一个自由的国度里,每个人都认为他和一切公共事务有着利害关系;有权形成并表达自己的意见。对于公共事务,他们反复探究、认真讨论。"①

随着社会历史的发展,思想自由、言论自由和集会结社自由、财产的保障和由明达的舆论影响政府等理想,逐渐进入了西方立宪政治的现实之中。19世纪的法国政治家基佐(G. Guizot)曾经为"公众舆论统治"下了一个经典的定义。他认为:"代议制的途径主要有:(1)讨论,讨论迫使现有的力量追求普遍真理;(2)公共性,当参与这种追求的时候,公共性把这些权力置于公民的监督之下;(3)新闻自由,新闻自由激励公民自己去追求真理。"②

第四节 舆论概念的美国来源

《联邦党人文集》集中体现了美国的开国元勋对1787年和1788年宪法问题的阐述,其中有很多关于舆论在政治中的角色的争论。联邦党人在他们的文章中把"激情""波动""暴力运动"和"即时的错误与错觉"与公众相连。在这场争论中有三个人特别活跃:汉密尔顿、麦迪逊和杰弗逊。他们都具有过人的政治技巧和对政治理论的深刻理解,但对舆论的认识则不大相同。

汉密尔顿认为,公众是不能信任的。人民不了解政府面临的问题,容易感情用事、自私自利。大多数人都反复无常,为了寻求保护,会轻易转向任何能为他们提供最大福利的群体,这就会造成政府不稳定,动乱频仍。因此政府应当被少数优秀分子控制,有智慧和社会地位的人应当拥有决策权。相对于多数来说,他们的消息更灵通,意见更一致,判断更稳定:"一切社会都可以分成少数和多数。少数是富裕的、出身好的人,多数的是群众。群众的声音被称为上帝的声音,虽然这种格言不断被重复被相信,事实上却是不正确的。人民总是吵吵嚷嚷、变幻不定的。他们难得正确判断和决定。因此在政府中,要给第一阶级独特的恒久的参与份额,使他们得以制衡第二阶级的摇摆不定。正因为他们不能从变化中获得任何益处,因此他们愿意维持好的政府。"③

同为精英主义者的麦迪逊同意汉密尔顿的观点:公众消息不灵,缺乏一致原则。在《联邦党人文集》第十篇中,他认为社会总是被分成两部分:有产者和无产者,而有产者更有能力统治。他更进一步指出,民众因各种对立的矛盾而分化,因此不能信任他们进行决策。他们热衷于党争,追随各种为争权夺利而争论

---

① 〔德〕哈贝马斯:《公共领域的结构转型》,第112页。
② 同上书,第118页。
③ Jerry L. Yeric and John R. Todd, *Public Opinion: The Visible Politics*, 3rd ed. (Itasca, Illinois: F. E. Peacock Publisher, Inc., 1996), p.11.

的领袖,并因此容易被激怒,而不是为共同的善业而合作。麦迪逊提出的解决这些问题的方案是建立一个共和而非民主的政体,并将国家维持在一个较大的规模上。这样,由于实际上是精英分子掌握着政权,舆论也就可以被控制在适度的范围,不至于威胁到社会的稳定。①

杰弗逊关于舆论的观点则与前两者截然不同。他认为,美国独一无二的环境允许广大公众参与国家事务。美国有广阔的土地,主要是一个农民国家,"土地的耕种者"是最有价值的公民。"他们最有力、最独立、最善良。他们把自己的命运和国家的命运联系在一起,以最长久的纽带和自由与利益结合。"在他看来,广阔的土地和主要由农民构成的公众,有能力对公共事务发表意见,参与政治。这种能力还将因教育的普及而进一步加强。②

法国思想家托克维尔在1831年游历美国之后,于1835年和1840年分别出版了其经典著作《论美国的民主》上下卷。在书中,他坦言其考察美国并不单纯是为了满足自己的好奇心,他也不想写一篇颂词,而是想弄清民主的究竟,以使我们至少知道应当希望它如何和害怕它什么。他在绪论中写道:"我在合众国逗留期间见到一些新鲜事物,其中最引我注意的,莫过于身份平等。我没有费力就发现这件大事对社会的进展发生的重大影响。它赋予舆论以一定方向,法律以一定的方针,执政者以新的箴言,被治者以特有的习惯。"③

托克维尔认为,在不平等的贵族时代,人们自然而然地倾向于由具有卓越判断力的某个人或某个阶层来选择思想和行为的规范和标准。而在平等的时代则恰恰相反。公民之间越是平等和相似,人们盲目相信某个人或某个阶层的意愿就越小,而相信大多数人的意愿则不断增强。相似性使人们不会轻信他人,却对多数人的判断怀有几乎无限的信任,因此舆论以其数量上的优势,不仅成为人们思想和行为的唯一指导,而且拥有了极大的权力。在民主社会里,如果个人与周围所有的人都一样时,他会感到十足的骄傲,一旦众人与他对抗时,他就会感到自身的微不足道和软弱无力。舆论的压力不仅施加给个人,也对政府起作用。

作为一个自由主义者,托克维尔以"多数的暴政"为题,表达了他对于美国民主制的担忧。他坚信一切权力的根源存在于多数的意志之中,却反对"人民的多数在管理国家方面有权决定一切"这句格言。因为在他看来,任何一个权威被授以决定一切的权利和能力时,不管人们把这个权威称作人民还是国王,或

---

① 〔美〕汉密尔顿、杰伊、麦迪逊:《联邦党人文集》(程逢如等译),商务印书馆1980年版,第44—51页。
② Jerry L. Yeric and John R. Todd, *Public Opinion: The Visible Politics*, 3rd ed., p.11.
③ 〔法〕托克维尔:《论美国的民主》上卷,第4页。

者称作民主政府还是贵族政府,或者这个权威是在君主国行使还是在共和国行使,就是"给暴政播下了种子"。他最担心美国的,"并不在于它推行极端的民主,而在于它反对暴政的措施太少"。"当一个人或一个党在美国受到不公正的待遇时,你想他或它能向谁去诉苦呢?向舆论吗?但舆论是多数制造的。向立法机构吗?但立法机构代表多数,并盲目服从多数。向行政当局吗?但行政首脑是由多数选任的,是多数的百依百顺工具。向公安机关吗?但警察不外是多数掌握的军队。向陪审团吗?但陪审团就是拥有宣判权的多数,而且在某些州,连法官都是由多数选派的。因此,不管你所告发的事情如何不正义和荒唐,你还得照样服从。"①在这种民主政体之下,舆论完全可能成为"多数的暴政"的工具、思想自由的桎梏和公民个人利益受到侵害的原因。

1888年,英国法学家和历史学家詹姆斯·布赖斯(James Bryce)出版了《美利坚共和国》(*The American Commonwealth*)一书。在卷四第12章,他对舆论进行了专题讨论。布赖斯被称为"舆论研究"的第一个"现代"理论家,因为他的著作具有社会学的经验研究特色。

布莱斯发现,美国的舆论不同于他在法国、德国、意大利和英国的观察发现。在欧洲,舆论完全是"穿黑袍、住豪宅的阶级的意见",而在美国,"人民的愿望和观点在通过常规的法律机构表达之前就很盛行"。和同时代的其他国家相比,美国更像是在被舆论所统治。②

布赖斯发现,舆论的表达和测量总是和政党活动、立法以及大众媒介相关,而在当时的美国,报纸令人难以置信地发挥强有力的作用,和国会、法庭等其他社会制度一样,成为舆论的模具。布赖斯前无古人地把握了报纸在舆论传播中的重大作用,因为他发现:"报纸努力发展其成为公众舆论的标志(INDEX)和镜子的能力。这也就是报纸追求的主要功能。公众人物则发现,尊重报纸就是安抚民意,就是邀请民意,如同在敬神的同时学会安慰牧师。"③此前托克维尔虽然也注意到报纸的价值,但布赖斯的研究更为深入细致。布莱斯发现,美国报纸包含多种形式的舆论,包括新闻故事、社论以及读者来信等。读者来信常常被学者忽视,而布赖斯则强调了它们传播大众观点的重要作用。布赖斯认为,报纸既反映民意又引导民意,因此这一工具在政治进程中的作用非常重要。

尽管如此,布赖斯最后清楚表示,任何人都不能完全依靠报纸而获得关于舆论的完整看法。任何一个审慎的人都会有一个由三五知己组成的圈子,他会在

---

① [法]托克维尔:《论美国的民主》上卷,第287—290页。
② Jerry L. Yeric and John R. Todd, *Public Opinion: The Visible Politics*, 3rd ed., p.12.
③ James Bryce, *The American Commonwealth* (London: Macmillan and Co., 1891), p. 265.

其中测试和修正自己的表述，这比党派报纸中的官方话语要好很多。因此在美国，与一些政治之外的明智的观察者或者政党和社会阶级的典型代表的交谈，比起对报纸最勤勉的研究还要得到的多。① 显然，布莱斯时期的报纸比现在的媒介更具明显的党派特征。现在的记者比他们19世纪的前辈更重视客观性，这表明报纸作为鼓吹者的角色在悄悄变化，但仍然是舆论的推动者。

19世纪末法国社会学家加布里埃尔·塔尔德（Gabriel Tarde）也关注报纸与人际讨论的关系。他在1898年发表的《舆论与群众》一文中说："各个时代的交谈和目前用作主要谈资的报纸，构成了舆论的主要因素。"②塔尔德还提出了舆论形成的线性模式：媒介→谈话→意见→行动。塔尔德运用这一模式来反映报纸与政治行动的关系。他认为报纸是政治讨论的全国性跳板。关于政治的谈话又反过来使人们澄清其关于各种政治和社会政策的意见，然后再通过选举、参与竞选活动、参加示威游行等行动来表达。

有人质疑这些因素的顺序以及模式的线性特征。比如，谈话或讨论有没有可能导致记者写出特定的文章？如果是，那么一些讨论的因素就要被置于媒介之前。对于线性模式的质疑则在于，接触报纸是否必然导致政治行动？研究表明有时候媒介更可能削弱或劝阻人们而不是鼓励人们的政治参与。

塔尔德之后，还有许多思想家研究了关于舆论的一些核心问题，如舆论的含义、舆论如何运作、舆论与政治制度和文化的关系如何等，最主要的代表人物是李普曼和杜威。作为美国实用主义大师和教育学家，杜威强调教育在社会改造中的作用，并认为大众传播是变革社会的重要工具。他曾设想通过出版一张小小的报纸来改造哲学。虽然他创办的《思想新闻》最终因经营困难而停刊，但他关于大众传播的思想非常有影响。

第一次世界大战以后，美国全国怀疑主义和自我评价的浪潮兴起，人们开始对一般的民主理论特别是舆论的作用提出质疑。在这一背景下，李普曼先后出版了《舆论》（*Public Opinion*）、《幻影公众》（*The Phantom Public*）、《公共哲学》（*The Public Philosophy*）等著作，探讨舆论的概念。李普曼的舆论观与西方古代学者的思想有直接的联系。他用柏拉图《理想国》中"洞穴囚徒"的概念表达了对于舆论的怀疑。他强调在人和现实之间存在着一个无法克服的拟态环境，人们接受从拟态环境中获取的信息，而对信息的反应则直接作用于客观环境。他认为无论如何努力，公民都不可能理解政府以及政府承受的一切。只有排除障碍，倡导真正知晓型的公众参与，才能切实发挥舆论的作用。李普曼的著作构筑

---

① Jerry L. Yeric and John R. Todd, *Public Opinion: The Visible Politics*, 3rd ed., p.280.
② 〔法〕加布里埃尔·塔尔德著，〔美〕特里·N. 克拉克编：《传播与社会影响》，第231页。

了现代舆论研究的基础。许多现代舆论研究都是从测定李普曼对美国社会的假定以及公众的能力方面开始的。

小结

通过以上讨论大家可以看出,西方思想史中对公众舆论的性质、地位、作用的认识是千差万别的。现在我们可以尝试简单分析造成这种不同的原因。

一般说来,决定一个人对建立在群众利益基础上的舆论取何种态度的因素有主观的和客观的两大类。

所谓主观因素,大致包括他的历史观和世界观、认识论方法和价值取向。

首先,各种形式的精英主义者容易鄙视舆论,因为在他们看来,所谓舆论不过是没有知识、没有能力、丝毫不具备参政资格、只注意自己眼前的蝇头小利者的意见。国家不能由这些人来治理,舆论也无足轻重。精英主义者经常认为善的理念、绝对真理、政治艺术等只能为极少数人所认识、掌握,这些人凭借这种精神的垄断就应该独掌政治权力。普通人数量上的多数并不能改变他们的质量低下,无知愚昧的叠加也不可能形成真理。这些精英主义者又可以分成理想主义者与现实主义者两类:理想主义者如柏拉图,可以坚持自己的理念,简单否定舆论的任何价值。现实主义者如马基雅维利,虽然内心里同样对群氓不感兴趣,但因为认识到了人心的向背对君主统治的意义,还可以对舆论给予一种实用主义的相对重视。

其次,个人主义者比国家主义者更重视舆论。这里所谓的个人主义,当然不是自私自利的同义语,而是说在个体与群体、公民与国家的关系中,前者是第一性的,更加重要,国家及政治权力都不过是个人的创造物,一种为个人利益服务的工具。既然如此,反映了个人利益的舆论当然就有了完全正当的重要性。这种个人主义与强调人人平等的民主主义结合后,舆论的合法性便更加无可置疑。

所谓客观因素,是指一国的政治制度与政治文化。在民主制或多元制政体下,舆论的地位和重要性是在其他政体形式下所无法相比的。这并不是说现代民主制中的政治权力没有掌控在精英手里,也不是说精英们已经在内心里承认了与民众的平等,而是意味着在这种制度安排下,无论他们怎么想,都无法轻视民意,不去迎合民意。制度的重要性由此可见一斑:人性可能是不可改变的,但理性的人在一个制度的制约下必须做一些他们不喜欢做的事。在这里我们关注的是现代民主制,而不去讨论雅典民主制中舆论的超强地位。现代民主在本质上是一种选举民主,普选制是民主制中的核心制度——国家的主权属于人民,人民通过自己选出的代表来行使这种权力。得票数是决定一个政治家进退去留的关键因素,而舆论又对公民的投票行为发挥着影响乃至决定性作用。即使是当选之后,执政者在决策过程中同样无法不考虑舆论的支持与否。这样,重视舆论、研究舆论、试图引导甚至操纵舆论就成为十分正常、顺理成章的事了。现代民主的理念在20世纪迅速发展和普及,舆论从一种抽象观念发展为现代政治中的普遍现象,舆论研究也从传统的哲学思辨转变为社会科学的实证研究。

思考题

1. 柏拉图和亚里士多德的舆论观有什么不同?为什么?
2. 同为王权主义者,马基雅维利舆论观中的现实主义态度和霍布斯理论中所包含的契约观,对于我们理解舆论有什么启示?
3. 洛克对舆论概念的发展发挥了哪些作用?
4. 相对于洛克的舆论观,卢梭的舆论观有哪些继承和发展?
5. 从美国建国初期的联邦党人到第一次世界大战后的李普曼,美国对舆论的核心看法有哪些变化?
6. 从古至今,舆论概念经历了怎样的转变和发展,请简单分析其背后的原因。

推荐阅读

〔德〕哈贝马斯:《公共领域的结构转型》(曹卫东等译),学林出版社1999年版。

第四章 舆论测量与研究方法

2016年美国总统大选被媒体称作"第一次数字化竞选"。希拉里组织了一支由50余名来自硅谷的"科技天才"组成的超级团队。其中的数字媒体部负责所有与竞选相关的内容：网站、社交媒体、线上广告、电邮、宣传视频、基层筹款与线上活动组织，偏向营销职能；数据分析部负责收集和分析竞选中的数据，以实时监测和准确预测民意动向，精准投放募资和竞选广告，尤其是争取"摇摆州"的选民；技术开发部则为希拉里开发竞选所需的所有形态的互联网产品，它们开发的核心产品就是希拉里·克林顿本人，还给希拉里带来了2.4亿美元的捐款。在大选前夜《纽约时报》预测希拉里有85%的可能性获胜，其他媒体和民调机构给出的预测也都差不多，但最终结果是出现了普遍性的预测失败。被称为预测大神的"Nate Silver"在2007年建立了"538"博客（因美国大选有538张选举人票，后改为"fivethirtyeight.com"），通过对众多数据进行处理分析来进行时政预测。他在2008年大选中预测对了50个州中49个州的选举结果，在2012年大选中则预测对了全部50个州的选举结果，但是在这次大选中他连续在9个州预测失败，不禁令人大跌眼镜。就连很多共和党人都没有预料到这样的结果。共和党策略专家Mike Murphy说："我的水晶球碎成了原子。今夜，数据死了。"但事实上，特朗普的数据科学团队成员很早就发现，民调机构在进行抽样调查时对选民的认识有误。他们在选举前最后两周做了重大调整，选对了参数，调整了模型，终于使特朗普团队的选情模拟器"胜利之路战场优化器"（battleground optimizer path to victory）指明了胜选之路，特朗普也就此成为"大数据最大受益者"。

随着现代统计学和计算机技术的发展，舆论测量成为舆论学研究的重要内容。虽然对于如何测量舆论存在着许多争论，但是一般说来有四种比较常用的方法：民意调查法、焦点小组法、控制实验法以及大众媒介的内容分析法。近年来，网络调查和大数据挖掘也逐渐兴起。在本章中，我们将着重介绍民意调查方法，并简单介绍其他几种方法。本书毕竟不是一本方法论的教材，所以本章的目的当然不是使读者成为测量专家,而只是希望通过对一些舆论测量方法的介绍,使大家更理解舆论学的研究性质。

第一节 民意调查

民意调查对于我们形成关于公众以及公众舆论的观点非常重要。现代意义上的民意调查可追溯到早期美国总统竞选期间的各党派内部的投票意愿清点。1824年,特拉华州两家报纸展开了总统候选人的喜爱度调查,从而开启了报业收集民意、预测选举的时代。[①] 早期非正式的选举前的意向调查和记者街头随访非常普遍,但是记者们只是随便问问他们所认识的或者街上碰到的人想投谁一票,这种方法显然不够科学可靠。

进行大规模群体态度和行为测量的最初动机源于20世纪二三十年代收音机的普及。广播需要让广告商知道有多少听众正在收听。根据概率抽样原理,可以从大量人口中抽取少数样本人群,并用对少量样本人群的测量结果来代表对大量人口的调查。

《文学文摘》(*Literary Digest*)是一本1890—1938年在美国颇为流行的新闻杂志。该杂志从1920年起,根据电话簿和车牌登记名单进行抽样,以邮寄明信片的方式征集选民意向,成功地预测了1920—1932年的历次总统选举结果。1936年,根据"样本量越大,调查结果越准确"的思路,该杂志再次从电话簿和车牌登记名单中挑选了1000万人进行选举调查,收到200万人以上的回应,数据显示57%的人支持共和党候选人阿尔夫·兰登。最终结果是民主党候选人罗斯福以历史最大优势获得第二届任期,相比于罗斯福获得的523张选举人票,兰登仅获得8张。这种盲目追求大样本的民意调研因选样错误而没能成功预测。相反,成立于1935年的盖洛普民意测验机构采用配额抽样法,仅调查了2000多人,就成功预测了选举结果。《文学文摘》随后停刊,民意调查进入了使用小规模科学抽样代表性数据的时代。盖洛普民意测验机构用同样的方法成功预测了1940年与1944年的总统选举结果,但在1948年大选中做出了错误的预测。

在早期抽样调查中,最具代表性的是入门调查和面对面访谈,但这种调查费时费力因而成本过高。电话采访最初主要针对用得起电话的富人,而投递式调查则常常碰到缺乏正确的邮政地址等难题。到20世纪30—40年代,电话拥有量的增长和电话线路网的不断成熟、邮政地址的更加准确,人口向城市流动等一系列因素,使得大规模调查成为可靠的舆论测量工具。统计理论的发展带来

[①] Moon Nick, *Opinion Polls: History, Theory and Practice* (Manchester University Press, 1999).

的模式调查以及统计技术计算机化,使得大规模调查更省时省力和高效,这一时期出现了一些专业的调查中心,如盖洛普民意测验中心。

互联网的发展使得网络问卷调查出现生机。网络问卷调查成本低、回收快、资料汇总不易出现人工误差,还能嵌入多媒体资料,以及利用后台数据库收集问卷填写的行为数据,但在样本和成本方面有局限性。大量的网络调查通过在各种网络空间张贴问卷链接的方式吸引网民点击回答,由此收集的方便样本未必符合目标人群的特定人口统计特征,且样本框的缺失也导致无法统计应答率。更严谨的做法是通过专业网络调研网站的样本库(如问卷星、SSI等),"配制"出符合特定人口统计特征(如性别比例、年龄分布、族裔背景、收入结构等)的样本,此类服务的价格往往随配制条件的增加和样本量的扩大而提高。

民意测验或社会调查,本质上仍属于一种艺术而不是科学的行为。[①]因为从调查的过程,例如问题的选择、问卷的设计、样本的选择,以及对结果的诠释来看,人为的主观态度还是占主要部分。统计及电脑仅是一种辅助工具,真正决定民调的,主要还是一些人为因素。目前民意调查已经发展成为年收入上亿美元的工业。专业调查公司、学者、市场研究者、政府部门、大众媒介等都在进行各种形式的调查。

一般说来,民意调查的基本过程包括方案确立、总体抽样、问卷设计、调查实施、资料分析和调查结果发表等若干部分,以下逐一加以说明。

一、方案确立

设计方案首先要确立调查目标。研究者要明确他们想通过调查获得什么。学术调查最重要的目标在于理论解释和假设验证,因此学术调查常常关注理论框架和主题研究中的假设。比如,有关媒介影响舆论效果的研究常常关注媒介形成公共决策议程的能力。因此研究者常常要了解现有文献,发现在这一课题中还需要做哪些进一步的实验和拓展。研究的目的常常在于拓展特定的可验证的假设,即要说明两个或更多变量之间的关系。再比如,研究者如果进行关于政治参与的研究,他们可能假定选举和种族/民族身份相关。这一假设可以表述为:少数民族成员比起非少数民族成员更少投票。假设必须能清晰表达,可以通过实验验证。除了验证假设,学术研究的重要性还在于消除次要假设(alternative hypotheses)。比如在验证少数民族身份和投票的关系时,还需要证明究竟是少数民族身份导致了选举行为,还是因为少数民族身份导致了低收入,从而导致了投票行为。这些次要假设在设计阶段就要考虑到,从而确保收集

---

① 郑贞铭:《民意与民意测验》,台北三民书局2001年版,第231页。

适当的数据来验证主要和次要的假设。

商业调查则更多从客户兴趣中获得目标,目标常常来自当前媒介的热门话题或利益群体的关注焦点。新闻媒体可能想了解人们对当前若干话题的态度,而利益集团则可能想了解公众对相关的立法议题的态度,诸如此类,因此商业调查常常问题广泛,以针对不同的用户。对调查预算的考虑会影响调查的目标和技术,但是存在一些不容妥协的最低标准。例如调查过程可能有非常低的回复率,样本太小不足以对群体意见得出可靠的估计。所以必须确定调查的目标以便产生最低程度的数据汇总。

明确地定义问题是保证调查效果的重要条件。问题的定义包括对整个问题的叙述以及确定研究问题的具体组成部分。[①]在定义问题的过程中,一般需要对二手资料进行收集和分析,进行初步的定性调研,访问相关的行业专家和决策者,等等。

在明确定义问题之后,就需要进一步寻找处理问题的有效途径。如寻找相关的理论框架或客观证据以确定调查的变量或指标,提出相关假设,设计调研方案。设计方案中一般应包括研究方法的选择、调查方法的选择、测试问卷、抽样方法、数据分析方法等多项内容。

二、总体抽样

体检时医生会抽取少量血液,工厂的产品在出厂前,质检部门也会抽样检查一些产品。这些都可以说明样本代表总体的意义和作用。从理论上来说,全面性的普查(census)当然要比抽样调查准确得多,但是在现实环境里,除了人口普查,绝大部分社会及民意调查都采取抽样方式。即使是全国人口普查,实际漏查的人口也常在千万以上。总体规模越大,就越不容易进行全面普查。因此,如何提升抽样调查的准确度,就成为现代调查工作面对的最大挑战。

抽样理论的基本假设在于,个人能够代表典型群体。因为在相似的社会环境下人们可能有相似的意见,因此没有必要和所有人逐个交谈。比如一个来自南方某省的北京大学二年级理科生,某种程度上可以代表其他来自南方某省的二年级理科生。来自某地的农民工某种程度上可以代表其他来自外地的农民工。民意测验的目标是,通过询问其中部分成员一些问题,从而得出关于这个群体的总体可靠的结论,因此样本必须具有代表性。代表性样本必须包含可能影响民意的所有主要的社会类型。样本越有代表性,对民意的测定越准确。

如何使样本最具代表性呢?首先是要根据调查题目选择正确的**总体**(popu-

[①] 柯惠新、刘红鹰编著:《民意调查实务》,中国经济出版社1996年版,第48页。

lation)。比如,如果调查的题目与投票行为有关,所有未成年人以及没有政治权利的人就可以排除在外。但如果调查题目与卡通片有关,那么儿童反而是抽样的主要来源。因此,要保证样本的正确性,关键在于选择正确的总体。总体的选择必须在调查活动之前就规划好。

样本的选择应当对总体具有真实的代表性。比如对地方选举的民意调查,应当亲访当地居民,而不是大专院校的专家学者,因为权威专家学者的意见未见得体现代表性。调查方法的选择也必须考虑总体的特征范围。比如想用电话进行民意调查,但如果当地只有富人才装有电话,那么无论你的抽样过程如何客观,所得到的结果,也只能代表当地富裕阶级的民意而已。如果因为手段方法等原因,导致样本的普及性及代表性不够周延,那么调查所产生的结果,其可信度及准确性就必然要大打折扣。1936年美国总统大选时,当时著名的《文学文摘》杂志之所以错误地预测了大选结果,是因为它基本上是在家里有电话、有汽车的人中选择样本的。而在选举日当天,那些家里没有电话和汽车的人也去投票了,结果与调查预测当然出入悬殊。1948年美国总统选举时,当时的盖洛普、罗柏、克罗斯里三大民意调查所,以及《纽约时报》的调查,都没有能准确预测选举结果。事后盖洛普中心在进行检查和总结时,发现调查时忽略了只受过小学教育的选民,而且调查工作截止得太早,而美国人的态度却在不断变化。此后,民意调查技术进行了改革,采用"类型抽样法"和"随机抽样法"相结合的新方法,减少类型选择中的主观色彩,使民意测验的成功率达到90%以上。[①]

一旦总体选择确定后,接下来就是抽样了。关于抽样的问题主要集中在两点:抽样的方法与样本的大小。

抽样方法可以简单地分为概率抽样和非概率抽样两种。

第一种,**概率抽样**(Probability Sampling),又称**随机抽样**(Random Sampling)。这种抽样过程是任意而且随机的,因此每一个单位都有相同(而且大于零)的机会被抽中,同时每一次的抽样与下一次的抽样完全独立,彼此没有任何关系。以随机方法进行样本抽取,能帮助我们从局部得到总体的概况描述。但因为随机抽样一视同仁,无视不同群体的差异,有时反而不具有实用价值,因此需要人为修正。如对儿童卡通片的调查仅限于儿童,对投票的调查也仅限于投票人群。在缩小总体范围后,仍可以继续采用随机抽样的方法,达到公平取样的目的。概率抽样是所有调查方法中最为普遍的抽样方式。随机抽样需要有一个总体编号表,即样本框(sample frame),但是在多数情况下很难获得。

在概率抽样中,在保持"随机"这一前提下,还另外发展出几种抽样法。

[①] 刘建明:《社会舆论原理》,华夏出版社2002年版,第330页。

简单随机法：在总体数量不庞大、个体同质性较高的情况下，可以用统计学的乱数表或电脑随机抽样的方式，保证每一个个体都有相同机会被抽中为样本。

分层抽样：研究人员根据研究目的，将庞大而有特质分歧的总体，按照特质分成不同的组，再以随机抽样的方式，从每一组中抽取需要的样本数。这样抽取的样本，每一个元素可以代表它所属的组别的特征。例如在考察投票行为时，根据选民的年龄、性别、籍贯、受教育程度及收入水平分组抽样，各元素的代表性强于简单随机抽样。

系统抽样：又称间隔抽样。例如要从一万页的电话簿中选一千人为样本，就可以先根据随机抽样法选出第一人后，以后每隔十页再随机抽取一人。系统抽样使用方便，但取决于元素异质程度的重要与否。比如用此方法调查投票行为较不可取，因为异质性可能影响结果，但用来调查收视率则较为可行。系统抽样的前提是对象排列是无序的，否则容易导致误差。比如考察某份报纸，如果间隔是七，则很可能选取到一周中的特定日子。

多级抽样：也称多段抽样，即每一阶段都有不同的抽样单位。比如调查中国农村家庭电话普及状况，可以把县作为第一级抽取单位，把乡作为第二级抽取单位，把家庭作为第三级抽取单位。要调查某校高中同学对政治课的看法，就可以先以年级为单位，三个年级各抽出五个班，再以班为单位，每班抽出两个组，再以组为单位，每组抽出两个学生，共得到六十个样本。在这一过程中，年级、班、组、个人分别是四个阶段的抽样单位。

集群抽样：为了节省调查的费用，先行调查总体特征，再将同质性高的次级群体集中起来，从这些群体中抽出小集群，然后对这些集群内的所有成员进行访问调查。例如调查某地高收入家庭的投票行为，就可以先根据当地居民的纳税记录，找到高收入家庭所居住的几个区，再从这几个区里随机抽样出几个里弄，然后对该地区内的所有住户进行全面普查。集群抽样与多级抽样比较类似，区别在于集群抽样最后的所有元素都要接受普查。

第二种，**非概率抽样**，又称**立意抽样**（Purposive Sampling），是依研究者的意志来选取具有典型代表性的样本。之所以如此，一是方便，由于条件所限，研究者根据实际情况以自己方便的形式抽取偶然遇到的人群作为调查对象，这种方法不能通过样本推断总体，因此娱乐性强于科学性。二是在特殊情况下，比如总体中各单位元素具有很大差异性，为确保左右两极及中庸的元素都有接受调查的机会，所以采用计划性的抽样方式。

非概率抽样是靠调研者个人的判断来进行的抽样，其中较为普遍的有以下几种。

方便抽样（Convenient Sampling）：就是从便利角度选取样本，比如在大街上进行拦截访问、利用客户名单进行调查等。这是所有抽样技术中花费最小的,样本是可以接近的、合作的、易测量的。但样本局限性很大,不能把样本的结果推广到总体。在探索性研究中,可以利用这一方法寻求一些新的想法或假设,也可以用于尝试性调查或预测性问卷等,但解释结果时要小心。

判断抽样(Judgmental Sampling):研究者根据主观判断来选择他所要进行调查的样本。例如研究大学生中意见领袖的看法,因为对意见领袖的定义各有不同,研究者就可以根据自己认定的标准,比如班委或社团代表,或者 BBS 上的"水军",作为自己的访问样本。判断抽样的价值完全依赖调研者的判断、专业程度和创造性。其结果同样不能用于推断总体。

配额抽样(Quota Sampling):可以看成是两个阶段的加限制的判断抽样。第一阶段需要确定目标总体中诸如性别、年龄、职业等指标的配额,然后按方便抽样或判断抽样选取样本元素。一般样本中的配额比例应当与总体配额比例相同。配额抽样试图用较低费用去获取有代表性的样本,尽管样本构成可能反映了总体的构成特征,但仍然不能保证样本的代表性。配额抽样的人为主观因素非常强烈,样本代表性也有限,除非特殊目的,一般不宜采用。

滚雪球抽样(Snowball Sampling):先随机选取一些被调查者,再请他们提供另外一些属于所研究的目标总体的调查对象,持续下去,就会形成一种滚雪球效果。滚雪球抽样的主要目的是估计在总体中比较稀有的人,如同性恋者。它可以大大增加接触所需群体的可能性,一般抽样变差与费用也较低。

关于样本大小还要考虑以下若干因素。

总体:首先,总体的选择必须正确,否则根据错误的总体选择,样本越多,误差就越大。其次,总体中各元素的同质性与异质性的程度也是决定样本大小的重要因素。同质性越高,我们所需要的样本数目就越小,如果扩大样本数目就会明显增加其可信度。对于异质性较高的总体,增加样本数目的目的就是要接纳总体内不同特性的次级团体,使样本更具有代表性。

精确度:经多年研究,统计学家们已经替我们准备好一系列科学化的、系统的样本量表。比如调查10万人中有多少人是大专教育程度,如想达到95%的准确度,必须有384个样本,如果要达到98%的准确度必须有2345个样本。如果是50万人,达到95%的准确度,则最低样本数是1065个。1995年加拿大魁北克省的独立公民投票和1996年以色列的总理大选,因为双方实力太过接近,即使1%的误差,也可能造成结果与预测不合的笑话,因此许多传媒拒绝在选举前发表民意调查数字。由此可见,对准确性的要求是决定样本大小的关键。

边际效应:在一定范围内,增加一定数量的样本,对于增加准确度会有显著的提升效果,但是在达到一定程度之后,再往上提升,或许就要增加好几倍的样本数。因此民意调查在经费、人力、时间有限的情况下,只要精确度达到可接受的程度,就没有必要为了提高些微的准确度而以几何倍数扩大样本数量。

三、问卷设计

要保证民意调查的科学性,问卷设计的科学性也至关重要。为准确测定样本和调查目标对相关问题的意见,每一份问卷都要措辞谨慎,题目安排得当。

问卷的构成要素一般包括以下几点:

(1) 开场白:先向对方礼貌问候,以免给人突兀的感觉。

(2) 自我介绍:表明访员身份、主持调查的机构。

(3) 任务介绍:说明调查工作的目的以及如何处理调查的资料。

(4) 所需资料:扼要说明该调查需要哪一方面的资料。

(5) 为什么选择对方:说明选择调查对象是基于随机抽样或者受访者条件符合研究需要。

(6) 受访者基本资料:根据调查目的,请求对方提供必要的个人资料。

(7) 说明回答方式。

(8) 热身问题:顾名思义,是在调查正式开始之初问的一些问题,目的是要协助受访者逐步熟悉并切入主要问题。虽然这部分题目从表面看与主题无直接关系,但分析结果时常能提供一些背景资料。

(9) 主要问题:整个问卷调查的重点所在。

(10) 结尾:问卷结束前,对受访者表示感谢。如果是邮寄问卷,要附上回邮地址,如果已预付回邮邮资,可一并说明。

在问卷的题目设计上有不同的种类,其中开放式问题和封闭式问题比较常用。

封闭式问题就是针对问题提供可供选择的答案,被调查者只能在规定的答案范围内进行选择。封闭式问题便于回答,因此可将不相干的回答减至最低,问卷回收率也较高,而且对回答进行编码统计和分析很容易。但如果答案选择不周延,答题者就可能找不到他想要的选择。在封闭式问题中,不同受访者的意见差异,可能会由于迫选式回答(forced-choice response)而被人为消除。

开放式问题不提供选择答案,而给予受访者较多的自我表达机会。开放式问题相对复杂,目的在于引出受访者独特的见解、观点或目标,特别有助于预备性调查,也有助于了解动机,以寻求对答题者行为的解释。但开放式问题的缺点在于答案非标准化,难以进行对比和统计分析,因此要对回答进行分类。而在分类过程中,则可能加入研究者的主观判断。开放式问题需要受访者花很多时间和精力,因而拒绝率相对较高。

渗透式问题也很常用。因为回答者不可能对每一个问题都有观点,渗透式问题可以滤掉一些对那些问题不知晓或不在意的人。比如"你是否听说或使用过播客",选择"没有"的人则不必回答对这一问题的看法。渗透式问题有助于避免不是建立在固定信息上的随机意见或门外汉意见。

探查式问题寻求对回答的更详尽清楚的理解。比如在提出某问题后,还可能进一步问"还有吗?"或者如果某人表达了某种观点,进一步的问题可以是"为什么如此?"探查式问题可以确保回答者完整解释他们回答的理由。

研究者要小心安排问题形式,以保证完整准确地测定公众对某一复杂问题的意见。有必要用几个问题,因为一系列相关问题比单独的问题能更好地把握舆论。

在问卷设计中,关于题目的先后顺序是否影响答案,目前没有实证研究的结论。通行的规则是,将一般性问题放在前面,特定的问题放在后面,或者将简单易答的问题放在前面,而将困难的需要思考的问题放在后面。如果问题之间有逻辑关系,则将层次最低的或有引导性的问题放在前面,再依逻辑顺序排列其他问题。一些个人信息,如年龄、受教育程度、收入等,应当放在后面。

问题设计最容易出现以下缺点:

(1)问题的立场不公正,甚至有预设答案,强迫受访者从有缺点的答案中勉强选出一项来代表他的意见。如鉴于切尔诺贝利核泄漏事故,你是否支持核电站建设? A.是;B.否;C.不置可否。此题将答题者对建设核电站的意见与切尔诺贝利核泄漏事故相联系,有诱导强迫之嫌。

(2)问题内容会造成受访者心理困扰或者涉及隐私和禁忌部分,使人们不愿意说出真话。如果民意调查主题与家庭或婚姻有关,除非采用无记名通信问卷方式,否则很难得到真实答案。

(3)问题表述使人难以准确理解和回答,或者术语太多,超出一般人的认知能力;或者用词模糊造成歧义或理解困难。另外还有必要改变句子的措辞或顺序以避免回答定式,比如要避免受访人不断重复"是"或"不是"。

四、调查实施

民意调查中,除方案设计和样本选择外,调查方法也甚为关键。一般最常采用的有三种调查方法:面谈、电话和邮寄。它们的操作程序不一样,条件要求也有很大差别。

调查方法的设计,主要是希望用最小的成本,获得最大的成功。因此在确定调查方法之前,必须彻底了解任务的性质、样本分布的特点,以及问题的长度难易等。最后再根据预算、时间、人员状况,选择适当的调查方法。在确定调查方法时,需要考虑所采用的方式必须能够创造一种使受访者感到愉快、安心,并且愿意合作的环境。同时要考虑如何能从受访者那里得到全面、真实的答案。

入户访问:最有利于深度询问。这又可以分成两种。一是访员携带事先准备好的问卷,在约定的时间与地点,对受访者直接访问,由访员直接填写问卷。另一种是访员登门之后,进行完自我介绍、任务解说和填表指导后,留下问卷先行离开,过一段时间再回头收卷。面对面的入户访问,问卷回答率高,质量易于控制,对于收集大量数据和深入了解回答者的意见最为有用,可用于研究内容较为复杂的调查项目。这种调查最主要的缺点在于成本,其费用一般比电话访问高45%—65%。另一缺点是费时。

电话访问:就是选取一定的受访者样本,通过拨打电话,询问问卷上提出的一系列问题,在访问过程中记下答案。由于电话访问简便易行,省时省力,因此很受业内人士的重视。目前美国电话访问率已超过60%,超过了入户访问。在中国,电话访问在民意调查和市场调查中的使用率也已达到40%,仅次于入户访问。①以前只有高收入者拥有电话,现在电话的普及减少了收入高低可能导致的偏差。电话访问适合有限的问题和简单回答。如果电话访谈太长,受访者可能会挂断电话,因此调查的深度受到限制。由于作为总体的电话号码通常不完整,所以存在抽样偏差,访问中还可能受到电话接通率、受访者时间冲突等因素影响,因此样本结果无法推断总体。目前还有一种较为先进的计算机辅助电话访问(computer-aided telephone interview,CATI),是将电话、计算机、访问员三种资源组成一体的访问系统。访问员根据系统终端计算机的要求通过计算机随机拨打电话,接通后访问员读出电脑屏幕上显示的题目,然后直接将受访者的回答输入计算机。CATI方法准确度高,速度快,可以直接生成数据库,并可以和相关的统计软件如 SPSS 等直接转换。但是调查设备、程序设计以及访问员系统培训等方面的费用较高。

邮寄问卷调查:这是指把问卷制成邮函,直接寄给访谈者,由他们填写后寄回。问卷可制成明信片方式,或用一般信纸,然后附上信封。一般要预付回邮邮资,否则很难期望理想的回收率。邮寄问卷调查的空间广,一般不受地域或交通通信的限制。问卷的匿名性好,受访者自由度大,不需要培训访谈者,调查成本低。但调查结果出现偏差的可能性较大,填问卷者可能不是收信人本人,或者因为没有访员指导而导致曲解原意。比起电话,邮寄问卷必须更加简单明了,措辞清楚,但是提问的范围和数量都受限制,时间也无法控制。邮寄问卷更大的缺点

---

① 袁岳、周林古等编著:《零点调查:民意测验的方法与经验》,福建人民出版社 2005 年版,第118 页。

是低回收率和低回答率。实际的答复率某种程度上取决于被调查人群的社会经济地位;地位高的人比地位低的人更容易完成问卷。一般说来,回收率在45%—50%是能被接受的,但实际常常更低。绝大多数邮寄问卷调查会采用追随信件或电话催促的方式,否则绝大多数都结果难料。为提高问卷回收率,在确定邮寄调查前,需要一份有效的名单,以对受访人进行广泛的确认。

网上调查:随着信息技术的快速发展,网上调查已经越来越多地被采用。和传统方式不同,网上调查只针对网民进行,主要以互联网为平台,受访者在某个设定的站点或通过电子邮件方式填写问卷并发送给调查机构。网上调查可以充分利用多媒体技术,问卷形式更具个性化、更有针对性和亲和力。网上调查可以及时进行选项之间的逻辑错误检查、查错、复核、补充样本等后续工作,还可以有效避免访问员作弊、录入出错等人为偏差。其主要缺点在于样本对象仅局限于网民,对所获资料的准确性和真实程度难以判断。虽然网上调查可以节省访问员劳务、印刷、录入、复核、交通、联络等费用,但需要一定的网页制作水平。目前已有专门为网络调查设计的问卷链接及传输软件。典型的用法是,由简易的可视问卷编辑器产生问卷并自动传送到网络服务器上;研究者可以通过网站,随时对数据进行整体统计或图表统计。①

五、资料分析

民意调查收集个人对特定的一系列问题的回答,目的在于得出调查的人口群的总的观点。虽然个人回答很重要,但如果不汇集起来的话,则不能构成民意调查数据。民意调查的分析结果还应包括提供附加信息,以帮助读者阅读和正确解释调查结果。

民意调查的数据分析技术需要回答以下三个问题:
(1)观察的结果能够成为真实结果的概率是多少?
(2)主要变量之间的相关力度是什么?
(3)所提供的解释强于另一种相对的解释吗?

对调查结果的讨论常常包括样本错误,或使用这些回答来估计全体成员意见时的边际错误。许多全国性调查把样本错误限定在3%—5%。显然,样本错误越大,调查显示的舆论可靠性越不确定。另一大问题是调查进行的日期。由于调查、分析和发表存在一个时间的延宕,报告结果时需要和问卷进行之后的一些相关事件相联系。最后用于评价测验结果的是重要性测试。一般学术研究中会有这样的测试,即不同结果可能出现的概率。

---

① 详见赵国栋、黄永中编著:《网络调查研究方法概论》,北京大学出版社2008年版。

民意调查的数据分析具有较强的统计技术特征,同时具有很强的操作性。在此对专门的统计软件或数学计算方法不做具体介绍,仅说明一些基本概念。

统计工具可以分为两个基本的类型,即用于描述数据或用于测量调查项目间的关系。此外,根据报告针对的变量情况,统计工具又可以分为单变量统计、双变量统计和多变量统计。

频数分析:数据调查的第一件事就是描述每一个变量的分布,把问卷中的选择答案累计起来就会形成不同的频数表,例如不同文化程度的**频数表**。频数表可以是表格形式,也可以画成直方图、条线图或饼形图等,显得更为直观。

均值分析:最常用的包括简单均值和加权均值。它在满意度调查中应用广泛,例如在调查中可以通过5级、7级甚至10级量表的形式让不同被调查者就同一问题按量表分值打分,通过对所有打分进行均值运算后,我们就可以看出调查者对这一问题的集中意见如何了。

交叉分析:主要用于反映不同群体(如本地居民、外来常住户、短期移民等)对某一民意调查内容(如政府信息公开)的看法差异,也可用于反映不同民意调查内容之间的相互关系。

因子聚类分析:实际包含因子分析和聚类分析两种方法,但由于这两者通常结合使用,并且因子分析一般作为聚类分析的前提,因此统称为因子聚类分析。例如零点调查公司在一项关于企业家形象的调查中,先通过对16种变量进行因子分析,提炼出4个因子,分别是道德因子、能力因子、社会参与性因子和财力因子,然后根据每个样本在这4个因子上的得分进行聚类分析,从而划分个人能力型、社会参与型、道德楷模型、主流偏离型等4类群体,并确定这4类群体各自所占比例。[①]

联合分析:通过要求调查对象权衡后做出的选择,间接地计算出各种属性的重要程度。例如为了解选民对具备"哪些特征"的候选人比较欣赏以便进行"预选判断",研究者将抽象化的候选人信息编入正交表中,然后向每一个受访者展示一组正交卡片。根据被调查者的选择,来确定候选人"特征",如知识背景、施政风格、过去政绩、创新能力的重要性得分,然后根据实际候选人各种特征的差异性来判断其当选的可能性。

对应分析:包括一元对应和多元对应两种类型。其中一元对应分析侧重于研究两个变量之间的内在关系,例如受教育程度与上网习惯之间的对应关系。多元对应则侧重分析多个变量与一个被选变量之间的内在联系,例如将市民的性别、年龄、职业、收入、户籍等多种背景特征与政府治安管理水平等放在一起进

---

① 袁岳、周林古等编著:《零点调查:民意测验的方法与经验》,第216页。

行多元对应分析,以确定对政府治安管理水平满意度较高和较低的不同群体的综合特征。

相关分析:可以用相关系数来衡量两个因素的联系程度和关联程度。当一个变量向一个方向变化(逐渐增大或逐渐减少)时,另一个变量也只向某个方向变化,那么两者之间就是线性相关关系。若两个变量的变化方向相同,则是正相关;若变化方向相反,则是负相关。当一个变量向一个方向变化时,另一个变量一会儿向一个方向变化,一会儿又向另一个方向变化,那么两者之间则是曲线相关。相关系数用0—1之间的某个数来衡量,以确定两者之间的联系程度。

线性回归分析:这是回归分析的一种重要方法,分为一元线性回归和多元线性回归。如果两个变量之间存在线性关系,其中一个是自变量,另一个是因变量,利用它们的样本数据,建立起表述它们之间关系的数学模型,对模型进行各种统计检验,并利用这一模型进行预测和控制,就是一元线性回归。其中不同变量之间的相互关系可以用一阶函数来表示。例如将年龄、收入、经济状况满意度等可以控制或可以观察的变量设为 x,根据以往调查将总体生活满意度 y 和 x 之间的关系确定为:$y=A+Bx$,也可以尝试用这一模型预测将来。实际应用回归分析法时,常常采用多元回归分析,即根据多个独立变量的最优组合来预测(估计)因变量,它比用一元回归分析进行预测更为有效。在此不做详细介绍。

六、调查结果发表

这是整个民意调查的总结阶段。当先前调查收集的各种数据,经过分析查证确定无误之后,就要将这些数据连同其背景,写成一篇可读性强,且具有实质内容的报告。调查报告的写法和格式很多,如果以学术研究为目的,则内容必须包括详细的理论基础、执行细节、前因后果,以及可能的后续研究方向。如果以服务商业客户为主,则内容须包括前言、重点摘要、市场背景介绍、调查方法说明、商品市场现状以及检验和结论。如果以新闻报道为主,那么电视新闻报告和报刊文章各有要求。如何撰写报告要根据服务对象来决定。

一般而言,调查报告要包含以下内容。

(1)标题:明确表示民意调查的主题思想和相关内容。标题可以是单标题,也可以是正、副两个标题组成。

(2)引言:对课题的由来进行交代说明,或对报告的主要内容进行概括和简介。

(3)正文:是对整个调查课题的完整叙述,应当包括最初的调研目的与内容、样本情况、基本数据的收集与整理、主要发现和相关分析等。

(4)结尾:主要从调查者角度对调查所得提出进一步的分析和建议。

(5)署名和声明:注明调查机构和调查组成员名单、调查及完稿时间、报告版权所有等项内容。

民意调查的内容常常会以新闻稿件的形式发表。首先,要强调不能为求"轰动"效果而违反原始调查的精神。例如,如果一项关于安乐死的调查结果显示,有三分之二的人同意当一个人变成植物人时,应当准予施行安乐死,那么在报道该项结果时,就不应该说成是有三分之二的访民赞同安乐死,因为这实际上忽略了变成植物人这一特定的提问条件。

其次,新闻稿件常常分为导言和正文部分。导言部分是将调查的结果作重点说明,正文部分就要将该民意调查的前因后果作详细说明。如果是民意调查,在正文陈述中就需要将民意调查的不同意见都完整反映出来,而不能只选择与自己理念接近的或者最具震撼力的部分。在报道中,还应视版面大小,说明民意调查的方法与过程,特别是一些基本资料不能省略,如主持该项调查的机构名称,以及样本来源、数目与时间等。

最后,既要注意重点报道,又要避免以偏概全。一项调查往往题目很多,新闻报道时可以有所取舍,以免资料太多而模糊了主题的重要性。首先选择与调查主题直接相关的问题。尽量以图形配合文字与数字,解释与数字并重。对于置信水平与样本误差,不仅要提及,而且要向读者解释它们在统计学上的意义,以免读者被误导或作出错误判断。在报道中,应尽量避免以一两项调查结果来判断整件事情,也应避免用样本结果代表全体的意见。报道时,只应说明这是根据多少样本人口的意见,而不能滥用"社会普遍认为""民意大都认为"这样的说法,以免以偏概全。

总之,民意调查范围很广,各种主客观因素很复杂,调查数据又很可能枯燥冗长,如何在相关报道中既突出新闻特色,又能把握报道的准确与全面性,很多时候要靠记者本人的经验与能力。

尽管随着调查技术的发展,民意调查的专业性和可信度都在不断增加,但质上人为因素还很多,民意调查也容易受到社会各种政治、经济和文化因素的影响,因此仅具参考价值。这是必须牢记的。

第二节 焦点小组讨论

民意调查是舆论测量最主要的方法,还有其他一些被普遍接受的测量方法。研究者们发现,公众舆论是复杂多样的,因此有必要用多种方法对之进行探索。

一、焦点小组讨论的一般方法

焦点小组讨论是在一种自由放松、无威胁的环境下,通过精心设计的讨论,来获取人们对某个有兴趣的特定问题内容的认识。焦点小组讨论法最早可以追溯到芝加哥学派的默顿,他在研究第二次世界大战中的宣传时首次使用这一方法。作为一种社会学方法,它曾经被舆论研究所忽视,但现在又逐渐被运用于市场研究、竞选咨询以及新闻和学术研究等领域。

民意调查方法一般要求被调查者主动回答一系列封闭式问题,而焦点小组讨论则是在一个小组中进行开放性讨论。一般焦点小组会组织6—10人参加,少至4人或多至12人。研究者要根据研究计划,确定组织多少次焦点小组讨论。参与讨论的人由各种方式选择,但一般不会采取从目标人群中随机抽样的民意调查方法。绝大多数焦点小组研究都包括某种形式的、标准的待填写问卷,也会收集最基本的人口及态度信息资料。讨论遵循一种结构松散的计划,主持人以该计划为参考,以保证在讨论结束时,计划上的主要问题都被提及。讨论谈话常常以意想不到但很可能有价值的顺序进行,一般持续一到两小时。

每一个单独的焦点讨论组,通常由具有特定人口或态度特征的人组成,这样可以使参加者在表达自己的观点的时候,减少羞涩或防御心理。比如在分析对性别角色的态度时,研究者把女性和男性分别设置在不同的焦点访谈组,同时依据年龄、阶层和职业地位进行分层,组成不同的访谈组。在进行有关公民意识的调查时,研究者可以根据地方背景(居住的城市或乡镇)、社会阶层以及国籍等进行不同的分层组合。

在讨论的结构设计上,研究者一般会把参与讨论的人安排在一个自然和非正式的场合,以使他们放松。如果是在一个公开的场合,比如大学,则一般会找一个会议室,提供一些茶点,允许人们一定程度的自由活动。有时候,讨论会在研究者或某位讨论者的家中进行。

从焦点小组中获得的信息,一般用于定性分析,也可以进行量化的系统性内容分析。焦点小组讨论也常常和其他一些研究方法相联系,比如参与观察、深度访谈、实验以及调查。这使得焦点小组讨论能缩小定性的解释性研究与量化研究之间的差距,从而更有利于探索舆论的复杂性,也有利于研究舆论形成过程中的波动和交谈特点。

和其他研究方法相比,焦点小组讨论存在局限性:它的研究场合不如参与式观察自然,研究者的控制能力弱于深度个人访谈或实验研究。研究结果不如民意调查结果那么容易分析和得出结论。但是比起上述几种研究方法来,焦点小组讨论也有一些很重要的优势。它可以考察在意见表达和形成过程中社会互动的作用。它把灵活的深入访谈和与更多人谈话的能力结合起来。讨论的开放性能使预见不到的意见产生,通过互动来避免研究的狭隘和偏见,还可以寻求定量研究的一般性和定性研究的深入性之间的折中。

焦点小组特别适合考察态度和意见形成中的变化机制。它可以考察公共场景下的政治,聚焦于讨论公共事务的人们之间的互动。焦点小组讨论的特点就是充分利用群体互动来产生数据和思想,没有群体讨论,这些东西很难获得。焦点小组讨论研究越普及,它适于解决的问题就会越清楚。

二、用焦点小组讨论法研究公众舆论

焦点小组讨论法被用于各种研究题目。虽然研究的题目不同,但关于舆论形成和表达过程的结论却很相似。这些结论都认为,舆论是动态的、复杂的,意见的建构和再建构都不能脱离其发生的具体环境,意见来自个人、社会以及媒介信息的综合作用。最为重要的是,和民意调查不同,焦点小组研究绘制出一幅深入思考的公民图画。在谈及舆论的形成时,焦点小组法暗示公民是积极的、有批判性的、理性而成熟的。焦点小组讨论并不总是挑战传统研究方法所得出的结论,而是以有价值的独特方式来展示并丰富它们的结论。实际上,焦点小组法至少以两种补充的方式应用于舆论研究:一是作为传统民意调查方法的校验或补充;二是作为一种独立的研究方法反映舆论形成中被传统民意调查方法忽视的方面。

在一项关于政治心理学的研究中,政治学家西格尔(R. Sigel)和祖金(C. Zukin)采用了焦点小组讨论法。就性别关系这一话题,他们组织了六个焦点小组。这些小组要达成两个相关的目的:一是帮助建构测量有关性别关系和性别角色的态度的封闭式调查问卷;二是得出一些基本假设以便用更量化的技术进行测验。焦点小组讨论法被证明有益于达成这些目的。研究者还发现,这一方法有助于丰富后来的量化研究的发现。焦点小组讨论极大地丰富了研究者对男性和女性关于性别认识的理解。一开始研究者仅仅希望对设计问卷有帮助,但讨论中的发现比预想的多,而且显然焦点小组讨论对研究本身有独立的贡献。在另一项关于公民身份的研究中,焦点小组讨论被证明是更大规模调查研究的"关键的第一步"。在深度访谈和问卷调查中,研究者的预期很可能影响舆论的表达,但焦点小组讨论能对这种危险有一定的制衡。焦点小组讨论法能保证参加者用自己的语言互相交谈,而不是对问题作出简单反应,也不同于和访谈者一对一情况下的语言表达方式。因此,研究者可以从焦点小组讨论分析中得出一些新的意想不到的结论。

三、焦点小组讨论法对舆论研究的独特贡献

以上研究足以证明焦点小组讨论法的重要性,但它还有一些独特的地方,可以发现用其他传统民意测验方法无法发现的舆论的其他特点。焦点小组讨论能揭示舆论的形成过程,暴露这一过程中隐藏的特点,并显示舆论的社会性。

在这一研究思路中,舆论并非像固定存在于计算机中的数据,先被存储,然后被调出来,而是通过一个包含无数复杂图式的认知过程来持续形成。尽管有创造性的研究设计和成熟的数据分析,传统的测量方法还是不能把握舆论的形成机制。例如封闭式调查项目经常设计出具体的意见,迫使被调查者做出好像是独立的和事先存在的回答,然后加以统计分析。有一些小组研究和实验设计同样鼓励用这种机械模式来测量舆论,一旦有新的信息,就重新测量舆论。而焦点小组讨论法则正相反。它可以成为个人表达隐藏观点的催化剂。它实质上是鼓动人们"大声思考",因此成为观察意见形成的窗户。这一方法适用于提出一些社会过程模式。比如在关于公民身份的研究中,研究者发现了一些政治词汇,如"公民身份"的共享意义。这一研究有助于发现,在讨论和公民身份有关的政治话题时所使用的词汇和分类方式。焦点小组讨论的谈话性质和社会性质是这一方法的最大特点,特别有助于显示集体意义制造的过程。在讨论中,有人提出尝试性的解释,被人附和或者反驳。有人强加于人,也有人寻求专家的指点,各种解释不断地重塑和相互缠绕,以适应潜在的欲求。这也是实际生活中的情况。焦点小组讨论还会复制出一种社会情况,如广播节目之后的小群体讨论能使节目真正进入文化中,因此成为理解媒介过程的关键。

然而和真实的生活相比,焦点小组讨论依然有局限性。实际生活中绝大多数人不会自发地和亲朋好友坐在一起,就新闻的不同话题进行一个多小时的讨论。公共讨论常常是在走廊里非正式地进行,这种非正式的社会互动也常常以朋友家人间非正式的谈话方式进行。出于学术研究目的所进行的焦点小组讨论则综合了这两种情况。一方面,参与者知道他们要进行的是记录式谈话,他们的观点会被记录下来,是学术沙龙中的表达;另一方面,谈话方式、参与者的彼此相熟和轻松的场合又增加了讨论的社交因素,因此被称为"社交性公开讨论"。

虽然焦点小组讨论的半公共性质使其在研究某些问题时有困难,但其中人为的痕迹要少于绝大多数实验和调查研究。比如某人在某一时刻接受电话采访,他可能正在用晚餐、看电视或者和家人聊天,此时接受一个陌生人的电话采访,会使他不假思索地回答一些问题。而且,人们谈论政治的方式是否更接近于社交性的议论而不是公开讨论的说法值得商榷,特别是如果只是强调在家庭之外而不考虑交谈的地点以及交谈中的人际关系的话。

四、焦点小组讨论与舆论分析

另一个焦点小组讨论研究的项目是关于媒介在形成公共话题中的作用。在此研究中有两项观察。一是舆论的易变性以及人们针对复杂问题时是建构而不是回忆他们的意见的方式;二是大众媒介特别是电视和互联网在意见形成过程中的作用。通过分析焦点小组讨论的记录,研究者发现,摆脱了封闭式问卷的强制力和一对一谈话中的自我意识的限制后,意见的场合性、流动性和惯常的不一致就明显表现出来。虽然这些意见的不一致反映出参与者的不知情、无兴趣等,但记录也清楚地表现出绝大多数重要问题内在的可争议性。通过分析某一位参与者的完整发言可以发现,即使最有思想的公民也会表达矛盾的观点。而最一致的观点常常是那些显然不感兴趣并且对讨论的问题也没有思考的表达。

在谈话中同一个人表达不同的观点也很常见。对此,研究者认为,个人真正的观点,并不在于他对一个问题的一面或另一面的表述,而是要通过发表观点的特定场合(如是在朋友之间还是对公共媒体)来理解。更为重要的是,研究者发现,公民在舆论的构建中发挥着积极的(尽管是有限的)作用,特别是在通过媒介以及与他人的持续谈话中。

与此同时,参加研究的人认识到自己对媒介的依赖。他们困扰于这种依赖对于他们形成对不同政治问题重要性认识的作用。虽然媒介能设定议程,但公众对这一过程的担心经常被传统的调查研究方法所忽视。

传统的民意调查方法是舆论研究最有价值的工具。但是,这些方法像任何想把人类复杂的思想和行动简单化的其他尝试一样,失去了对意见表达和舆论形成重要特点的理解。焦点小组讨论则提供了另一种途径,既和传统方法相联系,又避免了对这些认知过程的过分简单化。

除去方法问题,民意调查其实是把"私人意见"的汇聚称为"舆论"。公民被看作是彼此孤立的、个人化的决策者。他们消费信息,并且在相互竞争的精英、政党或思想之间进行私下选择。在这种"公民即消费者"的隐喻下,政治变成市场,更确切地说,是一个邮购目录或家庭购物网络,意见是买卖公共物品的货币。

相反,焦点小组讨论强调政治内在的模糊性,由此导致了完全不同的舆论概念。焦点小组研究强调舆论是对公共问题的公开讨论。通过"谈话",政治意见持续地被创造和再创造。严肃地思考他人的立场使私人生活区别于公共生活,私人意见区别于舆论。焦点小组讨论法代表着适合研究舆论的谈话性质的理想的方法。

五、研究与发现

在一项关于大众媒介与人际交流互动的研究中曾采用了焦点小组讨论法。研究者认为,虽然调查显示人们对政治的了解程度很低,但人们既不"被动",也不是"麻木"的。相反,他们以复杂的、甚至有时是无法预料的方式解读媒介信息,并利用其他信息源来建构意义。为了显示这一积极的谈判过程,他们设计了37个"同伴群体对话",在188个参与者中男女各半,白人和黑人各半。研究者颇有兴味地发现了"同事"(参与者自称)们如何谈论政治以及这种谈论如何转为集体政治行为的潜在可能。

根据社会运动理论,研究者认为,公民要把谈话变成行动,就需要"集体行动框架"。这些框架使群体确定发生了不公正的事情,对"我们""他们"和"受害者"有清楚的认同区分,并认为自己有权利指出这种不公正。比如1994年发生在墨西哥的"萨帕塔革命",参与者在宣言中明确否认自己是"毒品贩子、贩毒游击队、土匪或我们的敌人可能会用来诋毁我们的任何称谓",而把自己确认为"我们这个民族之真正缔造者的继承人""爱国者""墨西哥国民宪法第39条所描述的人民",并宣布要发动的是一场代表墨西哥穷人、被剥夺者与土著居民利益的革命,与此同时,他们号召"我们"起来反对"他们",即掌握着墨西哥联邦行政机构的执政党(PRI)的"独裁统治""政治警察""代表最为保守与反民族团体利益的一小撮叛国者"。[①]

经过对不同媒介内容的广泛分析,研究者发现,大众媒介在决定公众话题如何被建构方面是非常重要的。研究者发现,媒介运用不公正、代言和认同等框架进行建构时,对不同话题各有侧重。而公民在自己的发言中使用这些框架的程度和媒介框架有很大的联系。例如在反对外国媒体关于2008年拉萨"3·14"事件的报道中以及在汶川大地震之后有关抗震救灾的舆论表达中,我们都可以看到这一点。

更有意思的是,研究发现,媒介报道和公民意见之间的联系非常松散,远比简单的说服模式或议程设定模式的预设复杂。比如在"周老虎事件"中,舆论显示出,他们有能力抵制由媒介建构的某类框架。

通过仔细分析小组讨论记录,研究者发现,在讨论公共问题时,人们所运用的媒介内容远超出一般新闻的范畴,因此也需要某种更广泛的框架。比如,在讨论一些积极肯定的行动时,几个小组的成员都谈到他们看过的公益广告,如美国

---

① 〔美〕查尔斯·蒂利、西德尼·塔罗:《抗争政治》(李义中译),凤凰出版传媒集团、译林出版社2010年版,第89—90页。

黑人基金会的口号"A mind is a terrible thing to waste"。同样,在讨论核力量时,电影《丝克伍事件》(Silkwood)、《中国综合征》(The China Syndrome)被用于支持其观点。

除了媒介,人们在建构共享框架时还利用了两种谈话资源:经验知识和群众智慧。经验知识来自个人或其他相关人的经历,群众智慧超过个人经验,并以文化的平凡真实为基础而被接受。讨论能建立公共话题的共享框架,使群体成员找到共同语言,但这并不意味着交谈总能在双方意愿下达成。

研究表明,虽然"同事们"缺乏政治意识,但他们却有发展这一意识的必要的潜力。更进一步说,参与者越能通过一致的来源来建构他们的讨论,就越能发展出政治意识所必需的集体的行动框架。但是建立在一致策略基础上的框架也可能非常有力,从而拒绝媒介框架。而媒介依赖仅仅是部分的,并且深受讨论话题的影响。

第三节 控制实验

一、从霍夫兰小组的研究开始

从20世纪40年代开始,心理学家们尝试用控制实验和现场实验的办法考察人们政治态度的转变。其中最著名的是霍夫兰(C. I. Hovland)心理小组在第二次世界大战中进行的美国陆军实验。在二战中,卡普拉电影公司受命拍摄了题为《我们为何而战》的系列影片,用于训练新兵,提高他们的士气,使他们明白战争重要的政治意义。霍夫兰小组则受命对这些影片的宣传效果进行评估。他们在研究中运用了许多心理学理论和方法。在很多实验中,新兵被分成两个组,一是实验组,二是控制组。实验组观看相关影片,接受特定"刺激",控制组则不观看相关影片。在实验组观看电影的前后,两组成员都回答问卷。结果表明,影片确实产生了效果。观看影片后的士兵更愿意为太平洋战争而冒生命危险,影片对士兵了解战争中的重大事件尤为有效。但是影片的总体效果令人失望,因为它并没有激发士气。导致这一结果的原因非常复杂,既涉及实验设计,又涉及具体的历史环境。从此以后,心理学家得到灵感,开始研究大众媒介如何改变态度,并以实验室为主开展研究。

当时的心理学家们致力于理解人们如何形成意见以及意见如何被操纵。他们开展一些实验,来研究媒介是否能有效地促使人们思考一些问题,媒介是否会迫使人们认为某些问题比其他问题更重要(议程设置效应)。他们的发现总体上证明,媒介在形成人们对政治领袖、政治事务和政治议题的认知特点上高度有效。实验室研究构成了传播学研究很长的一段历史,但其成熟度却逊于战时研究。

　　研究者认为,实验的核心是控制。心理学家们小心地控制实验场合、设计实验步骤。首先,实验者要创造一些调查的条件而不是等待条件的自然出现。其次,实验者要根据条件随机地选定实验对象,以替代自然选择过程。通过控制一些外部因素,研究者确保实验对象遭遇理论上完全不同的条件。通过随机地将被试人员派入不同的实验条件,研究者相信不同条件下被试的态度差异源于条件本身。

二、新闻、框架与民意

　　心理学家艾英戈和金德(Iyengar & Kinder)发现,给实验者看不同的新闻可以操纵他们的思想和态度。他们还进一步研究了电视新闻的特点,认为电视对政治问题形成框架。[①]艾英戈使用内容分析和实验来显示,电视新闻既可以是"主题性的",也可以是"插入式的"。主题式新闻框架突出更大的问题和一般趋势,通过分析来增加观众对政治问题的理解。还有许多新闻采用插入式(episodic),通过展示公民个人独特的生活方式来展示社会问题或趋势。插入式新闻虽然很有娱乐性,但经常导致观众谴责牺牲品——使观众认为个人而不是政治领导人应该为社会问题负责。比如关于失业,记者们选择多种新闻框架。如对失业趋势和数据进行深入的分析,强调政策的变化,或者聚焦纽约市一个失业的、无家可归者的动人故事。前面的框架使观众思考关于失业的公共政策,而后面的框架则作用于观众的情绪并强调个人的苦难。那么哪一个框架对观众最有教育意义,哪一个故事能使公民更受教育?对于这些有意思的问题,研究者通过实验方法来探求。

　　有一些实验强调某种媒介内容,如新闻框架,而另一些则强调媒介技术本身。例如有一项研究考察人们从电视、新闻杂志或报纸上是否能获知更多的政治议题。结果发现被实验者从电视和新闻杂志中比从报纸中获知更多知识。这一发现可能是源于不同媒介记者所使用的新闻技术不同,也可能和人们对媒介的实际使用有关——不同的新闻源,适应人们不同的生活和日常信息获取模式。无论如何,实验有助于研究者理解媒介影响政治思想的方式。

　　在所有这些实验中,研究者非常谨慎地保持内在的合理合法性。内在合法性这一术语是专门用来描述好的实验的重要标准,指研究过程必须测量想要测量的概念。而强大的实验也必须通过制造一些专业的刺激材料并确保实验过程

[①] 参见〔美〕仙托·艾英戈、唐纳德·R.金德:《至关重要的新闻:电视与美国民意》(刘海龙译),新华出版社2004年版。

是对真实生活的理性模仿,以利于探讨实验室之外的世界。比如关于媒介内容的实验,研究者要制造一些看上去专业的新闻节目(把现有的新闻故事编辑在一起)。他们把实验室布置得更像起居室而不是消过毒的实验室,以使被试感觉舒适。这种安排虽然不同于在家里看电视,但至少减少了一部分实验压力。

三、其他方面的控制实验研究

还有一些关于态度形成和舆论的实验并不必然和媒介或记者反映世界有关。例如麦克格若和哈伯德(M. McGraw & C. Hubbard)的说服实验。他们对于人们如何处理与政府官员的传播过程感兴趣,特别是关于人们接受不接受对其行动的司法解释。研究发现公民的预存立场和人格特点影响了他们解读官员的说服性信息。在实验中,被试被随机分配到不同的群体中,得到包含说服传播内容的材料,以及一些关于其知识水平、成熟度和人格特征的测试表。这种研究非常重要,因为它测试了一些修辞家几百年来作出的一般假设。自古希腊以来,领导者和学者们就一直在思考政治说服的特点:什么信息能说服哪些人以及为什么。修辞学家极好地区分了不同形式的政治演说,如亚里士多德区分出法庭演说、丧礼演说等,但对政治谈话的效果却需要更多的研究。实验室环境可以使研究者控制人们的听和看,从而测量他们对这些刺激材料的反应。意见的形成是一个过程,而在实验室则可以非常切近和生动地观察到效果。

有些研究者把实验和调查相结合,制造了多种形式的调查,来观察这种操纵是否改变了人们的意见表达。金德和山德斯(Kinder & Sanders)在关于种族和种族偏见的研究中采用了这一方法,显示了调查问题的框架如何影响人们对问题的回答。虽然对任何问题的回答都与回答者的背景和态度有关,但问题所呈现的框架仍然影响他们的意见。他们发现,研究者的肯定性行为和记录问题的修辞特点,会促使人们以特定的方式思考问题。

四、控制实验的优缺点

实验研究的优点非常明显。实验可以使研究者紧密控制项目和实验对象。研究者本人决定对实验对象的选择、实验步骤的安排以及对态度的测定。由于严格的控制,研究者可以推断出变量之间的因果关系。我们总在思考,保守的谈话节目是否会使人更保守,或者保守性是否单纯地来自保守性节目。这种媒介效果在实验室的控制条件下比实验室之外的环境更容易研究,因为实验室之外的环境有大量的事情掩盖了我们对传播过程的看法。

实验研究的弱点在于,其所选择的焦点范围非常狭窄,并且每次只能考虑有限的变量。其内在和外在的合理性经常出现问题。还有其他一些问题,比如实验对象是否对一些实验有预先假定?这些假定无论是以特定的方式,还是以更模糊的方式存在,都有可能导致实验的危险:实验对象希望帮助或者讨好研究者,因此出于礼貌和合作他们可能不诚实地回答问题。这种情况无论如何必须避免,因为研究者就是要寻找人们真实的意见。实验研究最后的难题是只记录短期效果。实验对象或者在实验后立即被询问,或者在几周之内被询问。但是研究者很难知道一种说服传播、新闻节目或政治广告是否具有长期效果。实验者离开实验室以后还有效果吗?这就是实验研究面临的最大挑战。

第四节 内容分析

在舆论研究中,我们总是用一些方法来测量人们对特定的社会或政治问题的感受,这似乎是把握公众情绪的最直接和有效的方法。然而无论是民意调查还是焦点小组讨论法都存在一些问题:在如何询问、回答者的心理状态、样本是否具有代表性之外,还有哪些其他因素会影响研究结果。

媒介内容则是另一种测量舆论的方法。内容分析是对媒介内容进行系统量化的研究。多年来,媒介研究者们对各种大众媒介都进行了此类分析——报刊文章、广告、电视节目、连环画、广播脱口秀、公司简报,甚至互联网中的对话形式。一些学者认为媒介内容仅仅代表了内容生产者(记者或作者)的观点,但我们认为媒介内容代表的不仅是个人对世界的看法,而且可能反映舆论。

一、媒介内容与舆论共振

流行的内容之所以流行,是因为它们和文化规范、价值观或大众情感发生了共振。在市场经济中,媒介产品如果不能与舆论发生共振,就可能在形象和文本的竞争中败下阵来。虽然有多种方式了解舆论,但对于大众每天消费的大众媒介的内容进行分析常常是有用的。我们如果知道人们喜欢读什么、听什么或者看什么,就能很好地了解他们对公共事务的意见和态度。

首先,如果我们了解人们使用反映公共事务的媒介的习惯,我们就能揣测他们对公共事务的一般态度。比如通过了解某人日常阅读的报纸,我们可以猜测他在政治上是保守的还是自由的。对一些娱乐节目的内容分析也有助于理解舆论。比如《东北一家人》,其中涉及下岗失业、偷税漏税、色情犯罪、老龄化等诸多社会问题。在20世纪90年代美国流行的一部情景喜剧中,也涉及美国最保守的一些社会问题,如工联的作用、小商贩们对经济的担忧、堕胎以及同性恋者权利等。

其次，无论是对一个全球高峰会议的新闻报道内容的分析，还是对一个流行的喜剧(如《家有儿女》)的分析，都非常复杂并要求谨慎和精妙。有人批评说，文本内容会被许多不同的人以不同的方式进行阅读，因此要想从中发现公众的情绪是不可能的。媒介内容分析常常被称为"无冲突""无抵抗"的测量方法。它没有和公民的对话，也不侵入他们的时间或空间。内容分析也不引发人们特定方式的反应，从而影响研究项目。它没有访谈，自然也没有访谈所带来的一些问题。

二、如何进行内容分析

对媒介内容文本的分析，既包括系统量化的分析，也包括诠释性的修辞和批判分析。本书主要介绍前者，特别是社会学家、政治学家以及传播学者为了解舆论而进行的媒介内容分析。

内容分析一般包括九个步骤。研究者对每一步都必须做出重要决定。只要这些决定经得起逻辑判断，就能被接受。

(1)选题。选题不同，研究重点就不同。比如选择研究同性恋合法化和同性婚姻合法性的问题以及与此相关的舆论，两个话题的研究重点就有所不同。经过长期的社会讨论，在有些国家，关于同性恋非精神病的说法已经写入法律，因此具有一定的社会基础。但是关于同性婚姻合法化的议题目前还只是被视为少数学者的极端主张，其社会共识基础远逊于前者，二者具有不同的研究重点。

(2)提出一个假设。在收集数据之前，我们必须提出一些可以通过内容分析加以检验的独特的假设。例如关于色情业合法化这一问题，我们可以提出两个假设：①假设色情业合法化会招致媒介中关于这一立场的负面报道；②假设色情业合法化的报道要少于倡导反嫖娼和严格执行现有法律的报道。通过证明或证伪这些假设，我们了解的舆论是：如果色情业合法化作为一种政策选择被大众媒介普遍地贬低，很可能人口中的大部分和有影响的一部分人会共享这一立场。

(3)操作词汇。以上两个假设中的关键词需要在内容分析开始之前被定义。比如，我们如何定义"负面"。一种方法是把描述合法化政策的负面的形容词列表，比如"危险""不道德"等。通过制作一个否定词表和一个肯定词表，研究者在开始文本的实际内容分析时就能很确切地知道要寻找什么。比如要研究有关色情业合法化的言论所引起的关注的数量，可以计算报纸栏目空间或电视新闻分钟数，来确定两种立场在被报道度上的差别。

(4)确定一个样本。如果我们对某一年关于"超级女生"(简称"超女")的报道感兴趣，我们并不需要看该年发表的每一篇文章或每一条电视新闻，因为这样太浪费时间,并且对于检验我们的假设并非必要。我们可以从能代表这一问题的文本中选择一个随机样本。就好像用1000个人代表全国的舆论一样,少量的文本可以分析并作为更广泛的总结的基础。在"超女"问题上,我们可以随机选择50—60个媒介文本,包括报刊、播音新闻、大的地区和全国报纸特别是一些专门的公共事务报纸。

（5）编制一个编码单。如果分析员要恰当地选择数据,一个简便的编码单就非常必要。在研究开始之前,分析者需要选择少量的文本进行初步编码,来考察它是否有助于评估更大的样本。在编制编码单时可能碰到的问题是"由记者制造的否定性陈述",也可能一篇文章中包含大量否定性陈述,却不是记者制造的,而是记者的消息来源制造了这些否定性陈述,记者只是简单地引用。如果这样,那就需要提出两个问题,一是评估记者的陈述,一是评估报道来源的陈述。

（6）训练编码者。理想状态下,提出前提假设的研究者并不对文章或播音新闻进行编码。编码者需要培训,他们必须知道他们要寻找什么、什么是否定性陈述、什么是肯定性陈述。如果编码者要对使用相同的工具达成一致,就应当对基本问题有一个共识。

（7）进行编码。一旦提出假设和编制编码单的困难工作完成,编码工作就很简单。研究中编码者之间可能出现许多冲突,这些冲突必须经过讨论。如果不同的编码者在评估相同的文本时发生太多冲突,研究者就必须回头,重新制定编码单,并对样本重新编码。

（8）分析数据并计算编码者的相互可靠性(intercoder reliability)。填完编码单,分析员要明白编码者之间的一致和不一致。许多书中有许多方法计量统计方法的讨论。高度的编码者间可靠性意味着研究者有信心检验假设,而低度的编码者间可靠性则表明研究中的编码图式高度不一致,不能检测假设。

（9）报告结果。这是内容分析最有意思的部分。研究者可以确定假设是否被证明,证据是否有力。如果关于控烟的宣传只得到少量报道并且报道都是否定性的,就可以说明普遍舆论的导向。

三、与内容分析相关的问题

通过内容分析来了解舆论有许多好处,如研究比较精密、客观无刺激、能提供关于公众情绪和价值观的大量信息。但是与民意调查和焦点小组讨论一样,这一方法也存在一些问题。

第一,研究者必须非常谨慎地收集文本样本。如果某一方面的样本收集过多,内容分析的结果就会令人怀疑。因此要多考虑样本涉及的范围。样本问题同样是调查式研究要面临的问题。接受调查的公民必须在某方面具有代表性。

第二,研究者必须要提出一个客观公正的编码图式。编码图式会反映研究者的偏向,因此非常危险。比如,如果一个研究者个人认为毒品合法化是一个必要的政策,那么有偏见的编码图式就可能找到比实际存在要多的关于这一方法的肯定性报道。有偏见的编码图式常常不为研究者所认识。

第三,内容分析常常强调媒介显在的而非潜在的内容。内容分析常常告诉研究者媒介文本的表面含义,而不是文章或电视节目对读者和观众无意识的效果。在政治研究中,研究表面含义是可行的,因为这些内容经常导致政策争论、院外游说以及公民参与。但研究者认为,媒介的视觉内容会对观众有潜移默化的影响,而且这些影响很难被察觉。关于视觉形象如何代表和影响公共态度的研究才刚刚开始,目前还没有发展出编码视觉内容潜在意义的方法。在四川汶川地震发生两个月后,北京大学新闻与传播学院师生发表了对震灾哀悼日全国百家报纸头版视觉传播的内容分析研究报道,非常有意义。

第五节 大数据挖掘与观察分析

早在 2001 年,道格·莱尼(Doug Laney)就以海量(volume)、快速(velocity)和多样(variety)这个"3V"理论对大数据进行了定义。2011 年,国际数据资讯公司(IDC)在 3V 基础上提出第四个"V",即价值(value)。能否从海量数据中高效地提取出有价值的信息,成为区别大数据(big data)和一大堆数据(a bunch of data)的主要依据。随着互联网的发展,一些高科技企业提出大数据背景下舆论研究的新理念,甚至有企业呼吁:"停止以提问方式获取信息,而着手分析公众在网上的表达和行为。"①

传统的民意调查是以提问为核心,有目的地采集和整理数据。大数据的产生不是以研究为目的产生的,而是用户的行为、表达被研究者"找到"后形成的数据。美国塔夫茨大学的"城市态度实验室"通过分析处理 Twitter 数据来把握民意。迪格瑞兹(J. DiGrazia)等人从 Twitter 上随机抽取了 2010 年 8 月到 11 月间的 5 亿多条文本,并与同时期的 406 场国会竞选结果进行对比,发现包含两党候选人名字的 Twitter 文本分享率与两党选票的差距之间存在强相关。这种相关性,即使在控制了人口统计学变量、各选区的党派倾向和媒体报道特征后,依然成立。

---

① 转引自沈菲、王天娇:《大数据语境下民意研究的路径与趋势》,载张志安等:《新媒体与舆论:十二个关键问题》,第 121—136 页。

情绪分析(sentiment analysis)是网络文本挖掘的常用方法。研究者从海量信息中抽取有情感指向的词语,经过统计整合,得出语篇或字句的好恶倾向。2001年前后,机器学习被大规模引入到自然语言处理和信息挖掘领域,情绪分析研究激增。荷兰学者皮特·达斯(Piet Daas)和马可·普茨(Marco Puts)对荷兰社会媒体文本信息体现出来的"情绪"指标和消费者信心指数之间的关系追踪了三年半,发现两个时间序列之间存在高度相关性。也就是说,摒弃传统的消费者信心指数问卷调查,研究者也可以通过对社会化媒体文本的挖掘分析来准确把握民众对于经济的信心。惠普实验室的研究者抓取和分析了289万条讨论电影的Twitter文本,利用相关文本的频率和正负语义来预测电影票房,发现其模型的预测力比传统市场变量模型要更加精准。

除网络表达外,网络行为数据也是网络民意分析的重要来源之一。谷歌搜索趋势是谷歌利用全球用户搜索引擎使用行为数据整合起来的搜索指数。2008年,谷歌启动"谷歌流感趋势"(Google Flu Trends),利用与流感有关的搜索量变化和搜索地域分布特征,成功地预测了流感在美国境内的发病率,比美国疾控中心提前两星期。虽然谷歌预测后来的准确度大幅降低,但搜索数据本身仍然是一种值得关注的民意表达。

互联网将不同的个体以各种关系连接在一起,形成了巨大的关系网络结构图。各种网络关系的建立体现出趋同性(homophily,或译聚类性)。根据趋同原则,研究者能利用机器学习的方法对网民进行社会网络定位。如杰克·林达穆(Jack Lindamood)等研究者,通过分析Facebook上16万名用户的背景资料以及他们之间300多万对朋友关系,以80%的准确率成功预测了用户的政治态度倾向。哥伦比亚大学的研究者使用支持向量机器(一种机器学习方法)处理了11,000个网络社区用户的朋友圈关系和自我介绍来预测个体兴趣。

小结

本章介绍了几种测量舆论的方法,但是还有一些其他的方法,比如对投票结果的分析等没有详尽介绍。舆论研究者必须确定理解公众态度最有效的方法,运用最适合的手段工具,并且要注意每一种方法背后都有一个对舆论概念的假定。运用调查法,研究者假定舆论是个人意见的汇聚,因此可以用匿名的科学方法进行收集。在运用焦点小组讨论法时,研究者想观察舆论的过程性:人们如何形成和改变意见,特别是在有他人在场时,人们如何表述意见。如果有足够的严谨性,所有这些方法都是合理的,并且方法之间并不相互抵触。研究者可以用多种方法来研究舆论,但这样常常没有必要,费用也太高,因此,研究者必须综合考虑研究目标、数据收集的可能性和研究预算限制,以选择最合适的方法。

思考题

1. 民意调查中样本的选择最需要考虑哪些因素?
2. 焦点小组讨论最适用于什么样的舆论研究?
3. 实验研究有什么优缺点?
4. 内容分析法一般遵循哪些基本步骤?
5. 新兴的大数据挖掘给你哪些研究启发?
6. 选择一项研究课题,并围绕课题进行相关的研究方法设计。

推荐阅读

〔美〕艾尔·巴比:《社会研究方法》(邱泽奇译),华夏出版社2012年版。

〔美〕苏珊·赫布斯特:《用数字说话:民意调查如何塑造美国政治》(张健译),北京大学出版社2018年版。

第五章　态度与意见表达

2008年5月12日,汶川特大地震发生时,都江堰市光亚学校老师范美忠正在上课,他丢下学生先行逃生,后来又在著名的天涯社区论坛发文称:"在这种生死抉择的瞬间,只有为了我的女儿我才可能考虑牺牲自我,其他的人,哪怕是我的母亲,在这种情况下我也不会管的。"一周内该帖在天涯社区上的浏览量达14万余次。部分网民对其教师道德素养进行声讨,讽其为"范跑跑"。6月7日范美忠做客凤凰卫视《一虎一席谈》节目,遭到时评人郭松民的攻击和辱骂,但也有很多网友对其表示理解,由此引发新一轮的网络舆论高潮。

舆论的主体是公众,而公众是由个人组成的。意见的公开表达是公众舆论形成的基石,意见的基础则是态度。在本章中,我们主要借助于心理学知识,对态度和意见进行概念上的区分,并对影响意见表达的各种因素加以分析。"心理学"一词来源于希腊文,意思是关于灵魂的科学。亚里士多德所著的《灵魂论》(*De Anima*,又译《精神论》)一书,是最古老的心理学论著。灵魂在希腊文中也有气体或呼吸的意思,因为在古代,人们认为生命依赖于呼吸,呼吸停止,生命就完结了。19世纪以前,心理学属于哲学范畴。19世纪初,德国哲学家、教育学家赫尔巴特首次提出心理学是一门科学。1860年,费希纳开创心理物理学,德国的艾宾浩斯开创记忆的实验研究。1879年,冯特在莱比锡大学建立了世界上第一个心理学实验室,标志着科学心理学的诞生。受自然科学研究的影响,心理学家们尽可能按照实证研究的方法,通过使用各种实验方法,间接地观察、研究或思考人的心理过程(包括感觉、知觉、注意、记忆、思维、想象和言语等过程)及人格特性,从而发现适用于人类的、一般性的规律。

第一节　态度与意见

意见是态度的表达,"意见"和"态度"这两个概念既有联系又有区别。首先,意见(opinion)常常被定义为可观察的对某些问题的言语反应,而态度则是内在的心理趋势。其次,虽然意见和态度都表明赞同或不赞同,但"态度"一词更带有感情色彩,比如喜欢还是不喜欢,而意见则更多带有认知色彩,如支持还是反对某政策,是有意识的决定。最后,态度传统上被看成是对某一大类刺激的较长期的趋向,而意见则被认为更具情境性,在特定的行为场景下发生,并且和某一问题有关。

心理学特别是社会心理学中有大量关于态度的研究。英国社会学家赫伯特·斯宾塞最早在现代意义上使用了"态度"这一概念。他在1862年出版的《第一原理》一书中写道:"在有争议的问题上达到正确的判断,主要依赖于我们在倾听和参与辩论时,头脑中具有的态度;并且,要保持正确的态度,我们就必须去了解普遍的人类信仰在多大程度上是正确的以及在多大程度上是不正确的。"[①] 1888年,心理学家朗格在有关反应时间的实验中发现,被试如果集中注意自己即将要做出的反应,即当被试在心理上有所准备时,其做出反应的时间要比其他人快。也就是说,精神准备影响了人对于刺激的反应。此后几乎所有的心理实验都发现,被试心理上的准备状态支配着个人的记忆、判断、思考和选择。这种预先的倾向或心理准备状态被称作"态度"。个人的态度决定着自己将会看到、听到什么以及想到和要做些什么。

态度研究有比较长的历史,而不同的心理学家对态度的定义各有侧重。

一是侧重强调行为反应的准备状态。奥尔波特(Allport)认为:"态度是根据经验而组织起来的一种心理和神经中枢的准备状态,它对个人的反应具有指导性的或动力性的影响。"[②] 按照这一定义,态度和行为之间具有直接相关性,态度的测量也因此而十分有意义。

二是侧重于认知,强调的是态度内在的信念组织。心理学家洛克奇(M. Rokeach)认为"态度是个人对于同一对象的数个相关联的信念的组织"[③],即把态度看作是一种结构性的复杂的认知体系。

三是侧重于将态度看成是情感的标志,并主张以赞成或不赞成、喜欢或不喜欢等情感反应来界定态度。爱德华兹(A. L. Edwards)将态度定义为,"与某个心理对象有联系的肯定或否定感情的程度"[④]。因此态度测量某种程度上实际是有关好恶的情感测量。

---

① H. Spencer, *First Principles* (New York: D. Appleton, 1862). 转引自周晓虹:《现代社会心理学——多维视野中的社会行为研究》,上海人民出版社1997年版,第240页。

② G. W. Allport, "Attitudes," in C. Murchison, ed., *A Handbook of Social Psychology* (Clark University Press, 1935). 转引自周晓虹:《现代社会心理学——多维视野中的社会行为研究》,第241页。

③ M. Rokeach, *Beliefs, Attitudes, and Values: A Theory of Organization and Change* (San Francisco, Calif.: Jossey-Bass, 1968). 转引自同上。

④ A. L. Edwards, *Techniques of Attitude Scale Construction* (New York: Appleton-Century-Crofts, 1957), p.2. 转引自同上。

除以上三种观点外,后来的学者大都倾向于认为态度是由认知、情感和行为倾向三个部分组成。罗森伯格(S. Rosenberg)和霍夫兰最先提出这一观点,认为态度是个体以特定的认知、情感和行为意向等几种方式对某种刺激做出反应的预先心理倾向。弗里德曼(G. Fridman)、梅尔斯(D. Myers)和安德鲁(H. Andrew)等人也指出:"态度对任何给定的客观对象、思想或人,都是具有认识成分、表达成分和行为倾向的持久体系。"①

认知包括个人对某个对象的认识与理解、赞成与反对的陈述内容。例如,"这件衣服很漂亮""我反对延迟退休"等。

情感是个人对某个对象持有的好恶,也是一种内心体验。比如"我喜欢看美国大片""他对她既怜悯又轻视"。

意向是行为的准备状态,它不是行动本身,而是行动之前的思想倾向。如"我想申请出国""我要向某人提出一个建议",等等。

除以上心理学家的定义外,社会学家还将态度定义为,不是特定个人对特定事件的特定反应,也不是包含于个人反应中的个人认知、情感和态度倾向,而是群体成员所普遍采取的态度。早期芝加哥学派社会学家托马斯和兹纳尼斯基在《身处欧美的波兰农民》一书中强调:"一种看法越是被某一社会群体的成员所普遍接受,它在这些社会成员的生活中所起的作用越大,那么,社会心理学就越是包括了普遍存在于社会成员之中,并对他的个人生活组织确实有重要意义的全部态度,而个人又在他们的社会生活中发展并体现着这些态度。"②这就是说,对态度的研究不单单是个人层面的,而应该涉及社会文化的主观层面。

第二节　态度与信念

美国舆论学者耶瑞克(J. L. Yeric)特别强调态度的认知性。他认为,信念是认知的最初元素,态度建立在信念之上。如图 5-1 所示:意见是态度的表达,而态度的基石则是信念。

信念(beliefs):个人所拥有的关于事物或行为的信息,是外部世界"在头脑中的反映"。当外部世界在头脑中再现时,世界变成已知。因此,一个人的信念构成了他对自己及自身环境的理解。

信念很难确定,特别是一些被普遍共享的信念。很多信念是我们生存的先行假定,我们对这些信念习以为常,而且很自然地假定其他人都和我们一样看待

---

① 华红琴编著:《社会心理学原理和应用》,上海大学出版社 2004 年版,第 137 页。
② W. I. Thomas and F. Znaniecki, *The Polish Peasant in Europe and America*, Vol. 1 (New York: Alfred A. Knopf, 1927), p.29.转引自周晓虹:《现代社会心理学——多维视野中的社会行为研究》,第 242 页。

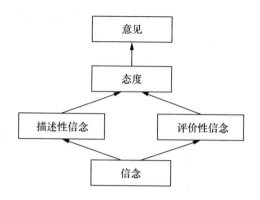

图 5-1 意见、态度与信念

这个世界。直到遭遇和我们持不同看法的人,我们才察觉到自己的先行假定。比如西方传统上有一种善恶对立的观点,这一观念贯穿于从《圣经》到美国大片等诸种文本结构中,而在中国却存在着阴阳转合、祸福相倚的辩证观念。

许多信念常常彼此结合,构成一个信念体系,以保持内在的心理一致,指引个人的思想和行动。信念体系可以是非常简单的几条原则,也可能像宗教信仰体系那样庞杂和完备。在一个社会中,具有不同信仰体系的人之间经常发生冲突,比如宗教和意识形态冲突。有时候在个人的内心中也会发生信仰冲突,从而产生心理紧张和认知失衡。

信念可以分成两类:一是**描述性信念**;二是**评价性信念**。描述性信念以经验为基础,在事物及其特征之间建立联系。个人可能由此归纳出某一类事物的特征,如"苹果是红的""西红柿是圆的""政客是不能相信的",等等。评价性信念则把价值观和事物联系在一起,如"爱情是美好的""年轻人应该独立自主"等。

信念代表我们对事物的理解,而价值观却代表我们对事物应该如此的理解。**价值观**是"人们努力要实现的目标",是"更为普遍的态度",比如关于什么是理想人生、什么是社会正义等。

按照心理学家洛克奇的观点,有两种价值观①:一是终极性价值观(terminal values),代表我们的偏好和想要实现的目标,如自由、平等、和平。二是工具性价值观(instrumental values),代表我们认定的特定的行为方式以及实现目标的方式,比如诚实、有责任感、忠诚,以及"君子爱财,取之有道"等。总而言之,评价性信念涉及事物好还是不好。它能使我们的结论接近或远离事物的特定状态。

---

① 参见 Milton Rokeach, *The Nature of Human Values* (New York: Free Press, 1973)。

一些社会运动的领导人常常借用信念体系中隐含的价值观来表达意见。有些价值观常常被表述成一句箴言,从而把人们的行动与理想的目标结合起来。比如在美国独立战争时期,"不自由,毋宁死"这样的口号被用来表达自由观。陈胜、吴广起义时,也用"王侯将相,宁有种乎"这样的口号来表达反抗的正当性。

许多心理学家发现,使用**三段论模式**可以解释信念和态度的关系。例如:人无完人,苏格拉底是人,所以苏格拉底也有缺点和弱点。其中大前提说明一类事物的特征,小前提指出大前提中的个别例子,结论说明个别例子符合大前提。在上述例子中我们可以看到,大前提和小前提是直接来自观察的初始信念,结论则是由前两个信念推导出的更高一级的信念。信念可以逐级建立形成金字塔结构。三段论中的大前提如果是描述性的,就可以推导出新的描述性信念。如果大前提是评价性的,则可能推导出新的评价性信念,即态度。比如以前对癌症的治疗手段有限,很多人将癌症等同于绝症,谈癌色变。但我们如果认识到大多数癌症都属于某种慢性病而非"不治之症",那么就可以用慢病管理的方式区别对待。

总之,态度建立在我们的信念和价值观的基础之上。态度的形成在于信念体系和对外在刺激做出反应的关系。信念形成了我们态度的认知基础,也反映了我们的价值观,比如"己所不欲,勿施于人"。每当面临一种选择,个人要从原有的信念体系中搜寻相关内容,作为反应的基础。一般而言人们会赞同和他们的信念相一致的选择,而反对和他们的信念不一致的选择。比如强调爱情忠贞的人可能不会赞同自己的朋友同时和几个异性保持恋爱关系,而崇尚个人自由和幸福的人,恐怕也不能接受有的人为了孩子而保持没有爱情的婚姻关系。有时候,同样的信念和价值观却可能产生彼此矛盾的意见。

意见和态度的含义常被混淆。意见是态度的表达,但不是所有的态度都被表达。态度比意见更广泛,更持久,甚至更少被意识到,因此态度比意见更深藏于心。

第三节 态度与情感

达尔文在《人与动物的情感表达》中最早描述了情感。心理学和社会心理学的创始人很早就确定了情感在理解心理过程中的作用。在心理学奠基者威廉·詹姆斯(William James)的经典著作中,有许多章节谈论了情感在不同心理过程中的作用。然而,随着行为主义在20世纪20年代的兴起以及50年代和60年代的持续,研究者更关注可观察到的特定行为,而较少涉及情感。如果有必要描述脑力运作时,他们就依赖逻辑性的认知,几近于数学操作。后来发展成为心理学主导模式的计算机模拟中同样没有情感的位置,而是发展有效的逻辑一致的算式来模拟决策和其他过程。直到20世纪70年代,心理学家们才认识到,需要把情感包含到心理学中去,因此最近二三十年来,关于情感的不同思想和方法才逐渐发展起来。新的研究表明,情感对于我们如何行动、思考什么,以及我们是谁等起了非常重要的作用。

有许多重要的方法有助于我们理解情感,但这里我们只谈两种方法以及我们对情感的理解如何被运用到舆论研究中去。

曝光效应(mere exposure): 美国学者罗伯特·查戎(Robert Zajonc)曾经做过一项实验。他向参加实验的大学生以每2秒一个的速度呈现10个汉字,其中两个字出现一次,另有两个字出现两次,还有两个字出现五次,两个字出现10次,两个字出现25次。看完10个汉字后,研究者告诉被试这10个汉字都是中文形容词,然后让他们在一个七点量表上判断这些词所代表的意思的好坏。结果发现,出现次数越多的词,人们对它们的评价越高。后来,查戎又用脸部照片和无意义音节证明了这一点。这一结论也得到很多研究的证明。

查戎主要研究思想和情感之间的关系。他认为:"实际上没有一种社会现象不以某种重要的方式反映情感。情感支配着社会互动,情感是社会互动交易中的硬通货。我们日常生活中的绝大部分交谈包含关于意见、偏好以及评价的信息交换。而交谈中的情感不仅以语言而且以非语言暗示的方式进行传递,非语言实际上传递着最主要的情感信息。别人究竟说你是朋友('you are a friend'),还是说你是魔鬼('you are a fiend')并不重要,而对方是以轻蔑的口气还是以深情的方式来说却非常重要。"[①]

在舆论研究中,对情感的考察非常重要。情感究竟如何发展,情感究竟如何与我们一般认为的认知,或者说逻辑的、有意识的思想过程互动?很多研究者认为,情感和认知可能不是分别的系统,而是一前一后地激发我们的态度与行动。一般认为,认知先于情感,即我们先了解事物,然后才有感情。但是查戎却认为,一个人在对某个事情有深思熟虑的意见之前很久,就已经对它有情感了。如果真是这样,那么对民意调查的运用就令人错愕了。因为许多针对特定问题的民意调查都是让人们谈他们的意见,而其中有一些意见可能正处于发展的早期,即情感发展阶段。如果情感和认知属于不同的系统,那么这些民意调查实际上就在分别接触两种不同的事情,一是那些已经深思熟虑的人的意见,二是那些还没有想好的人的情感。有意思的是,许多研究者也很清楚这一点,因此民意测验的问卷常常不是问意见,而是问感受。人们对国家领导人就某些问题表态中

---

① 侯玉波编著:《社会心理学(第二版)》,北京大学出版社2007年版,第104页。

的情感部分更为重视,或者至少和意见本身同等重视。统计调查也表明,情感实际上比理性的解释更能预测人们对总统的评价。

社会情感:社会学家提出一些"社会情感",诸如尴尬、自豪或者羞耻等。库利最早描述了情感的社会作用。他把自豪和羞耻看成保持社会纽带甚至维持社会系统运行的两大管理机制。最近的研究认为,许多情感实际上是社会情感,常常产生于与他人的互动。有学者研究了尴尬的社会来源及其功能。

这些社会情感依赖于他人暗示性的在场和关注,依赖于我们关心别人如何看我们。比如中国文化中的"面子观"就带有社会情感性。如果我们不知道别人在场,或者不在乎他人的看法,那么这些社会情感就不会产生。如果没有个人与他人的社会互动,那么像"镜中我"和"沉默的螺旋"等理论就不会发展起来。但是目前看来,关于社会情感的探讨不多。

第四节 态度的测量

态度是一种内在的心理倾向,无法被直接观察到,但可以通过某些方法和技术间接地推测出来。1925 年,心理学家博加德斯公布了著名的"社会距离量表",而瑟斯顿则在 1926 年明确提出了"态度能够被测量"的结论,并在 1929 年与 E.蔡夫合作出版了《态度测量》一书,首次公布了一种测量宗教态度的量表。此后,各种态度测量方法和技术不断涌现,迄今已达数百种之多。[1]大体上,我们将态度测量分为直接测量和间接测量两大类。直接测量的方法包括自陈法(self-report)、行为观察法和问卷法等,间接测量则包括投射技术、生理指标测量、反应时测量等。[2]

常用的里克特量表(Likert Scales)先从被试那里收集有关的态度反应,然后给每一反应标上 1—5 或 1—7 的量表值,再要求回答问卷者标出对特定态度对象的分值。比如:

          1 — 2 — 3 — 4 — 5
 某教师的教学材料组织编排得很好 非常同意 非常不同意

将问卷中的每一项态度得分累计,得分越高,态度就越趋于肯定。这种方法又被称为累加量表法。

瑟斯顿量表(Thurstone Scales)与里克特量表类似,唯一不同的是,它是一个 11 点量表,可以很好地反映比较对象之间的细微差别。里克特等人用数学方法

---

[1] 周晓虹:《现代社会心理学——多维视野中的社会行为研究》,第 249 页。
[2] 参见侯玉波编著:《社会心理学(第二版)》,第 100—102 页。

证明了 5 点和 7 点量表具有等距性,即量表上的数字差异反映了实际心理上的差异,11 点量表也基本符合。但如果量表刻度超过 11,就无法证明其与实际心理差异的吻合度,不能随便使用。

另一种直接测量法是语义差异量表(Semantic Differential Scales),是由奥斯古德(Osgood)等人创立的。该测量方法的基本前提是:态度由人们赋予关键词或概念的意义所构成,而这些意义可以通过语词联想的反应加以确定。因此他们采用两极形容词,如好—坏、强—弱等,根据所要测得的问题设计一套两极形容词从而制定出态度量表。量表中,将每对两极形容词分别写在一个连续统一体的两端,每个连续统一体也有 5 级或 7 级,分别代表对某一对象的态度水平,最后将答卷人的选择累加起来,即可得到肯定或否定的态度。比如对美国前总统尼克松的态度测量如下①:

```
        -3      -2      -1       0      +1      +2      +3
1. 愚蠢 ……………………………………………………………… 聪明
2. 肮脏 ……………………………………………………………… 清洁
3. 不公平 …………………………………………………………… 公平
4. 冷漠 ……………………………………………………………… 温和
……
```

用这种方法直接测量态度时,容易出现社会赞许性反应偏差(social desirability response bias),因此在问题设计上要特别注意。

除直接测量外,还有以下一些间接测量方法。

(1)投射技术:最有代表性的当数主题统觉测验(thematic apperception test,TAT),这种方法通过让人们看画编故事,来测量内心心理状态,如成就动机等。

(2)生理指标测量:通过检查被测量者的生理变化来测定其态度。比如可以用皮肤电反应来看一个人的紧张程度,也可以用脑电波来看一个人有没有说谎。但这些一般只能测量极端的态度,并难以识别态度的方向。

(3)反应时测量:以被测量者的行为举止作为态度的客观标准来加以观察,其基本假定是行为是态度的外在表现,因此可以通过身体距离、目光接触等非语言的沟通来测定人与人之间的态度。这种测量不直接涉及被测者的态度,不易被本人觉察,因此可以获得较可靠的资料,但问题在于行为与态度常常并非简单的一一对应关系。

---

① 周晓虹:《现代社会心理学——多维视野中的社会行为研究》,第 253 页。

第五节 态度与行为

态度是一种内在的心理状态,那么这种内在的心理状态在多大程度上,并在什么条件下,会影响我们外在的包括意见表达在内的行为呢?对舆论学者来说,预测人们的反应非常重要,而态度与行为之间的联系则是理解人们对许多问题的意见的关键。在某些情况下和在某些问题上,态度和行动之间的关系非常清楚。比如大量选举研究表明,通过了解人们对候选人的态度可以很精确地预测出该候选人的得票率。但是对于态度与行动之间关系的强弱程度却有很多争论。

一、拉皮尔实验

1934年,美国心理学家理查德·拉皮尔(Richard LaPiere)进行了一项著名的研究。他由一个年轻的中国学生及其妻子陪同,驾车进行穿越美国的旅行,行程一万多英里。因为当时美国人对东方人普遍持有歧视态度,所以拉皮尔行前曾假定他们很难受到旅馆和饭店的接待。但实际上,在途经的184家饭店和66家汽车旅馆中,他们都得到了很好的接待,只有一处汽车旅馆的老板拒绝了他们。这对中国夫妇单独走访了几家旅馆和饭店,也未曾被拒绝。后来,拉皮尔给他们光顾过的和一些没有光顾过的旅馆、饭店寄去两种调查问卷,一种只涉及中国人,另一种则涉及德国、法国和日本人。令人吃惊的是,对"你愿意在贵处接待中国顾客吗?"这一问题,92%都表示不愿意。也就是说,尽管事实上他们(包括那对中国夫妇)受到了很好的接待,但饭店和旅馆的美国人仍然对中国人怀有极大的偏见和歧视。由此,拉皮尔得出了态度与行为之间存在高度不一致的结论。尽管该研究结果后来招致很多批评,比如一是不知道填问卷的人和服务的人是否是同一人,二是白人的陪伴是重要的社会场景因素,而问卷中并没有评估店员是否愿意接受一个白人和一对漂亮的中国夫妇等,但该研究却导致了后来的一系列研究。关于态度与行为之间非简单一致的弱关系的实验研究,从20世纪30年代一直持续到今天。

现在通常认为,态度与行为之间存在着相互制约的关系,人们的态度表达和行为表现都会受到个体和情境方面的影响,比如自我意识、情境中的社会压力、对行为后果的考虑等。正因为态度和行为都受到其他因素的影响,所以研究态度何时能准确预测行为就变得非常重要。

二、通过态度预测行为

通过态度预测行为时应该注意以下几个方面的因素。

第一,态度的特殊性。关于态度测量的一个综合性原则是:当我们观察个体的一般性或通常行为而非单独的某一次行动时,态度对于行为的预测效应会变得明显。例如人们对于宗教的总体态度很难测定他们下周末是否会去做礼拜,因为天气、神甫的活动内容、个人身体状况等都会影响礼拜行为。但是对于宗教的态度却能很好地预测在较长的一段时间内个体总体的宗教行为。

"态度的可接近性"(attitude accessibility)也非常重要。在一项研究中,卡尔格仁(Kallgren)先问了被试对环境问题的态度,然后让他们参加环保活动。结果发现,对环境问题有丰富知识的人,其态度与行为的一致性较高。也就是说,态度部分地通过认识过程来指导行为,因此拥有较多信息可以强化态度,从而增强态度与行为之间的一致性。还有就是态度表达的直接性和强烈性,知道人们能多迅速地表达态度或意见就能预知人们将如何行动。

第二,个人差异。个人差异会造成态度与行为关系的不一致。可能有一些人的态度和行为表现高度一致,只要他们告诉你他们想什么,你就完全可以确定他们会如何用行为来支持他们所想。但是还可能有另外一些人,他们可能说是一回事,做又是另一回事。后一种人可能就某一问题持有强烈的态度,却把这种态度隐藏于心。还有一些人在群体环境下,在发表意见之前会先预测一下意见环境,一旦发现自己的意见和大多数人表达的意见不一致时,就立刻进行调整。有学者描述了影响态度和行为一致性的两种个人差异:一是自我监控,二是直接经验。

自我监控(self-monitor)是指人们观察、调整、控制他们在社会环境和人际关系中自我的公开表现。美国学者斯尼德(M. Snyder)提出了一个反映自我监控程度高低的量表。自我监控程度高的人擅长控制他们在人际场合表现的自我形象,他们对于在特定情形下恰当行为的社会暗示高度敏感;而低自我监控的人不是依靠情境暗示来决定在特定情况下如何行动,而是依靠其内在情感和态度。因此,高自我监控的人更易于表达不同于本人意见的舆论,而低自我监控的人则会表达和自己的个人意见相匹配的舆论。

除了自我监控,直接经验也会影响到态度和行为的关系。以直接经验为基础的态度比以非直接体验为基础的态度更能预测行为。以直接经验为基础的态度能被更清楚地定义,更为确定,历时更稳定,也更能抵御反面影响。比如一个关于"绝不吸毒"的表白,如果是来自一个亲眼看见朋友吸毒后产生不良反应的人,就比只是因为看电视广告或者听老师教诲而如此表白的人,更能预测其与行动的关系。这也与态度的可接近性有关。因此让个人参与某些事情是强化其态度,从而实现行为一致的有效手段。在美国国会中曾有一批人基于宗教信仰而强烈反对中国的计划生育政策,后来其中的一些人受到邀请来华访问,当他们亲眼看到中国所面临的巨大人口压力以及中国人为此做出的努力时,确实有很多人转变了看法。

第三,社会及情境因素。研究表明,时间因素会影响态度预测行为的准确性。即时行为与态度保持具有较高的一致性,而长久行为与态度的一致性程度较低。因为一般说来,态度测量与行为发生之间的时间间隔越长,不可知事件改变态度与行为之间关系的可能性越大。比如有研究发现,在美国总统选举中,一周前的民意调查要比一个月前的民意调查更能准确预测选举结果。还有其他一些因素,例如群体压力和文化规范等,也会干扰态度和行为之间的联系。关于这一方面我们将在后面详细探讨。

第四,测量方法。不同的数据收集方法可能为态度与行为之间联系的强度提供相反的证据。比如通过实验可能发现,态度和行为之间存在一种弱的甚至否定性的关系,而通过调查却发现,二者之间存在一种强的积极的关系。产生这种情况的原因之一是,调查研究可能更倾向于考查"在与行为的关系中更有影响力因此更为重要的态度"。

还有所谓的"对应原则",即与行为测量不对应的态度测量,不能很好地预测行为。需要明确问卷中的问题是否清楚地反映了所要测量的行为。如果需要弄清楚多少人会为某环保组织捐款,最好询问他们对特定组织的意见而不是他们对捐款、环保、社会责任等一般信念或价值观的意见。因为关于环保的一般态度调查,不能预测人们是否会为某环保组织捐款,却可以预测人们对环境问题比如对垃圾回收的态度。

三、理性行动理论

理性行动理论(Rational Action Theory)是1975年由美国学者费希伯恩和阿泽恩(Fishbein & Ajzen)提出的,如图5-2所示。他们认为,大部分的行动都是受意识控制的。因此,一个人是否采取某一特定行动,最直接的决定因素是意向。意向又取决于两种变量,一是行为者对该行为的态度,二是行为者的主观行为规范,其由个体所认识的特定的行为期待所构成。行为者对某一行为的态度取决于信念和对行为结果的关心,而主观行为规范则主要体现为社会压力和参照性动机。

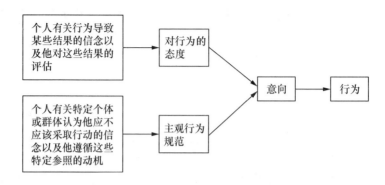

图 5-2　预测特定意图和行为的模式①

费希伯恩和阿泽恩还特别强调,这里的态度是指个人对特定行为的态度而不是一般态度。需要注意的是,一个人的行为和行为的结果是两码事,行为受个体行为意向的控制,而结果却可能超出个人意向的控制。也就是说,想不想做是一回事,做到没做到则是另一回事。自理性行动理论提出以后,在社会科学各领域都出现大量的相关研究,对态度—行为关系研究产生重要影响。

理性行动理论用数学方式确定信念、态度与行为之间的关系,即"一个人的行为意图被看成是两个因素的某种函数:他对于该行为的态度以及他的主观规范"②。这一理论特别关注人们的自愿行动。它包含的一个假定是,人是理性的,因此人们会计算特定行动中的得失,要考虑重要的他人对自己行动的看法。

理性行动理论包含四个基本要素:(1)对行为的态度,包括行为信念和对行为后果的信念;(2)主观规范,即个人或群体认为应当进行或不应当进行的行为规范;(3)行为动机,即进行特定行为的动机;(4)实际行动。

一般说来,理性行动理论认为,我们绝大多数人都和其他人生活在同一世界上,都希望获得社会的、金钱的以及其他报酬。我们可能发现,个人的某些行为是由打动他人以及实现酬报的可能性所决定的。因此可以理解的是,人们有意进行使他们获得有利后果的行为,而能满足他人的期许对他们来说就很重要。

从理性行动理论可以发现,行为的动机可以通过对行为的态度以及主观规范的测量来预测,但这种测量也存在一些问题。有批评认为,理性行为理论没有结合许多传统的影响行为效果的因素,如环境特点(比如很难获得信息)以及人格特点(比如精神或情绪疾病)。而这些因素早已经被证明与态度和行为之间

---

①　周晓虹:《现代社会心理学——多维视野中的社会行为研究》,第 249 页,另见华红琴编著:《社会心理学原理和应用》,第 142 页。

②　M. Fishbein and I. Ajzen, *Belief, Attitude, Intention, and Behavior: An Introduction to Theory and Research* (Reading, Mass.: Addison-Wesley, 1975), p.16.

的联系直接相关。尽管如此,从总统选举到计划生育直到消费倾向调查,大量研究表明,理性行动理论的假设仍然很有用。

理性行动理论最有助于考察舆论研究中个人对他人的认识。个人关注他人的期待,以保证某些意见比其他意见更能被接受。因此,理性行动理论能用于解释意见表达时所包含的规范和动机。

四、计划行动理论

计划行动理论(Theory of Planned Behavior):计划行动理论是阿泽恩(Ajzen)从理性行动理论发展出来的。理性行动理论最能解释自愿行动,但是对其他被要求的行动,或者超出个人控制的行动,则可以用修正后的计划行动理论来解释。

计划行动的一个主要假设是,所有的行为都可以被看成是目标。比如在选举中自愿投票行为就可以被看成是一个目标,但有时候,因为一些超出个人控制的原因,行动目标不能实现,比如在去投票的路上你摔骨折了,或者车子没能赶在投票时间之前到达投票地点。因此,计划行动理论在理性行动模式中增加了一个变量,被称为可知的行为控制,即图5-3中的"知觉到的控制感"。这是个人对某一行动的难易程度和是否有能力完成的认识。也就是说,只有在人们对完成行为有控制感的时候,态度才有可能影响行为。比如有几十年吸烟史的某人想戒烟,他有关于吸烟有害健康的正确态度,也有来自家人、朋友和大夫的外在压力所形成的主观规范,但是在戒烟的过程中,他意识到积习难改,也就是对行为的控制度太低。这样不论态度与主观规范如何,他都戒不了烟。

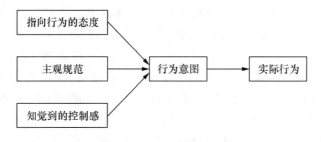

图 5-3 计划行动理论的理论模型①

在舆论研究中,计划行动理论关注个人意见的目标。在某些方面它比较类似于功能理论,但不同之处在于,它更关注意见表达的目的,而不是持有某种意

---

① 参见侯玉波编著:《社会心理学(第二版)》,第105页。

见的动机。按照计划行动理论,如果意见表达者的目的是被其他人接受,而我们却假定其目标是尽快结束访谈,那么我们对民意测验结果的预测就会有偏差。但在最近的舆论研究中对这些问题还没有更多探索。

第六节 刻板印象与偏见

一、刻板印象

绝大多数社会心理学家都把刻板印象(Stereotyping)定义为"关于一个社会群体成员的性格特征的成套的社会共享的观念"。人们确信,某个群体的全体成员都具有相同的品质或性格,对他人来说,这个群体是同质的。刻板印象常常为社会中的许多成员所共有,这些刻板印象往往不是来自直接经验,而是非直接的、来自他人的讲述或者媒体的报道。

李普曼关于刻板印象的讨论最为经典。在《舆论》一书中他论道:"他们之间既没有时间又没有机会进行深入的交往。于是,我们只好违背良好人际关系的宗旨,开始以某些外部特征为依据将他人划入不同类型,再用我们关于这一类型的人的刻板印象去填充这个人的形象。比如,当我们将某个人称为煽动家,那表明'煽动'就是我们唯一看到或听说的有关他的信息,进而我们就会通过刻板印象去'确定'煽动家究竟是一种什么样的人,并最终认定他就是那种人。类似的标签数不胜数:知识分子、富豪、外国人、南欧人、来自后湾(Back Bay)的人、哈佛毕业生(与'耶鲁毕业生'截然不同)、普通人、西点军校毕业生、老军士、格林威治村人(这个标签能够'帮助'我们看透眼前这个人,甚至连他妻子是什么样的人都会知道得清清楚楚)、国际银行家、小地方出来的人……"①

研究者从许多角度研究刻板印象并调查了对不同群体的刻板印象。吉尔巴特曾调查了美国普林斯顿大学学生对各个国家、各个种族的成员所具有的刻板印象,结果发现大学生们的看法颇为一致。他们认为:英国人有绅士风度,聪明,因循守旧,爱传统,保守;黑人爱好音乐,无忧无虑,懒惰;日本人聪明,勤劳,有进取心,机灵,狡猾。

卡兹(Daniel Katz)和布拉利(Kenneth Braly)等人最早研究了美国人对特定社会群体(犹太人、爱尔兰人、土耳其人)的刻板印象。答题者被要求从长长的列表中选出五个他认为最能反映该群体特点的形容词,超过80%的回答显示出在刻板印象上的高度一致。

---

① 〔美〕沃尔特·李普曼:《舆论》,第73页。

我们现在就可以做一个实验,看看你所有的刻板印象如何影响了你对他人的认识。

请朋友、熟人或家长帮忙,念念下面左侧的词,询问他们听到后头脑中第一个反应出的词汇。然后再念右面的词,听听他们的评论。

爱因斯坦   犹太人

小布什总统   美国人

高仓健   日本人

老舍   北京人

比较一下两种结果,看看对个人的描述和对群体的描述有多大差异。差异在于,刻板印象要求我们总结某群体的特征,而具体到个人则很难发现他具备同样的特征,因此,对群体的描述常常无助于我们描述其中的某些个人。

刻板印象常有先入为主的作用。在没有接触某人之前,我们可能借助于刻板印象而对其人格和能力进行各种判断,这些判断如果含有无意的歧视,就可能导致非常消极的后果。比如招聘者可能会以关于籍贯、个人学历、毕业学校等有意无意的刻板印象为基础来录取应聘者。刻板印象还可能产生"晕轮效应",也就是说如果对某人产生了好印象,就很容易把他的一切个性特点都认为好,而如果对某人有坏印象,则可能把他的任何个性特点都认为不好。比如认为操牛津音的人英语很好,运动员出身的人文化学习肯定差,等等。美国的一项调查研究发现,在电话访谈中,如果访谈对象为白人,而采访者带有黑人口音,被访者可能不太愿意表达对某个问题的意见。先入为主的作用,虽然会快速处理相关信息,却可能是片面、肤浅的,真正深刻的认识,需要经过一定的互动交往过程,所谓"路遥知马力,日久见人心"。

刻板印象可以极大地影响我们对周围事物的看法,并影响舆论。李普曼认为,在所有具有支配力的因素中,最让人难以捉摸、最有普遍性的就是创造并维护成见(刻板印象)的那些因素。他说:"我们总是在亲眼观察世界之前就被预先告知世界是个什么模样;我们总是先对某一事件进行想象,然后再去切实地经历它。除非教育赋予我们敏锐的观察力,否则这些预设的信息就会深刻地影响我们的认知过程。我们会习惯性地将事物区分为'陌生'和'熟悉'两类,强调两者的差别,然后熟悉感就会被放大,陌生的事物则显得愈发陌生。只要微小的迹象就能将刻板印象激发出来,无论这一迹象是确凿无疑的,还是只具备模糊的相似性。一旦受到激发,刻板印象就会用原有的认知图景去主导当前的认识过程,将记忆中被唤起的经验投射到当前的现实世界中。假如外部环境与刻板印象之间毫无相似性,这种用先入为主的老观念覆盖新认知的习惯将有害无益,变成纯粹的谬误。不过在绝大多数情况下,外部环境与刻板印象还是有诸多相似之处的。由于我们时常迫切地需要在认知过程中节省精力,于是便很难在认知的过程中全然抛却刻板印象。离开了刻板印象,我们的生活将寸步难行。"① 在此,李普曼认识到刻板印象可能产生的一种"认识强化"作用,即夸大群体中的相似和迥异之处。

最常见的一种刻板印象就是所谓的犯罪类型。许多小说家、普通人,甚至犯罪学专家都认为,你可以从外表就识别出一个罪犯。我们经常忘记我们在运用成见。比如当你说,政治家都是骗子、女人天生就是弱者时,是否意识到你是在运用刻板印象呢?刻板印象中最糟糕的一面是,我们可能对自己所属的群体有过于积极的刻板印象而对于之外的群体有过于消极的刻板印象。避免使用刻板印象,就是要改变分类习惯,把每一个人当成独特的个人,和其他任何人都不同。

有时候,我们不仅以刻板印象看人,而且以刻板印象待人。也就是说,刻板印象可以通过一种被称为"行为证明"的过程进行"自我预期"。曾经有这样一个著名的实验:将被试男女分别请入各自的房间,告知他们将进行相识过程研究。研究员随后告诉他们,他们将通过电话进行社会互动。在实验开始前,要求他们每人填写一张一般背景介绍表,并告诉他们这些表将被交换,以帮助他们相识。

每个参加实验的男子获得一张表格并附有女性照片,女性则只收到表格。男子当然认为照片上的女子即是将与之通话的女子,但实际上只是一些模特的照片。其中,一半男子获得的女性照片是低吸引力的,另一半是高吸引力的。研究发现:获得高吸引力照片的男子判断其谈话对象"有社交性,泰然自若,有幽默感和社会适应性";而获得低吸引力照片的男子则判断他们的谈话对象"没有社交性,很拙笨,严肃,没有社会适应性"。这期间发生了行为证明过程,即获得高吸引力和低吸引力照片的男子在电话中的表现迥然不同。这就反过来影响了对话女子与他们的交流。与之对话的男子以其行为本身证明了先前的偏见。

在日常互动中这种行为证明也很常见。比如你认为红头发的人脾气暴躁,那么在与其相处的时候就比与金发的人相处时来得活泼。你可能认定金发的人数学很差而中国人是数学天才,那么这种认识可能会影响你选择谁做你的学习或工作伙伴。结果也许很糟,你的金发朋友在数学考试中得了A,但你因为太相信中国朋友结果考试反而不及格。那么你会因此改变你的刻板印象吗?很

---

① 〔美〕沃尔特·李普曼:《舆论》,第73页。

可能不会。

动物也不能逃离我们的偏见。德国黑贝一定凶猛,灰熊又脏又凶,海豚很聪明。即使你和友好的黑贝、低智的海豚交了朋友,可能你的态度还是没变。

我们一般认为刻板印象不好,我们担心如果我们有刻板印象,就可能变得狭隘或者顽固。实际上是否果真如此呢?刻板印象在认知上是非常复杂的,经常既包含积极因素,又包含消极因素。尽管态度要求一致性的评价反应,但刻板印象却可能包含范围广泛的各种评价。比如对篮球啦啦队长的印象,既包括身材好、有吸引力的积极评价,又包括智力不够的消极评价。

刻板印象可能是理解外部世界的起点,换句话说,当我们要对其他人或其他文化进行概括时,也许要从刻板印象开始,因为文化就是一些群体特征的共同反映,而刻板印象可能反映了文化中一些真实的方面。因此我们不必因为别人指责我们有刻板印象而感到尴尬,如果我们发现这些刻板印象不精确,可以逐渐改变观点。但如果使用刻板印象伤害了他人或我们自己的利益,我们就需要进行调整。

心理学家塔吉菲尔(Tajfel)认为,刻板印象对个人及社会具有一定的功能。①

(1)认知功能(cognitive function):刻板印象突出强调某些事物的特征,对个人来说,世界因为刻板印象变得清晰和重点突出了。它能使我们认识世界的复杂性,但如果刻板印象不够灵活,则会造成消极后果。

(2)价值功能(value function):刻板印象具有评价功能。它直接影响个人价值体系和对自我的认识。人们会将自己所在的群体与其他群体比较,并通过刻板印象来保持本群体的优越感。比如一些同窗会、富人俱乐部等都表现出一些排斥性。欧洲历史上还有一些极端的例子,如焚烧女巫、反犹运动等,表现为由排斥而发展到屠杀和种族灭绝。类似情况不断发生,如新纳粹运动的兴起等。

(3)解释社会因果关系(social causality):为了理解复杂的、大规模的不幸社会事件,人们常常把一些受排斥的群体视为替罪羊。比如把艾滋病归因于非洲野蛮民族或者道德败坏等。在美国国内舆论中,就有人认为美国经济问题源于中美贸易顺差,或者因为墨西哥人抢夺了太多就业机会。要注意的是,在用刻板印象解释社会因果关系时,人们常常是谴责他人而不是检讨自己。

(4)使社会行为正当化(social justification):就是用特定的偏见来使自己对其他群体的行动正当化。如殖民主义者不断创造当地土著人群野蛮、落后、懒惰

---

① 参见 Henry Tajfel, *Human Groups and Social Categories: Studies in Social Psychology* (Cambridge, England: Cambridge University Press, 1981)。

的刻板印象,通过将其他群体非人化来证明自己的行为正当、自然和毫无问题。

(5) 解释社会差异(social differentiation):按照塔吉菲尔的观点,借助刻板印象解释社会差异是种族中心主义的进一步延伸。比如在20世纪50年代摇滚乐兴起的时候,无论白人还是黑人少年都很喜欢,但一些父母和教育人士就攻击它为"魔鬼的音乐",通过指责其起源来论证其"低级下流"。

二、偏见与歧视

人们常常混淆使用"偏见"(prejudice)与"歧视"(discrimination),实际上这两个概念是有区别的。偏见是针对特定群体及其个体成员的不公正的、否定性的社会态度,歧视主要指基于偏见而做出的不公平、不合理的行为方式。[①]可以说偏见与歧视的关系是态度与行为的关系,但有时候两者却不一定表现为直接相关。怀有偏见态度的人不一定会表现在行为上,就像上文所述,对中国人怀有偏见的旅馆服务员大多数实际上仍热情接待了那对中国夫妇。有时看起来像是歧视的行为,实际却不一定是由偏见的态度所引发的。

偏见的认知成分是刻板印象,是把某一群体的共同特征归属于个人,过度类化以及固定化。比如法国人多浪漫、黑人音乐感很强,但实际上并不是每一个法国人都浪漫,也不是每一个黑人都是歌手。我们每个人对外部事物或多或少都会有一些基于不完全或不充分的信息而产生的刻板印象。但是偏见更多具有与情感要素相联系的倾向性,它对他人的评价建立在其所属的群体,而不是认识上。从这一点来看,偏见既不合逻辑,也不合情理。歧视则是偏见意向的结果,如性别歧视、用工歧视等。

对偏见产生的原因有很多研究。有一些研究证明了群体间竞争怎样导致了偏见的产生。心理学家谢里夫[②]及其同事曾以一个著名的实验,动态地展示并证实了群体间持续竞争所造成的直接冲突以及偏见的产生。他们召集一些来自不同地区的中产阶级白人家庭的11岁男孩,参加一个暑期夏令营活动。在夏令营中孩子们被分成两组进行系列活动。经过一个阶段的活动,两个小组都形成了群体,有非正式的领导者和不成文的规范,分别为自己的组起名,同时还有其他一些组织化群体所具有的特点。第二阶段的实验则安排在两个群体之间展开一系列的对抗性比赛,胜者获得奖杯和奖品,因此这一阶段充满了竞争,而竞争的结果使两个小组关系日益紧张。起先只限于言语漫骂,后来则出现了烧旗帜、毁营房、抢夺个人财物,直至研究者出面干预。同时,两组成员间互相充满敌

[①] 周晓虹:《现代社会心理学——多维视野中的社会行为研究》,第264页。
[②] M. Sherif, *Common Predicament*: *Social Psychology of Intergroup Conflict and Cooperation* (Boston, Mass.: Hought Mifflin, 1966).

意,评价高度否定。为了尝试减轻或消除群体间冲突,在实验的最后阶段安排了一系列共同活动,特别是一些两个群体必须一起合作才能得到利益的活动,结果敌对情绪明显减缓。

以上实验证明,偏见实际上是群体冲突的表现。群体冲突论还用相对剥夺的观点解释偏见的产生,就是说当人们认为自己有权获得某些利益却没有得到时,与得到这种利益的团体相比较会产生相对剥夺感,从而引发对立和偏见。比如一些城市居民对农民工的歧视,还有一些欧洲人对外来移民的歧视等,都与他们的失业和相对剥夺感有关。

社会学习理论则认为,作为一种特殊的态度,偏见与其他态度一样,也是通过社会化过程而形成的。儿童可能通过观察学习,从父母、老师以及媒体中获得对其他人(如少数民族)的偏见,也可能通过个人直接经验来获得。比如当孩子试图与邻近的孩子交往时,父母会说"他们是没教养的下等人",并且因此责骂或惩罚孩子,于是孩子会逐渐形成对"下等人"的偏见。从社会角度来说,根深蒂固的群体偏见、与之相伴随的社会认知和行为方式,会形成社会规范,甚至成为社会制度的基础。比如在以前的美国和南非,黑人和白人被长期区别对待,社会隔离政策被视为当然,因此种族偏见比较普遍。黑人长期处在收入低、受教育机会少、居住条件差等不利环境中,很容易形成符合偏见的人格特征,如肮脏、犯罪、不务正业等,反过来又使持偏见者找到了更多借口。

心理动力论(Psychodynamic Theory)认为,偏见由个体内部的动机性紧张状态所引起,可以有几种形式。一种形式将偏见看成是一种替代性的攻击,另一种则将偏见视为一种人格反常,是一种人格病变。其中最著名的当数阿多诺(Adorno)的"权威人格"研究。他发现,20世纪30年代德国的反犹太情绪是由权威人格发展起来的,这一人格特征包括,固守传统的等级观念和行为模式,顺从、认同并夸大权威,将对某些人的敌意扩大到一般人身上,对周围事物好做两分法的简单判断,具有神秘及迷信的心理倾向等。由于这些人强调权力、地位与支配,因此特别容易执着于偏见态度。[①]

虽然偏见是一种常见的社会态度,但是人们也在不断寻找各种消除偏见的方法。比如增强对儿童社会化过程的控制,通过家长、老师和同伴的正面影响,从小培养宽容谦让、公正客观的态度和行为规范,注意大众媒介的传播内容。另一种可行的方法是,使先前相互隔离的群体成员进行平等的交往和接触。要消除彼此的矛盾和偏见,接触必须是平等的、无利害冲突的。在群体活动中,要在不同的群体之间建立共同的目标。许多研究成果和生活实例都证明,在竞争

---

① T. Adorno, et al., *The Authoritarian Personality* (New York: Harper, 1950).

的环境下,如果一个群体的获益导致另一个群体受损,偏见和敌意就会增加,而追求共同目标则可能使敌对的群体走向合作。还有一种消除偏见和歧视的方法是在认知上将群体成员个体化,改变固定分类从而避免对特定群体的刻板印象,强调对个体独特性的认识。

小结

本章中我们主要考察了意见与态度的区别与联系。当意见被看成是态度的公开表达时,研究的重点就转向心理学中关于态度的研究,态度研究成为舆论学理解意见表达的基础。心理学中将态度界定为个体对事物的反应方式,这种积极或消极的反应是可以进行评价的。一般认为态度应包含认知、情感和行为倾向三部分。你可以按照组成态度的三个基本要素的开头字母"abc"来记忆它们:情感(affect)、行为倾向(behavior)和认知(cognition)。

态度研究中最有成效的是关于认知的研究,因为认知产生信念,包括描述性信念和评价性信念,而个人的信念体系和价值观是态度,同时也是意见表达的最直接的基础。情感对态度的影响是肯定的,但却是研究最少的。情感因素比认知因素更难捕捉,因为它常常借助于非言语交流的形式。有情感研究表明情感和认知常常不是分别地,而是一前一后地激发我们的态度与行动。最近的研究表明,许多情感实际是一种社会情感,这些社会情感依赖于他人暗示性的在场和关注,依赖于我们关心别人如何看我们,而在这方面的研究显然还很不够。

关于意见的舆论学研究,其重点并不在于单纯地考察个人认知或者情绪,而更多在于态度的公开表达以及行动。因此理解态度与行为之间的相关性,是理解人们对许多问题的意见的关键。虽然态度常常带有行为倾向,但态度和行为之间的联系却是有条件的、情境化的。研究表明这种态度与行动之间的联系比我们的直觉更为细致。对自我利益的关注被认为是影响意见表达的最重要的因素,研究者们还更为注重个人差异以及其他社会情境因素。理性行动理论和计划行动理论都假定人是理性的,善于审时度势,趋利避害,因此侧重于考察个人进行意见表达的动机和目标,以及个人对意见表达的认知和对表达规范的自我控制。

关于偏见与歧视的研究对舆论研究非常有意义。偏见是一种以不完全或不正确的信息为基础的否定性的态度,它的认知基础是刻板印象,却带有很强的情感色彩。偏见会导致歧视行为,但有些内隐性偏见不一定直接表现为行动。

思考题

1. 如何理解态度、信念与意见之间的联系?
2. 情绪如何影响态度及意见表达?
3. 如何理解态度与行为之间的关系?
4. 理性行动理论与计划行动理论有什么区别与联系?
5. 如何理解刻板印象、偏见与歧视?什么样的方法可以减少或消除偏见?

推荐阅读

〔美〕沃尔特·李普曼:《舆论》(常江、肖寒译),北京大学出版社2018年版。

第六章　舆论的个体性影响过程

2011年10月13日下午5时30分,一出惨剧发生在广东佛山南海黄岐广佛五金城。年仅两岁的女童小悦悦走在巷子里,被一辆面包车两次碾压,几分钟后又被一小货柜车碾过。让人难以理解的是,7分钟内在女童身边经过的18个路人,竟然对此不闻不问。最后,一位捡垃圾的阿姨陈贤妹把小悦悦抱到路边并找到她的妈妈。

事发地位于某店铺门前,该店铺的监控录像显示:第一位白衣深色裤男子,左右张望后,径直从小悦悦脚边经过;第二位骑摩托车的男子,看了一眼躺在正前方的小悦悦,一拐弯绕过离开;第三位浅色长袖衣服男,一直盯着小悦悦,然后像躲着,越走越远;第四位开着蓝色电动三轮车的男子,从店铺门口两次横向经过,对两米外的小悦悦视若无睹……第七位黑衣男子开摩托车经过,不断回望小悦悦,并停车询问附近店主,但录像剪切了后面那一段;第八位是一名中年女子带着黄衣小女孩经过,看了几眼没有停步;第十位是一名穿着蓝色短袖衣的男子,他在小悦悦身边来回两次,除了惊异的目光外再无动作。该事件经媒体曝光后,舆论大哗,海外媒体也广泛报道此事。10月23日,广东佛山280名市民聚集在事发地点悼念"小悦悦",宣誓"不做冷漠佛山人"。

从最一般的意义上说,舆论可以被看成是个人意见的聚合。理论上,我们把个人当作一个基本的行为体,个人独立地获取信息,估量各种选择,最后做出决定。现代民意调查也是要求个人以匿名方式发表个人意见,这些个人意见的汇总就构成了舆论。作为个体的人,我们有自己的人格,我们的意见会受到个体的智力、情感因素乃至生理因素的影响。作为社会性动物,个人生活在各种特定的社会文化环境中,有大量的社会交往和互动,在社会互动中获取信息,彼此影响。因此,作为个体意见的聚合,舆论不仅取决于个体的认知和态度形成,而且受到群体氛围和社会环境的影响。从本章开始,我们要分别讨论舆论形成的个体性、群体性和社会性影响过程。之所以称之为过程而不是影响因素,是因为这些因素会以各种方式在舆论形成的过程中持续地发挥作用。在本章中,我们主要借用了社会心理学决策与判断研究的相关理论来考察舆论的个体性影响过程。

第一节 知觉—判断论

态度的形成和意见的表达,在很大程度上以个人的知觉和判断为基础。认知理论认为,人类的社会行为受其内在的认知过程的支配,因此要理解和预测人类行为,就必须深入到这种内在的认知体系中去。对人的知觉、印象和判断以及对人的外显行为活动原因的推测和评价,是社会认知活动发生和进行时所经历的几个主要过程,它们相互联系,组成了完整的社会认知活动。知觉不同于感觉。感觉是指人们对事物个别特性的认识,知觉则是感觉的提升,是在感觉基础上,对事物或他人的整体性的认识。在整体性认识也就是知觉的基础上,个人会形成判断,从而产生各种态度和意见。

将感知整体化是人类的一种思维习惯,即使在信息不完全的情况下,我们也会依据现有的感知形成印象。在与陌生人交往的初期,我们会根据所得到的信息形成**第一印象**,第一印象中可能包含很多内容,但最为重要的是**评价**。奥斯古德等人通过语义分析实验证明,印象中有三个基本维度,即对于好坏的评定——**评价**(evaluation),对于力量强弱的评定——**力量**(potency),以及关于主动与被动的评定——**活动性**(activity)。其中,关于好坏的评价是最重要的,决定了第一印象的基本定位。除第一印象外,心理学家安德森(Anderson)等人在20世纪60年代还专门考察了**总体印象**的形成,提出了印象形成的平均模式(the averaging model)、累加模式(the additive model)和加权平均模式(the weighted average model)。①个人知觉中常常会出现一些偏差,这些偏差无法完全避免,但是可以注意,并将偏差效果降低。

一、适应水平论

按照这一理论,一个人的适应水平会成为其反应判断的中立点。如果你把手伸进一桶非常凉的水里,最后你的手就会适应水的温度,原本非常凉的水,在感觉上却是中温的或者说是正常的。而随后关于其他桶里的水是温还是凉的判断,就会相对于你先前适应的水温而定。适应水平论强调,我们对外在刺激的判断和反应,与我们先前的适应有关。我们对外在事物和他人做出判断和反应,依据的很可能是适应水平这一主观标准而非其他客观标准。比如,许多美国人看到英国议会辩论的情况会很吃惊,因为那里人们对来自本党的演讲大声喝彩,而

---

① 侯玉波编著:《社会心理学(第二版)》,第31—34页。

对来自反对党的演讲则不断起哄。在美国议会里，人们已经习惯了尊重式的讨论，因此会认为英国人非常粗鲁。大量研究和实践都证明，人们对他人的行为判断是建立在自己所习惯的思维及行为方式上，而不是依据"恰当"的客观标准。例如在2008年拉萨"3·14"事件之后，有关外国媒体充满意识形态和歧视偏见的倾向性报道被大量揭露，美国好莱坞明星莎朗·斯通就中国四川汶川大地震所做的一番"答记者问"也激起了国人强烈的愤慨。但是愤怒之余，我们是否可以冷静地思考一下莎朗·斯通所习惯的思维及行为方式，而像CNN主持人那样令人愤慨的言辞，是否也有一个它所"适应"的受众思维和意见环境？

二、晕轮效应

另一种常见的知觉偏差称为**晕轮效应**（halo effect），是指评价者对他人多种特质的评价，往往因其中某一项较高而普遍偏高。兰迪（Landy）、西格尔（Sigall）等人曾做过一项实验。他们请一些男性评定一篇假定是一名女大学生的论文，用于评定的论文同时附有假称是作者，但实际吸引力各不相同的女性照片。论文中有些地方写得观点清晰、文法准确、结构严谨，而有些则思路不清、语言僵硬。但是最后的评审结果表明，所附照片漂亮的论文，无论实际水平如何，评价都相对较高。在实际中人们也常常倾向于认为，英语发音好的人英语能力一定很强，相貌不够端正的人可能存在智力或品德缺陷。西尔斯（Sears）等人在关于学生对教授评估的研究中还发现，学生将92%的教授评定为好的，即使其中有很多与他们实际的印象不符。这体现出一种对他人评价的宽容，因此也称为慈悲效应（leniency effect）。[①]

三、归因错误

归因也属于知觉判断过程，是指人们除了会对他人和事物进行评价和判断之外，还会进行一些推断和原因解释。归因理论（Attribution Theory）最早是由心理学家弗里茨·海德（Fritz Heider）在1958年出版的《人际关系心理学》中提出的。他认为，人们都相信一个人的行为必有原因，当一个人和另一个人接触时，常要推断对方行为的原因、动机或意图，特别是对方做出异常的行为时更是如此。由于每个人的以往经验、知识结构、思想方法不同，对同一件事情会有不同的归因。比如夫妻不和，妻子归因于丈夫的夜不归宿和对自己的冷漠，丈夫则将自己不回家归因于逃避妻子的坏脾气和无端指责，是委曲求全。

60年代贝姆（D. Bem）的研究认为，人们推断他人的行为和态度背后的原

---

① 侯玉波编著：《社会心理学（第二版）》，第34—37页。

因,会影响到他们自己对这些行为或态度的赞同与否。如果"脑白金有助于睡眠"的消息是一条科技新闻,而不是一个产品广告,那就会更令人信服一些。因为新闻的特性是客观报道,会使人们把得到的信息看作知识的传播,因此可能发生认知性的态度转变。但如果该信息被确认为一种商家促销的手段,那么很多人可能拒绝态度改变。也正因为如此,以新闻形式出现的软广告,可能有暂时的促销效果,但会引发有关广告伦理的争论。

有研究表明,我们在对自己和他人的行为进行归因时常常发生一些偏差。比如如果学生自己没有按时完成作业,就经常归因于作业太难,时间太紧。而教师如果发现学生没有按时交作业,则常常会认为学生懒惰,或不重视该课程。这也就是说,人们对自己的否定性行为常常归因于环境等客观因素,但常常把他人的否定性行为归因于其人格等主观因素。

这种归因偏见常常被扩展到我们所属的群体。就是说我们会把我们群体中成员的否定性行为归因于环境因素,而把其他群体的否定性行为归因于他们的人格特征。比如在美国,一些纳税人可能会认为,那些依靠社会福利的未婚妈妈懒惰、任性,没有责任心,只会把负担推给别人。而那些未婚妈妈则可能认为自己被人抛弃,也被整个社会遗弃,因为社会没有给她们提供充分的就业训练或者育儿条件。这些归因对舆论的形成非常重要,因为那些认为福利妈妈懒惰任性的人可能不同意社会福利计划,而那些认为福利妈妈是社会牺牲品的人则更支持社会福利计划。"9·11"事件后,许多美国人认为,这一事件是恐怖分子对美国民主制的攻击,但一些国际人士则认为,美国应该检讨自己的中东政策。这些意见的分歧产生了很大影响。

四、自我认识

人的认知和判断偏差也常常与个人的自我意识有关。当信息与我们有关时,我们会更为关注并进行快速的加工。这就是自我参照效应(self-reference effect)。[1]比如当我们在和某人聊天时,如果无意中听到旁边的人提起自己的名字,我们的听觉雷达会立刻转向"与我有关"的谈话。我们对自我的感觉处于中心地位,因此我们更关心自我利益。这也常常导致,在民意调查中,对不涉及自我利益的问题,人们常常提不出看法。

当我们加工与自我有关的信息时,会出现潜在的偏见。我们会把成功归结为自己的才能和努力,而把失败归咎于运气不佳、客观条件不允许等外部原因。在很多情况下我们会自我美化,把自己看得比别人要好,认为自己擅长的东西更为重

---

[1] 〔美〕戴维·迈尔斯:《社会心理学(第8版)》(侯玉波等译),人民邮电出版社2006年版,第30页。

要,从而有利于维持自我形象。这些被称为自我服务偏见(self-serving bias)。[1]

当评判其他人的表现和行为时,我们经常本能地与自己的态度与行为相比较。个人自己的态度被当作一个内在的定锚,他人所表述的意见和态度会因为个人的立场而或远或近地移动。与自己的态度相对接近的会被吸收同化,而迥异于自己的态度则会被对立,甚至比实际差距要远。

按照社会学家查尔斯·库利的"镜中我"的理论,我们根据自己出现在别人面前的样子来感知自我。乔治·米德(George Mead)进一步指出,与自我概念有关的并不是人们实际上如何评价我们,而是我们认为他们如何评价我们。如前所述,自我位于我们社会世界的中心,我们不仅以自我美化的方式来认识自己,而且同样用受他人赞许的方式展示自己,因此产生许多个人"印象管理"策略。对有些人而言,有意识地自我展示也许是一种生活方式。他们不断注意他人的反应并校正自己的行为,以达到社会赞许的效果。由于总是意识到他人的存在,所以他们很少会依据自己的态度行动。为了让自己的行为和环境合拍,他们很可能会支持一些其实他们并不赞成的意见。对这些高自我监控(self-monitoring)者而言,个人态度可以帮助他适应新工作、角色和人际关系,具有社会调节功能。而那些自我监控性差的人,则很少关心别人的想法,更多按照自己的感觉和信念来说话做事。我们大多数人通常处于行骗专家式的高自我监控和榆木疙瘩式的低自我监控这两个极端之间。

关于自我意识的研究对舆论研究的应用价值在于:一是在意见调查中,自我报告常常是靠不住的,自我认识中的错误限制了主观个人报告的科学性。二是人们对日常生活经验的报告和解释,尽管具有强大的说服力量,但也很有可能是错误的。牢记这种潜在错误的可能,可以帮助我们较少地产生受人胁迫和上当受骗之感。三是所谓意见可能是个人利益的表达。个人在对外部公共世界做出反应时会遵循个人利益。在许多关于公众事物的问题上,一项计划或行动对个人的潜在影响并不是明显的,甚至实际上可能不存在。因此,公众对许多问题缺乏态度,原因之一就在于,他们不能把计划的效果和他们的个人利益联系起来。这样就使得政治领导人和媒介有机会在态度形成上发挥强大的功能。他们可以使人关心某些问题,并帮助他形成态度(显示自我利益的存在)。因此我们不能相信,意见的形成是自发的、内在的过程。意见的形成过程实际常常受到各种外部力量的影响。

---

[1] 〔美〕戴维·迈尔斯:《社会心理学(第8版)》,第47页。

五、社会比较

心理学家费斯汀格(Festiinger)曾经提出许多关于社会比较的假设和推论，形成其社会比较理论的核心，而大量有关的舆论研究清楚地表明，社会比较是意见形成的重要因素。

费斯汀格认为，人体中存在着一种评价意见和能力的驱动力。我们喜欢用物理世界中的东西来验证我们意见的正确和恰当与否。但是在许多情况下这是不可能的。"我们可以用锤子敲来证明某样物体很脆弱，但我们怎么可以验证一个候选人要比其他候选人好或者一场战争不可避免呢？"如果我们不能用物理世界中的物体来评价或比较我们的意见，我们就只能和周围其他人的意见相比较了。也就是说，当不存在客观的、物理性而非社会性的工具时，人们会通过分别和他人的意见和能力进行比较来评估自身的意见和能力。在此，费斯汀格强调了共识作为我们认知和判断基础的重要性。

但是就个人而言，当连续的比较预示了不愉快的后果时，比较会终止，并导致敌意或损毁。而随着个人与他人的意见或能力差异的增加，把自己和特定他人进行比较的趋势会减小。就群体而言，任何能增强某些群体作为比较群体重要性的因素，都会增加群体内部意见的一致。比较群体的吸引力越大，群体内部一致性的压力就越大。如果群体中存在各种意见，那么其中越接近群体模式的意见，比起那些远离群体模式的意见，就越倾向于改变他人立场，而不倾向于缩小比较和改变自身立场。一些研究表明，为保持独特的群体身份以区别于其他群体，群体有时要选择一种更为极端的观点。在流行文化中我们常常可以看到很多"粉丝"群，其中有一些会选择用很极端的方式表明自己的独特性。

总之，社会比较理论突出强调了对他人意见的认识如何影响了我们的认知和判断以及意见的形成，也就是说，理解舆论，就要理解个人与社会的联系，因为舆论并不存在于社会系统之外。实际上，舆论反映了我们社会系统的核心特征——人们共同居住，相互影响和依赖。

第二节 动机—功能论

动机功能理论认为，态度的形成与转变有其深层的心理动力根源，而态度的功能则在于满足个体独特的心理需求。

动机研究关注的是个体为什么会按他们自己的方式来行动，而舆论研究则更为关心个人意见表达背后的动因。有些学者认为，动机就是内驱力，严格说来，二者是不同的。"动机是受社会个体生活经验和社会生活条件调解的，是带有社会内容的。"也就是说，"动机是社会化了的内驱力"①。例如与他人沟通的欲望可以被看作没有附加特定条件的人类内驱力，但是和谁交流，以及用什么方式交流，也就是说交流动机的发展方向和满足方式，却会打上时代和文化的烙印。古代的人鸿雁传书，以诗言志，现代的人会用电子邮件、微博微信，甚至网络恶搞来表达，在不同的时代和文化背景下，只有特定的方式才可能恰当地满足人类沟通的欲望。

心理学中的动机理论很多，根据研究目的、侧重类型及解释方式的不同，发展出各自的理论体系。舆论学对动机的研究，着重于态度的形成和转变，以及意见的表达和反馈，因此以下几种动机理论，有助于我们理解态度形成和意见表达中的动机因素。

一、麦独孤的本能论

麦独孤（W. Mcdougall）是英国心理学家，1871年出生于英国的兰开夏。他于1908年出版的《社会心理学导论》，与罗斯的《社会心理学》一起，被当作社会心理学诞生的标志。在《社会心理学导论》中，麦独孤构建了一套以遗传本能和相应的情绪以及后天形成的感情为基础的人类社会行为的学说。在他看来，本能不仅是天生的能力，而且是天生的行为推动力，是策动和维持人类行为的决定因素，而本能的核心是情绪体验。因此，各种本能都有相伴随的情绪。如与逃跑本能对应的是恐惧情绪、与服从本能对应的是自卑情绪等。麦独孤认为，本能组成一个固定的事先安排好的行为过程序列，其中包括知觉过程（认知的）、情绪激起（情感的）和一个行动的准备（意动的）。

麦独孤的理论将情绪引入对态度形成的理解，对我们有着直接的启示。在汶川地震后，中学教师范美忠在博客中发文，为自己在地震中不顾学生而抢先逃跑的行为辩解，其中突出强调的就是本能和对突发灾害的情绪反应。而在他被网络舆论讽为"范跑跑"之后，却得到另一些人的舆论支持。在心理学历史上，本能论曾经是一种影响颇大的动机理论，但是，现代心理学家已经认识到，本能只是人类简单行为的部分动因，不能用来解释人类的复杂行为。很多意见表达的复杂过程，不能由简单的本能和情绪来解释。

二、弗洛伊德的性欲动力说

弗洛伊德关于本能的论述非常之多，并且在不同时期，他对本能的见解不尽相同。在学术生涯初期，弗洛伊德的本能观主要为性本能论，后来他认为进攻和

---

① 吴江霖等：《社会心理学》，广东高等教育出版社2000年版，第143页。

敌意也是人类行为强有力的动机和内在本能。在晚年,弗洛伊德最终将本能归结为两大类:爱欲本能(Eros,也译作生存本能或求生本能)和破坏本能(或译作死亡本能)。爱欲本能包括饥饿、性欲等,它们与自我保存和种族生存有关,其中性欲本能最强有力。破坏本能要求恢复无生命的状态。他曾提出快乐—痛苦的心理主导原则,认为对快乐的追求是个体发展的动力所在。后来他又提出以现实原则取代快乐原则。现实原则并不是放弃最终快乐的目的,而是要暂缓这种满足,暂时容忍不愉快的存在,以此作为通向最终快乐的漫长而曲折的道路的一个中间步骤。弗洛伊德还提出了动机模式的基本行为序列和次级行为序列:

基本行为序列为:精神发泄——作用于目标对象——释放能量,或者精神发泄——驱力对象不存在——幻觉。

次级行为序列为:精神发泄——延迟满足——迂回行动——满足,或者精神发泄——驱力对象缺乏——延迟。

弗洛伊德的本能和动机观点结构较为复杂。但他的一些观点为舆论学研究个人态度引入了新的视角。现实中无法满足的欲望所引起的内驱力无法发泄,就有可能会改变态度,进行发泄或平衡。现实原则指导下的迂回行动也需要以态度的转变为前提。弗洛伊德的理论虽然缺乏实证,但应用于解释一些复杂的舆论心理现象,仍然是一个有效的模型。

三、劳伦兹的习性论

习性学理论开始于 20 世纪 30 年代欧洲动物学家劳伦兹和金伯根(Lorenz & Tinbergen)的研究,他们把动物看作是生活在特定生态中的主动的有机体,而非行为主义学派所认为的由刺激所激发的被动的有机体,他们所研究的物种多种多样,有小鸭、蝴蝶和刺鱼等。他们强调,动物为了适应周围的自然环境、为了整个物种的生存而逐渐形成行为并代代相传。

到了 50 年代,心理学家易伯斯菲尔特和波尔比(Eibesfeldt & Bowlby)把习性学理论引入发展心理学领域,对人类的行为特别是儿童的行为发展进行习性学的解释。波尔比强调的是固定行为模式和随环境不同在一定范围内发生变化的行为系统,婴儿—照顾者的社会依恋便是由固定行为模式构成的行为系统。但人类又与动物不同,他是积极主动的个体,要利用在社会环境中习得的各种知识技能去应付环境和改造环境,而不是单纯生物学意义上的为了生存。比如儿童在同伴交往中学到了攻击、撒谎、奉承、帮助、分享等技巧,其目的是获得某种资源(如玩具等),其生存价值却在于能更好地适应将来的环境,为在竞争社会中立稳脚跟打下良好的基础。

舆论现象是重要的社会现象。从宏观的生物学意义来说,具有种群整合、维持种群存在、实现种群需求的功能。从宏观的功能角度来说,理解纷繁复杂的大规模舆论活动背后普遍的人的态度和心理,不失为一个新颖的视角。

四、马斯洛的需求层次论

马斯洛认为,动机是一个过程或一系列过程,它以某种方式引发、促进、保持并最终终止一连串导向目标的行为。如果像列购物清单一样列一个个人需求清单,就会发现人们具体的需求是多种多样的,由此导致了人们的各种行为动机。马斯洛通过一些调查统计,确定人的各种不同需求可以分成五种,后来修订为七种。由于人的需求是由低级到高级逐层发展的,因此他提出一个金字塔型的需求层次体系(如图6-1)。

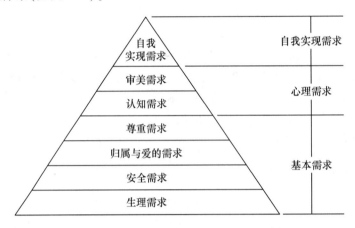

图 6-1 马斯洛的需求层次论

第一,生理需求。这也称"自然需要",直接与生存有关,如饥、渴、睡眠、性的需要等。生理需求是人最基本、最强烈的一种需求。如果你饿了一整天,在补充营养之前你恐怕很难去图书馆学习或打网球;如果你排了两个晚上的队,很难设想会去和朋友喝酒而不去睡觉。所以在图6-1中,生理需求处于最低层次,占据的空间也最大。在生理需求未得到满足时,其他需要都退居其后,直到生理需求得到基本满足后,其他更高级的需求才开始支配生命有机体。

第二,安全需求。这是比生理需求高一级的需求,包括安全、稳定、依赖、免受恐吓和混乱的折磨,也包括对生活无威胁、能预测以及环境有秩序的需求。我们以前所谈到的关于生理需要的各种特征在安全欲望上同样存在,虽然在程度上比较轻一些。整个机体也可能同样地完全被这种欲望所统治。因此,我们简直可以把整个机体描绘成为谋求安全的机器,所有的感受器、效应器,所有的智能和其他能力主要都成为谋求安全的工具。许多人努力工作攒钱是希望将来能免于贫困。为了生命安全,我们可能会购买人寿保险,安装防盗门和烟尘监视器,拥护世界和平,但也可能支持某场能带来更多安全的战争。许多激进的舆论政治观点就是在安全需要亟待满足时产生的。

　　第三,归属与爱的需求。如果生理需要和安全需要都已经很好地得到了满足,那么会出现感情及归属的需要。我们以前所描述的整个循环过程就要围着这个新的核心而重复出现。个人会感到从来没有这样迫切地要求得到朋友、情人、妻子或儿女。他渴望同人们建立感情的联系,也就是说,要求在他所处的群体中占有一个位置;他将以高度的激情争取实现这一目标。他迫切地要求达到这个位置,胜于世界上其他一切事物;他甚至忘记了过去饥饿时,对爱情是不屑一顾的。

　　许多人把爱视为最重要的人类需求,但实际上,生理需要和安全需要常常是第一位的,或者归属与爱的需要会与其他需要相互结合。比如有的人不谈恋爱或结婚就感到不安,在这里,安全需要与爱的需求相互结合。归属的需求是指人需要被别人接纳、爱护、关注、欣赏、鼓励和支持。归属的需要常常体现为亲情、友情和爱情。人们渴望同他人结成一种充满感情的关系,否则的话就会产生孤独感。归属与爱的需求是个人寻求社会归属的体现,这种需求的满足常常通过个人参与群体活动、寻求情感关系来体现。

　　第四,尊重需求。在归属与爱的需求满足之后,人们开始着力寻求自尊和来自他人的尊重。在我们的社会中,所有的人(除少数病态者外)都有一种需要或欲望,即保持自尊和自重,并得到别人的尊敬。这种需要可以再分为两类:首先是那种要求力量、要求成就、要求合格、要求面对世界的信心,以及要求自由和独立的欲望。其次,还有一种欲望,我们可以称之为要求名誉或威信(别人的尊敬或尊重)、表扬、注意、重视或赞赏的欲望。自尊要求对自己有一种坚定的、基础稳固的和通常是高度的评价。所谓基础稳固的自尊,意思就是说这种自尊是以真实的才能和成就以及别人的尊敬为基础的,因此尊重的需要也可以表现为对成就、地位的欲望以及对来自他人和社会的高度评价和赞扬的渴望。这种需要得到阿德勒及其追随者们的较多重视,而弗洛伊德和精神分析学家们则比较忽视这种需要。但是今天看来,越来越多的人普遍认识到这种需要的极端重要意义。为了满足尊重需求,我们要维护自己的人格、名誉,确认自己的存在价值,追求更高学历,勤奋工作以赢得业绩奖励和同事们的尊敬。

　　第五,认知需求。这是指满足好奇心,寻求了解、解释和理解的需要。人们不断地使孤立的认识理论化,通过思想来寻求意义,这些都受到认知需求的支配。许多广告都以调动人们的好奇心和讲道理的形式来进行劝服。

第六，审美需求。这是指人人都有对于真、善、美的事物的内在需求。美的事物不仅能陶冶情操，调节心理，也常常和其他基本需求，如爱的需求、尊重的需求等相结合，形成新的动机。

第七，自我实现需求。这是最后一个人类需求。即使以上各种需要都得到了满足，我们还可能常常（即使不是总是）感到自己必须做一些适合于自己的事，否则很快就会产生一种新的不满足或不安定的情绪。一个作曲家要作曲，一个美术家要绘画，一个诗人要写诗，这样才能最终感到愉快。自我实现是指个人调动全部潜能，在各自的领域发展，以实现长期目标。个人自我完善是自我实现的一种方式。个人接受挑战，比如赢得某项比赛、完成一部小说，或驾车周游世界等，都是寻求自我实现的方式。一个人能够做什么，他就必须要做什么。自我实现的最终目标，就是竭尽全力实现个人理想。

马斯洛认为，各层次间的需要像阶梯一样从低到高，但这种顺序并不是严格排列的，会出现各种交错的情形。低层次的需要获得相对满足后，就会向高层次发展。各种需要很少达到完全满足的状态，往往是"一个欲望得到了满足之后，另一个欲望就立刻产生了"。低层次的需要是缺失需要，高层次的需要是生长需要，只有高层次需要的满足才会令人满意，具有激励作用。因为高层次需要永远不会得到完全的满足，所以具有久远的激励作用。人的一生就是不断地产生需要、满足需要，再产生新的需要的一个生命过程。

马斯洛的需要层次理论有其科学的合理性，作为一种激励理论，它在一定程度上反映了人类行为和心理需要的共同规律，阐明了需求动机对人的态度行为的重要影响。

五、麦奎尔的动机类型说

美国社会心理学家麦奎尔（McGuire）对人类的动机进行了非常细致的整理和分析。他从两个维度对动机进行分类：一个是内在动机—外在动机维度，另一个是认知取向—情感取向维度。内在性动机的目标指向个人，外在性动机的目标指向外部，主要是社会。认知取向—情感取向维度区分了动机是指导性的（directive），还是动力性的（dynamic）。认知性动机为个体提供向导，而情感性动机为个体提供能量驱动。[①]对于理解或解释人类行为，麦奎尔的动机清单相当有用。

第一，认知性内在动机。

（1）一致性需要。一个人的各个方面（包括态度、信仰、意见和自我形象）要

[①] 参见 M. Guirdham, *Interpersonal Skills at Work* (New York: Prentice Hall, 1995)。

保持一致,达到一种内在的平衡。

(2)分类需要。人们往往要对事物和他人进行分类,通过内在的分类来使世界获得意义。

(3)自主需要。人们希望能够控制和自己有关的事物,这种控制观与人的自我价值感关系密切。

(4)目的论动机。目的论认为一切事物的发展和演变都是为了达到一定目的而发生的。在人们的头脑中,有一些目标状态类型,人们努力将对外部世界的知觉与这些类型匹配起来,从而能够更好地理解外部世界。

第二,情感性内在动机。

(1)减少紧张的需要。人可以被看作一个张力系统,紧张的减少可以带来满足,而紧张的增加会导致不舒服。因此减少紧张就成为人的一种情感需要。

(2)自我防御的需要。每个人都有自己的自我形象,如果人们的认同或自我形象受到威胁,就会产生自我防御的需要,出现防御性行为。

(3)自我维护的需要。人们要维护自己的自我价值感,增加自尊和他人对自己的尊重。

(4)认同的需要。人们希望通过巩固自我概念来寻求对自我的增进。

第三,认知性社会动机。

(1)归因的需要。人们需要确定与自己有关的事物之所以发生,从而可以较好地认识、把握甚至控制周围的环境。

(2)客观化的需要。在认识自己和外部环境时,人们往往根据外在的事物,如自己的外显行为、他人的外显行为或各种情境因素来推断内在的特点,如人格、态度、情感、满意度等。

(3)刺激的需要。有时候,人们喜欢寻求刺激,探索新知识。

(4)功利性动机。人们希望能解决实际问题,往往将外在情境看作一个获取新信息与技能,从而去应对生活的挑战的机会。

第四,情感性外在动机。

(1)自我表达的需要。这是一种外向性的动机,其目的是要向他人表明自己的身份或特点。人们希望通过自己的行为来让他人了解自己,并由此得到满足。

(2)强化的需要。人们需要获得酬赏,如果某一行为在过去获得过酬赏,人们就会被鼓励去重复这一行为。

(3)亲和需要。人们希望与他人建立和发展有益、满足的人际关系,与他人分享,成为某个群体的一员。

(4)模仿的需要。人们往往自觉或不自觉地参照他人的行为来行动。有学者认为,人们喜欢那些看起来与自己相似的人,这种现象就是模仿需要的一种表现。

总而言之,社会动机是人类一个古老而又令人感兴趣的问题。心理学认为,行为的原因即为动机。人们都有了解自己的需要,也有探究他人行为原因的需要。动机研究涉及人类行为的基本源泉、动力和原因,探讨人类行为的目的性、能动性等方面的特征。动机是完整的个人的动机,不存在某个部分的动机;动机总是指向终极的需求或欲望;人类的基本动机是相同的,但满足的方式可以多样化;动机是复杂多样的,个体动机与行为间并不一一对应;人类存在着无意识的动机,或潜意识动机;动机作为一个动态过程,是连续无休止的;并非所有的行为或反应都是有动机的,由匮乏导致的行为才有动机。

六、动机与态度的功能

舆论是意见的汇聚,意见的基础是态度。态度则在动机的驱动下调整转变,并指导行动,具体表现如下。

(1)对信息进行初级加工。依据先天本能或强烈的习得态度对信源、信息内容、信息传播特点等迅速反应,形成简单态度。如婴幼儿对母亲形象的本能依恋,基督徒听到亵渎上帝的言语立即捂上耳朵。在信息提取和简单态度形成过程中,原有的态度倾向可导致选择性认知过程。第一态度对以后的信息加工和态度形成都能施加影响,成为选择性作用的因素。

(2)对信息进行次级加工。这是指与自身的文化归属、身份认同、已有态度等思维意识形态进行各层次的比较,进行信息和态度的次级加工。简单态度与次级判断之间的冲突如果不严重,可能会由于无意或潜在有意的保护性忽略,而使之模糊。但如果二者冲突严重,就使得心理的平衡一致被打破并引起不安。为了消除不安,才会调整态度,重新进行态度选择,冲突地带往往是态度不稳定地带。网络环境下可能出现各种社会现象和意见表达,有些如"范跑跑"现象、"北大高才生弑母"事件等,挑战了传统社会价值观,打破了人们内在的认知平衡,引发了意见的冲突,形成网络舆论事件。

(3)人们可在所处的社会关系中,对态度的表达后果进行预测,并根据理性动机与任务,重新理性地对态度进行选择性表达,使得各种动机得到最大限度的满足。在曾经轰动一时的"人肉搜索""很黄很暴力"事件中,人们对网民行动及其后果进行各种分析,有的赞扬网民们用颠覆和结构性自由表达反抗虚假宣传,有的批评网络行动对个人隐私和尊严的肆意侵犯,还有人分析崇尚技术和娱乐精神的网络文化特征,更有人揭露商业网站借网络"推手"制造网络事件以吸引眼球的媒介商业逻辑。在这一事件中,我们看到各种动机都得到了最大限度的满足,而在热烈的意见表达和讨论中,越来越多的人转向理性思考和行动。

在《态度研究的功能主义方法》[①]一文中,卡兹描述了态度对于个人的四种功能:

自我防御功能,源自精神分析的原则,指态度有助于人们应付内心冲突,维护自尊,面对关于自我及他人的一些负面真实。比如面对失败,我们会说"失败是成功之母"。听到亲人突然死亡的消息,有的人短期内会否认此事,以避免突如其来的精神打击。

价值表述功能。个人所持有的某种态度,经常包含一些核心价值观。比如一个年轻人对志愿者工作持积极态度,是因为其中包含的社会责任是他最为认同的核心价值观,表达这种态度能使他获得内在的满足。还有一些人,通过特定的参照群体而建立身份认同,表现个人的价值观。

知识功能。从认知心理学出发,态度有助于我们组织有关的知识,使世界变得有意义。对有助于我们获得知识的态度对象,我们更可能给予积极的态度。例如"9·11"事件后,对恐怖主义的仇恨能帮助美国公民更好地理解美国增加军费开支的计划。而各类组织在危机公关中,及时面对媒体负面报道,公开事实真相,也有利于赢得公众的信任和支持。

实用功能,也叫适应功能,能够帮助人们寻求奖赏和避免惩罚。孩子们对父母的态度,就是适应功能的最好表现。再比如麦当劳快餐的服务员对顾客的态度总是谦恭礼貌,但他们的态度是以盈利的动机为指导的。在课堂讨论中,学生选择和老师态度一致,以便得到一个高分。

态度的功能理论认为,寻求态度的改变需要有对其基础的理解。例如某人支持克林顿竞选连任是因为他的朋友都是民主党,都支持克林顿,这是功利的态度。那么说服策略就可以是,告诉他其实朋友们并不在意他是否支持克林顿,或者鼓励他加入共和党的朋友圈以便获得更大利益。如果某人支持克林顿连任是因为他自认为懂政治,如果改变立场岂不是有损自己懂政治的形象?因此对他的说服策略就可以变成,没有人能确切知道克林顿会如何处理他的第二个任期,即使政治专家也很吃惊他怎么干得这么糟糕。在这两种情况下,意见表达相同(都支持克林顿竞选连任),但是因为态度基础不同,因此说服策略也有所不同。总之,态度在动机—行为链条中的功能是维持人的心理平衡,调节目标和行为,满足内驱力。

---

① Daniel Katz, "The Functional Approach to the Study of Attitudes," *The Public Opinion Quarterly*, 24, 1960, p.168.

第三节　行为主义条件论

早期关于态度转变和形成以及态度如何影响人们行为的理论,都是以人的动物本能为基础的。研究者发现,动物可以"有条件地"对某种外在刺激以特定的方式做出反应。他们认为人类同样如此。这一理论被称为"行为主义",其中和舆论相关的理论被称为"条件理论"。

按照巴甫洛夫刺激反应原理,如果同样的刺激使每个人都能产生同样的反应,就有可能分离出人们形成态度和意见的原因。他们认为如果大脑接受的刺激可以被控制的话,那么态度结构、人格甚至人的行为就能被控制。对舆论学者来说,有两种条件理论值得重视:一是古典条件论;二是操作条件论。

一、古典条件论

古典条件论(Classical Conditioning)从刺激—反应角度考察态度转变。如果最初的一个有条件的刺激(conditioned stimuli)和另一项无条件刺激(unconditioned stimuli)相联系,而无条件刺激内在化地或者通过以前的条件和一些无条件反应(unconditioned response)相联系,那么刺激反应成立。

以巴甫洛夫实验为例。饥饿的狗得到了一块肉,肉这一无条件刺激导致了狗分泌唾液这一无条件反应。如果设定铃响(最初的有条件刺激)之后,狗才得到一块肉,那么铃响就导致了狗的唾液分泌。通过重复响铃,重复给肉,巴甫洛夫得到一个有条件的反应。在此, 狗的唾液分泌是"铃响"这一条件刺激的结果,而不是把最初的无条件刺激(肉)与无条件反应(分泌唾液)相联系的结果。

同样道理,假设一个姑娘本来并不喜欢某位追求者,但是这位追求者带来的不是浪漫的烛光晚餐,就是令人兴奋的时尚服装发布会,或者时髦刺激的旅游探险。久而久之,姑娘可能因为喜欢这些约会而改变对那位追求者的看法。

关于有条件反应的刺激研究对于态度形成极为重要。社会心理学家阿瑟·斯泰(Arthur Stats)致力于研究人是否会对一些特定的词汇发展出一种否定性的情感反应。他认为,人会以和巴甫洛夫的狗相似的方式获得态度。例如,如果把"好"和"坏"等评价性的词汇,和一些非条件的刺激,如食物或体罚联系起来的话,孩子们就能最终掌握这些评价性的词的含义。

从理论上说,当一种态度和"好"或"坏"联系起来以后,这些词就变成无条件的刺激,从而建立起对其他刺激的反应。比如,孩子们可能听到一系列否定性的形容词(坏、脏、愚蠢等)总是指向一些特定的群体,如乞丐等。在此,否定性的词汇是无条件刺激,而那些特定群体的名称就是有条件刺激。这些有条件刺激会有规律地激起一些无条件的刺激即否定性评价反应。经过不断重复,这些特定群体的名称本身就足以激起否定性评价反应,甚至否定性的态度。这种刺激反应过程被用于解释偏见的形成。偏见是态度研究中的重要内容,因为偏见会导致对其他社会群体的集体态度偏差,甚至影响有关这些群体的社会政策的舆论表达。

二、操作条件论

操作条件论(Operate Conditioning)的基本假设是:人们总是追求行为的积极后果最大化和消极后果最小化,因此我们会坚持能获得奖赏的态度而放弃会导致惩罚的态度。

20世纪50年代末到60年代,大量的研究侧重于考察社会强化(social reinforcement)对于态度表达的影响。其中最著名的是格林斯普(J. Greenspoon)实验。在实验中,当被试使用复数名词时,实验人员就频繁地报以"好的""mmhmm"以及赞许式的点头等回应。而当被试回答错误,如使用单数名词时,实验人员则报之以"不好""humph"或者摇头等反应,结果证明实验人员的反应影响了被试的态度表达。后来这一方法被大量应用于相关的实验。在一些相关实验中,被试被要求造句、与实验人员进行非正式的交谈,或者回答一些特定问题。这些研究结果都表明,人们确实因为实验人员的操作而改变了态度,尽管无法确切解释为什么如此。

有人认为,态度改变不是强化作用的自动和无意识的效果,而是因为"认知性介入的社会影响",比如通过文化所表现的信息或规范。也就是说,人们并不是对刺激做出直接反应,而是非常策略地思考该如何行动。思想过程和社会因素等都会影响刺激和反应之间的联系。操作条件可能并没有改变态度,但是增强了顺从。比如被试可能实际上并没有改变意见,但是"跟着实验者走了"。

这种操作条件反射在范围更为广阔的舆论表现中也同样存在吗?有人认为在30年代的纳粹德国,操作条件可能是当时舆论表现的复杂因素之一。当时许多德国人能从一些特定行为中获得很多奖赏,例如把自己当成一个爱国者,行党卫军礼,参加一个政党,参加政治集会,感受历史的伟大时刻(接受中世纪习俗等)。在当时的情况下,"不正确"的反应(如反对希特勒和纳粹)会招致严厉的惩罚。无论这些舆论的公开表达代表的是顺从,还是真正的态度转变,它们所支持的政策本身对德国及世界都发生了重大的影响。

多年来,心理学中行为主义方法非常盛行。但是这种方法后来也显示出严重的缺点。主要原因是行为心理学强调无思想的行动,只关注行为的外在客观表现,因此很难解释人们为什么会如此行动。在检讨行为主义方法的错误之前,我们必须认识到,行为主义对舆论研究的最重要的贡献就是揭示出,绝大多数人并没有很好地思考他们所表述的意见。很多人在回答问卷和民意调查时常常不假思索地回答,这种相对的对刺激的自动反应,印证了行为主义最初假设的重要方面。舆论研究中最近一个重要发现是:人们不是仅仅记得他们的意见,然后在被问及的时候背诵出来。他们实际上是以他们被问及时所想的内容为基础,来构建这些意见。

第四节 认知反应论

尽管许多关于意见调查的研究表明,人们在表达意见时经常没有很多思考,但不排除在某些情况下,人们会审慎思考。认知心理学的发展表明,人们实际上可以通过认知活动来产生意见,而不仅仅是对刺激发生反应。

关于人类认知,即思维和其他精神活动的研究,自柏拉图和亚里士多德以来,就是很热门的话题。但是20世纪的前五十年,认知研究却基本上被忽略了。究其原因,就在于主导性的行为主义更强调人类外在行为而不是内在思维过程。20世纪50年代中期,认知心理学开始成为心理学的重要领域。这主要是因为:一是机械的行为主义方法论日益遭到批评,它对于诸如语言学习这样更需要探索人类内在认知能力的研究有阻碍作用;二是心理学家们发明出一些精巧的实验方法,用于评估内在的认知过程;三是电脑的出现,为心理学家们对比了解人类认知过程,提供了更好的比喻和认识基础。

与注重人类外在行为的行为主义不同,认知心理学家们的关注点放在与认知行为有关的内在过程和结构。他们认为,如果能了解人如何认知性地处理信息,就能更好地理解该信息对人的态度和行为的影响,而他们对于可以观察到的反应的关注也是为了了解潜在的认知过程和结构。从认知角度研究态度转变的学者们,致力于研究在人们头脑中发生的认识过程以及其他导致意见表达的过程。

一、图式论

图式论(Schema Theory)是认知心理学兴起之后,在20世纪70年代中期由泰勒和克洛克(Taylor & Crocker)提出的。按照图式理论的说法,每个人头脑中都存在大量的对外在事物的结构性认识,即图式(schema)。图式是对我们生活中的事物的大量个别事例的抽象,是对事物重要特征的简单把握。图式很像自然分类,它们包含一些事物的某些特征和品质,但通常并不是清楚界定的绝对的归类,比如树的种类有很多,但一般都包括树干、树冠、枝叶甚至花果等。当人们看到一棵从未见过的树时,虽然不知道它的种类和名称,但是基于头脑中一般的图式,可以很快断定是"树"而不是别的东西。事物越接近头脑中的图式,就越容易被迅速断定。例如高大的乔木比矮小的灌木更容易被断定为"树",因为它可能更接近于我们头脑中关于树的图式,因此也更容易判断。

图式不仅指对事物的概念性认识,也包括对事物的程序性认识。比如对婚礼形式的认识、对于商务谈判过程的认识以及对法庭审判程序的认识,等等。对应于外部环境,存在着各种图式,主要可以分为以下几类。

(1) 事实和概念图式(fact-and-concept schemas),是关于事实的一般知识图式。比如每一个苹果的形状、颜色甚至斑痕都和其他的苹果不同,但是人们头脑中关于苹果的图式是相近的。也许每一辆自行车都不相同,但基本上都有一个车把、一个车架、一个车座和两个车轮。

(2) 人格图式(person schemas),是对不同类型的人的认识。在社会交往中我们常常会自觉不自觉地对人进行评判,如"某某很神经质""某某很内向""某某平易近人"。因为我们头脑中预存了"神经质""内向""平易近人"等个人类型图式,所以常常套用这些图式,对人进行划分。有时候个人图式会和社会刻板印象或偏见相关,比如认为犹太人聪明而吝啬、法国人浪漫、英国人冷漠、德国人严肃而刻板、美国人慷慨大方又傲慢无理等。在美国好莱坞影片中我们常常会看到简单图式化的人物表现,如落难少女一定是金发碧眼、外形纯真而身体柔弱,华人一定是长辫赤膊、裂缝眼、武功高强,等等。当人们用特定的图式来认识他人时,常常表现为一旦看到对方具备某一种特质,就会自然而然地认为他也具备其他相关的特质。比如认为英俊的人一定潇洒,热情的人一定大方,北京大学的学生一定聪明,而丑陋的人一定愚蠢或凶恶,等等。

(3) 自我图式(self schemas),是人们对自己的认识,以区别于他人。自我图式是自我概念(self-concept)的重要组成部分。自我概念是人们在成长过程中形成的对自我的一种认识和判定,它和自我预期(self-fulfilling prophecy)紧密相连。自我图式可能包括"智慧""独立"和"敏感"等各种维度。人一旦在自己心目中形成一定的自我图式,就会用此图式来理解或解释自己在日常生活中的行为表现,比如为了显示自己的独立个性,个人会在发表意见时标新立异,并谢绝他人甚至家人的帮助。而没有这种"独立"的自我图式的人则不特别注重自己在这方面的表现。

(4) 角色图式(role schemas),是指对在社会中或在特定情况下具有特定身份角色的人的行为的认识,这种角色图式会产生特定的角色期待。比如,有人认为妻子应该是贤妻良母,既要侍奉丈夫,料理家务,又要孝敬公婆,养育儿女;有人则认为妻子是比翼双飞的人生伴侣,既是知己,又是事业伙伴。角色图式也和所谓的刻板印象有关系,比如认为女人是情绪化和软心肠的,亚洲人比较勤劳,等等。

(5)情境图式(context schemas),是对社会交际的情境场合以及相应的适当行为的认识。情境图式帮助人们识别环境,并采取相应的适当行动来实现目标。不同文化中的社会交往情境存在差异。比如同样是葬礼,中西方差别也比较大。西方一般是去教堂参加葬礼,穿黑色服装,送鲜花。而中国一般是去死者家中看望、守灵,穿白衣,送钱物,参加出丧和随后的宴请等。

(6)程序图式(procedural schemas),也可以称为剧本(script),和情境图式相联系,是对经常发生的事件的有序组织的认识,包括采取恰当步骤和行为规则。比如有上医院就诊经验的人,对挂号、诊治、检查和缴费的过程比较熟悉,在就诊过程中就比较能争取主动。再如中国学生对如何申请外国的学校和奖学金不太熟悉,在申请过程中感觉比较困难和麻烦。除此之外还有各种社会交往程序,如求职面试、商务谈判,以及各种社交礼仪活动,处理工作中的上下级关系等。

(7)策略图式(strategic schemas),是对解决问题的策略办法的认识。对情境的识别会影响到人们对解决问题的策略办法的选择。比如在中国,当个人遇到思想或情绪问题时,常常求助于朋友的解劝和帮助,而在美国可能会选择去看心理医生。对策略的选择往往和人们对某类问题的熟悉程度有关。比如医院里经常处理急救的大夫比没有急救经验的人更善于找到解决办法。策略图式也常常和克服各种条件限制联系在一起,比如消防队员要具备争取时间和应付各种意外的知识,登山队员也要具备各种野外生存的知识和能力。所以策略图式往往和专业相联系。

(8)情感图式(emotion schemas),是对愤怒、恐惧、嫉妒、孤独等情感的认识,它们来自个人的生活经历,储存在长期记忆中,并且和其他图式相联系相伴随。虽然图式主要是一种认知结构,但研究表明它们也往往和特定情绪相联系。比如有人一见到牙医就会感到紧张或恐惧,曾经遭受性暴力袭击的纯真少女可能终其一生都会对性持否定态度等。这些和一定图式相联系的情感反应在社会交际中也有很大作用。

所有这些社会图式都是随个人经历而产生的。个人在成长和社会化过程中,不断和外部世界发生联系,外部世界以图式化的方式构成个人头脑中的世界。同时个人在和他人交往的过程中获得的经验、所形成的特定的行为模式等,也会储存在记忆中成为图式的组成部分。由于个体的生理差异和经历的差别,图式也存在个体差异性。

很多图式之间是相互联系的,并存在等级排列,被称为"图式塔"(schemata)。比如"桌子"的概念可能和"椅子""柜子"等相联系形成"家具"的概念,"家具"又可能进一步和"房屋"等概念相联系。

图式化认知是对人类认知过程的一种探索。19世纪德国哲学家康德最早将图式(schema)看成是"原发想象力"(productive imagination)的一种特定形式或规则。借助于图式,理解(the understanding)可以把它的"范畴"(categories)应用到实现知识或体验的过程中的多种感知中。① 瑞士著名的儿童心理学家皮亚杰(Piaget)在20世纪20年代就考察了"图式"在儿童成长中的作用。② 30年代英国实验心理学家巴里特(Bartlett)有关记忆的研究,被看成是图式理论所赖以建立的经典探索。他让参加实验的一些英国被试了解一个爱斯基摩的民间传说。故事的最初意思是一个要死的人的灵魂(黑物体)在日落时从嘴中离开躯体。但是当这些英国被试去复述这一故事时,他们不是遗漏了带有原先文化特征的内容如"黑物体",就是把相关事实解释为他们能理解的东西。实验表明,人们没有按照字义来记住故事的事实,而是把事实同化于他们自身的带有本文化特征的图式,对故事的"改编"反映了人们的文化图式。③ 巴里特认为,图式化是人们认识世界的一种方式,在回忆时,图式帮助记忆检索,而且图式有多种形式。他认为图式的存在可以解释为什么人们在回忆故事时会改变某些细节。④

头脑中的某种图式一旦形成,一些细节就丧失了,而代之以结构化的抽象。比如我们从无数具体的树中抽象出树的图式,而这个图式一旦形成,我们提及树的概念时就不再以具体的某棵树为参照了。图式化认知常常影响人们对信息的加工以及人们在特定情况下所采取的特定的行为方式。比如一个在学校里学习过几何图形分类的学生比没有受过训练的人能更快地识别图形;再比如一个熟悉社交宴会的人与一个初次赴宴的人相比,由于固有图式的作用,前者能表现出更多的适应性,并采取适当的行动。研究表明,图式以一般期待的形式存在,并通过个体的知觉、记忆和推理过程来预测和控制个人的外部世界。⑤

从事人工智能研究的美国社会心理学家特纳(R. M. Turner)表述了计算机对人类行为的模拟过程:首先,在特定的情况下,我们尽力识别是否认识这一情况。这就需要从记忆中追寻一个甚至几个情境图式(context schemas);然后,当类似于当前情况的情境图式找到之后,该图式会随即提出一个要实现的目标;当目标确定以后,又会进一步寻求完成这一目标的策略图式,而这种策略图式不仅

---

① *The Oxford English Dictionary*, second edition, Vol.XIV (Clarendon Press, 1989), p.615.
② J. Montangero and D. Maurice-Naville, *Piaget or the Advance of Knowledge*, translated by A. Cornu-Wells (Lawrence Erlbaum Associates, 1997), p.155.
③ 张爱卿:《社会图式理论述评》,《国外社会科学》1993年第10期。
④ Michael W. Eysenck, ed., *The Blackwell Dictionary of Cognitive Psychology* (Blackwell, Oxford, UK,1991), p.42.
⑤ 郑淑杰:《社会图式理论述评》,《内蒙古师范大学学报(哲学社会科学版)》1996年第2期。

要和情境图式相关,而且和自我图式、角色图式以及其他图式相关联。可以想象一个有强烈自我倾向的人和一个注重个人在社会中的角色身份的人所选取的策略图式会有所不同。前者可能把个人获利和个人的幸福感受作为追求的目标,后者可能更认同于角色而牺牲个人利益。当策略图式选定之后,程序图式(procedural schemas)将会提供一系列的行为步骤指导人们的行动。并且,在采取行动的过程中,人们又会进一步判断情况,选择情境图式,从而在更具体的情况下依据与之更相应的图式来行动。①当然,这只是理想的理论模式。实际上,在这一过程中,人们往往会进一步修正原有图式,建立新的图式,因为缺乏特定图式而造成的行为失当和达不到既定目标也是常有的事。总之,图式会影响人对信息的选择、提取、加工以及个人的行为取向。一般情况下,来自经验的图式化认知有助于我们快速而又经济地处理大量信息,当认知中存有空隙时,图式有助于填补漏失的信息,还有助于我们产生合理预期,以避免不良后果。但同时图式化也常常导致认知上的主观、简化、片面和顽固坚持原有看法,妨碍人们对信息的全面准确接收。②

按照权威的社会心理学百科全书中的解释,图式是"代表个人对事物、人或环境的知识的认知结构,它包括对所认识的对象的特点以及这些特点的相互关系的认识。图式是对一个整体的抽象,侧重于许多事例的相似之处。图式可以帮助人们简化现实。更重要的是,图式指导人们处理新的信息。图式会建立对未来信息的期待,帮助人们把外在刺激的若干细节与一个总体概念相联系,而与之不一致的信息则会被过滤掉"③。

二、认知反应论

除图式论外,还有许多认知反应理论对说服研究非常重要。按照一般的认知反应理论,大脑是一个繁忙之所。大脑总是积极地、努力理解它所接收到的一切信息,考察它所处理的信息的准确性。因此,在信息处理过程中,人们会把说服信息内容和他们头脑中现存的相关信念和情感相联系。人们对接收到的信息所做出的反应,会直接影响人们对这条信息的接受与否。当人们产生的是与所接收的信息相反的意见,那么就不会接受收到的信息。这一复杂的认知反应过程会影响说服信息的效果,决定态度转变的方向和范围。通常人们的注意力

---

① R. M. Turner, *Adaptive Reasoning for Real-world Problems: A Schema-based Approach* (Hillsdale, NJ: Lawrence Erlbaum Associates, 1994), p.140.
② 佘丽琳编著:《人际交往心理学》,光明日报出版社1989年版,第63页。
③ A. S. R. Manstead and M. Hewstone, eds., *The Blackwell Encyclopedia of Social Psychology* (Cambridge, MA: Basil Blackwell, 1995), p.489.

很容易被分散,不能对所有信息都做出认知反应,因此为达到说服效果,说服信息必须被不断重复,促使人们比较容易地接受收到的信息。

有许多认知反应模式,其中最有代表性的是美国俄亥俄大学的佩蒂教授和芝加哥大学的卡西欧珀教授(Richard Petty & John Cacioppo)提出的**ELM 详尽可能模式**(elaboration likelihood model)。一般的认知反应理论认为,对信息的相关思考调节了劝服过程,但是却没有详细说明这一调节方式,而 ELM 详尽可能模式则细化了这种调节机制。因此,与一般的认知反应论相比,ELM 详尽可能模式对于劝服的分析有所延伸。

ELM 详尽可能模式认为,一个说服信息的接收者会研究、分析和评估信息中的相关问题,并把它同记忆中已存的信息相比较。详尽(elaboration)就是指一个人思考与信息中所包含的内容相关的问题的范围。ELM 模式中最重要的概念就是详尽序列(elaboration continuum)。这个序列的两端分别是高思维(high thinking)和低思维(low thinking)两极。

当偏向高思维一极的时候,信息接收者就会因为有较高的思维动机和思考能力,而利用已有的所有信息,全面评估接收到的信息。这个时候,思维的过程被称为中心路径。在这种情况下,详尽序列可能非常高,而接收者容易忽视外围问题,如信源的可信度等。

反之,如果人们缺乏对于信息思考的动机或能力,即偏向于详尽序列的低思维一端时,详尽序列非常低,信息接收者仔细审视信息的可能性就会降低。这一思维过程遵循边缘路径,接收者不会对信息进行深度处理,反而会倾向于利用自我感知,或者头脑捷径(heuristic),来对信息进行评估。此时信息接收者就可能依赖外围因素,如信源的公信度等,来形成或改变对信息及相关内容的态度。在这一模式中,详尽序列被描述成一个包含从复杂的思想过程到最肤浅的思想的闭合统一体。人们对一个说服式信息的反应可以从无思考的接受或者拒绝,到积极地思考。

在 ELM 详尽可能模式中,作者还试图描述造成详尽序列高或者低的条件。如果问题直接与某些人相关而使他们认为有责任关心这一问题,或者他们就是喜欢考虑某个问题时,详尽序列就高。因为此时人们是有意地去考虑一个信息,会用各种方式思考与问题相关的信息。相反,如果人们无意或不能处理相关问题的信息,详尽序列就低,受众就会倾向于对信息中的简单提示做出反应,而不是对问题进行审慎思考。

如图 6-2 所示,ELM 过程始于一个说服式传播,止于一种消极或积极的态度转变。在极大程度上,中心线路预示详尽序列高,呈现在图的左边。外围线路预示详尽序列低,呈现在图的右边。图中显示了两条线路的联系。最后的结果以个人处理信息的动机和能力为基础,这一基础也反过来影响个人对处理策略的选择。

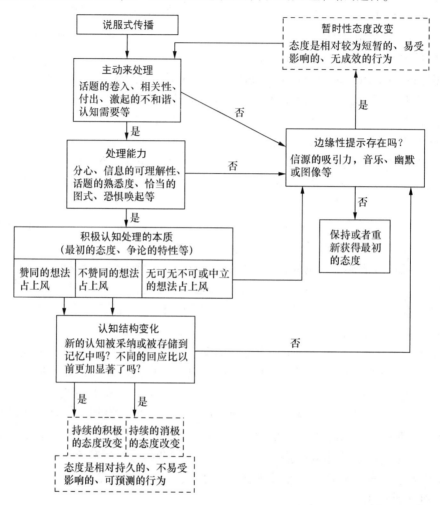

图 6-2 说服的两种线路结构示意图

ELM 详尽可能模式认为,有两种方法会产生态度转变:一是促使人们对信息进行大量思考,即中心路径;二是使人们关注简单的引人注目的暗示,即边缘路径。信息的最终效果则有赖于人们处理信息的能力和意愿。例如,人们对军控问题和劳工问题会采取不同态度。对前者,因为个人的处理能力弱并且兴趣也弱,一般人可能选择边缘路径,即简单反应;而对后者,因为和大多数人的利益直接相关,很多人会选择中心路径,即进行大量思考。大量公开的对政策的争论有可能导致以上两种态度的转变。再比如选举,大的全国竞选,如总统选举,因为是国家级选举,很多人会选择中心路径。但选举中也可能包含一些详尽可能低的信息,因为选民们并不十分愿意了解这些问题。而在地方选举中,只有非常积极的人会去投票,因此可以假定这些选民会选择中心路径,而其他选民则更多选择边缘路径。

ELM 模式主要是描述而不是解释性的。就是说这一模式并没有解释,"为什么有些观点会强或者弱,为什么某些变量会成为外部提示,而有些则会影响信息处理"[①]?但这一模式为研究说服过程提出了强有力的一体化的经验框架。

三、头脑捷径论

与认知反应论密切相关的是**头脑捷径理论**(Heuristic Theory)。它也偏于描述而不是解释,但却被证明在探索舆论与行为的重要方面有用。"heuristic"一词来自希腊语,指"发现"。该理论认为,尽管特定的过程可能表现为最符合逻辑的解决问题的方法,头脑却可能使用快速简单的方式。当人们捷径式地处理信息时,他们使用一套现成的信息,从而能运用相对简单的规则和决策程序,来处理复杂的问题和不完全的信息。其中最为重要的是,一些相对简单的规则可能是人们最具代表性的态度判断。这些规则在大部分情形下有效,但是在特定情况下却可能导致系统性的认知偏差。例如,人们觉得贵的啤酒比便宜的啤酒味道好。这种认识在价格和品牌相关时是对的,但是一旦高价格加于不贵的品牌上,也可能会让实验者感觉"这个啤酒味道要好"。这可被称作"价格意味着质量"的态度偏差。

第五节　一致论

一致论是社会心理学对舆论学的一大贡献。有大量的社会心理学研究表明,认知不一致会导致人们态度的改变。一致论的研究为发现人们态度改变的原因提供了全新的思路,因而成为舆论学研究的焦点之一。

一致论的基本假设是:人们在言谈举止各个方面都力求协调一致;如果出现了不协调的信息,人们就会改变自己的态度,以缓解心理紧张和压力。一致论认为,态度之间的相互联系是解释人们为什么发生态度改变以及为什么拒绝态度转变的关键。因此,一致论描述了态度之间的联系,以及这些联系如何影响意见表达和态度转变。

[①] 另参见〔美〕斯蒂芬·李特约翰:《人类传播理论(第七版)》(史安斌译),清华大学出版社 2004 年版,第 156—159 页。

一致论主要包括早期的海德(Heider)平衡论和后期的费斯汀格认知不协调理论,这两人都深受格式塔完形心理学的影响。另外,作为传播学四大奠基人之一的勒温(Lewin)也是一致论的思想来源。以下我们先探讨一致理论的共同之处,然后再逐一探讨。

首先,一致论都把认知(信念、价值、态度等)看成是态度之间的一致、不一致和不相关。按照费斯汀格的解释,两种态度之间也可能一致。如"我爱吃冰激凌"和"我每天要吃冰激凌"是一致的。但是两种态度之间也可能不一致。如"我吃了很多冰激凌"和"吃太多冰激凌容易导致高胆固醇"两者之间是不一致的。两种态度之间也可能不相关,如"吸烟会导致肺癌"和"内蒙古沙漠化严重"两者之间是不相关的。

其次,态度之间的关系主要由个人的主观愿望而不是它们之间的实际逻辑关系所决定。例如一个姑娘不小心打碎了一面镜子,因此悲伤地哭泣。因为她主观上认为,镜子碎了,最亲爱的人就会死去,所以担心她患病的父亲会不治而亡。而在其他人看来,镜子碎了和亲人死亡之间是不相关的。

最后,个人的信念、态度和感受的不一致会令人不适,而减少这种不适的最重要的办法是按照更为一致的方向改变个人态度。比如一个强烈支持老布什总统的共和党选民发现,总统在伊朗问题上有不诚实的行为。为了减少态度系统中的不一致,他可能转而不支持布什,或者可能不相信总统有不诚实的行为而继续支持他,或者他可能采用奥斯古德所谓的"心理逻辑",比如"总统是隐瞒了消息,但是所有政治家都会这样做。或者更进一步说,总统援助当地的自由运动是很重要的,反对他的人认识不到这种重要性",借此来保持支持总统的态度一致。

一、平衡论

平衡论是一致论中的第一种学说,它的创始人是美国社会心理学家海德。海德信奉朴素心理学,他通过对人们日常生活中的格言,如"我吃谁的面包,就唱谁的歌""不要恩将仇报""敬人者,人恒敬之"等的研究,归纳出人的认知结构具有趋向平衡的本质特征。他在1946年发表的论文《态度与认知组织》和1958年出版的《人际关系心理学》一书中提出了关于认知平衡的基本思想:认知平衡是一种情境,此时,"被知觉的单元和情感无应激地共同存在着,因此,不论对认知组织的变化还是情感表现的变化都没有压力"[1]。而一旦失去这种平衡,就会

---

[1] F. Heider, *The Psychology of Interpersonal Relations* (New York: Wiley, 1958), p.176. 转引自周晓虹:《现代社会心理学——多维视野中的社会行为研究》,第255页。

产生紧张和恢复平衡的力量。

体现海德认知平衡基本原则的是他著名的"P—O—X"模型,它体现的是一种简单的交往情境。其中P表示作为认知主体的个人,O是作为认知对象的另一个人,X则是与P和O有某种关系的某种情境、事件、观念或第三个人。P、O、X三者之间具有情感或态度上的某种联系。这种联系具有肯定、否定之分,因此反映在P的认知结构中的八种三角关系可以是平衡的,也可以是不平衡的。

图6-3所示的四种情况都表示认知平衡状态。其中"+"表示积极或肯定关系,"-"表示消极或否定关系。比如丈夫P喜欢妻子O,同时夫妻俩都喜欢孩子X,此时这个家庭非常和睦。海德认为这种关系就是平衡的。这就是图6-3中第一个模式展示的情况。此外,还有三种平衡状态:在第二个模式中,丈夫P不喜欢妻子O,也不喜欢孩子X,而妻子却喜欢孩子X;在第三个模式中,丈夫P不喜欢妻子O,喜欢孩子X,而妻子却不喜欢孩子X;在第四个模式中,丈夫P喜欢妻子O,而他俩都不喜欢孩子X。后面三种情况也是平衡的,因为P和O都不需要改变态度。①

图6-3 认知平衡状态

认知不平衡状态也有四种,见图6-4。

图6-4 认知不平衡状态

以第二个模式为例,丈夫P与妻子O不合,却都喜爱孩子X,于是夫妻两人都会觉得不舒服,这就出现了一种不平衡状态,而这种不平衡状态就会产生某种

---

① 李彬:《传播学引论》,新华出版社1993年版,第211页。

趋向平衡的压力。丈夫和妻子中的一方必须改变对孩子的态度，才能恢复平衡。总结起来，就如海德说的："在三实体的情形中，如果在任何情况下三方关系都是积极的，或者两方是积极的而一方是消极的，就存在平衡状态。"①

海德最早用平衡论的观点来解释态度转变心理。他假定人们倾向于在关于特定事物或人的观点之间保持平衡关系。他用三价因素关系模式来表现个人会转向一个平衡的关系模式。例如：如果约翰喜欢克林顿总统（积极关系+），而他又知道总统支持全民健康计划（+），那么根据平衡理论，约翰对全民健康计划将持积极态度。

按照平衡理论，也可以达到否定性平衡。例如：简反对堕胎，而她发现总统支持堕胎，因此根据平衡论可以预测，简可能对总统持否定态度。总体说来，平衡状态中，总是存在奇数的积极关系，或是一，或是三。

然而，平衡论的局限在于，当出现恐惧或憎恨（强烈的否定态度）时，个人认知可能会不平衡；当出现两个相互严重对立的信念时，平衡论的预测也难以成立。海德的平衡论也不能解释平衡或不平衡关系的不一致的结构模式。它认为人们倾向于按照参照群体的需要解决冲突，而当不同群体对个人有同等影响时，个人可能形不成意见。在许多情况下，当选民接受了彼此相反的意见后，他们倾向于不投票。比如一位女选民，她第一次有机会选一名女行政官，但是却发现对方的党派和她不一致，那么她会不会投对方一票呢？结果可能是她放弃投票。

平衡论的优点和缺点都非常明显。因为与注重形式的格式塔心理学有着很深的渊源，平衡论中无论是P—O模式还是P—O—X模式，都很清晰直观，掌握起来非常简便。同时海德把人际关系引入认知领域，可以说具有开创意义。然而，批评者也指出，平衡论过于简单，对人际关系的阐述太肤浅，不足以解释各种复杂的现象。尽管如此，P—O—X模式在舆论学研究中仍然有重要作用。以图6-4中第四个模式为例，假定P是选举人，P信任电视政治评论员O，也支持候选人X，但是这个评论员却对该候选人大肆贬损。这时P的认知体系中就出现了不平衡。为了改变不平衡，P可能改变对O的态度，认为他水平低劣并继续支持候选人X；P也可能因为非常信赖O而改变态度，不再支持候选人X。从这样的分析中，我们看到了态度变化的动因和过程。

平衡论被人诟病的另一点是它没有考虑态度转变的程度，而是要么全是积极的，要么全是消极的。对此，曾经与海德合作过的乔丹（N. Jordan）教授在1963年的一篇文章中回应说："海德对情感的程度或者平衡的程度不感兴趣，所

---

① Fritz Heider, "Attitudes and Cognitive Organization," *The Journal of Psychology*, Vol.21, 1946.

以他没有讨论它们,但在他的规划中并没有排除它们。事实上,海德的几个学生继续进行平衡论研究并发展出了情感程度和平衡程度。"① 调和论作为平衡论的发展,解决的正是程度问题。总的说来,作为最早的一种认知一致理论,平衡论有其自身的价值。它对于舆论学的启示,与其说是它的结论,毋宁说是它为我们提供了新的思路和角度。

二、调和论

对海德平衡论的最主要的批评是,它没有反应喜欢与否的程度。对 P 和 O,只要喜欢就是 1,而对双方是情侣、朋友还是陌生人则不加区分。因此 1955 年奥斯古德和坦嫩鲍姆(Tannenbaum)发表《预见态度变化的一致性原则》一文,提出了调和论(Congruity Theory)。调和论所关注的是平衡论中的一种特殊情形,同时是对平衡论的发展。

调和论重在把一些对人或事有潜在冲突的传播进行整合。它对问题不是用简单的是或否的解决方法,而是认为,关于事物会存在一些矛盾的灰色的信息,这些矛盾信息会导致"不调和",也就是一种认知不平衡状态。这种认知不平衡状态会导致我们以某种方式改变我们的态度,而所谓某种方式就是在最初一些极化的态度之间寻求妥协。调和论的基本格式就是,当某个 A 不喜欢的人认可了一个 A 所喜欢的人,A 的最终态度就是认可了两人。因为相互联系的关系,A 对最初最为讨厌的人的评价会有某种程度的提高,这有点类似于中文所说的"爱屋及乌"。

调和论可以解释,为什么我们有时候不喜欢我们的朋友或者政治领袖,但后来又喜欢或支持他。而经过一段时间以后,如果彼此之间的分歧非常多或者非常重大,那么我们会决定通过寻求那些和我们的观点一致的新的朋友或者政治领袖来获得新的平衡。

关于调和论的许多研究表明,人们对特定问题的态度既会影响到发表这一意见的人,也会影响到他们对那个人所发表的其他意见(无论相关与否)的态度。有学者发现,美国政治家为提升自己在选民中的形象,会有以下行为:一是把自己和大众事业相联系;二是不把自己和非大众的事业相联系;三是对在选民中出现意见分歧的问题保持缄默。政治争论中日益增强的趋势是,两党都谈论它们有相似立场的话题而避免对立的观点以争取大多数选民。

调和论沿用了海德的 P—O—X 模式,但它关注的是受众、信源和事件三者

---

① Nehemiah Jordan, "Cognitive Balance, Cognitive Organization and Attitude Change: A Critique," *The Public Opinion Quarterly*, Vol. 27, No.1, 1963, p.129.

之间的关系。另外,调和论还引入了量表,"用定量方法精确地告诉人们认知不协调的方向程度"①,这就克服了平衡论的缺陷。所谓量表,就是在一组相反的描述语之间划分出不同的层次,以此来表示不同的程度。常见的七级量表如下:

好　　　　　　　坏
7—6—5—4—3—2—1

其中 7—5 表示肯定,3—2 表示否定,4 表示中性。这样一来就可以表示出不同的态度程度。如"非常喜欢"一个人就给 7,"有点喜欢"就给 5,"极度讨厌"就给 1。

我们可以通过 1976 年的天安门事件来完整理解调和论。1976 年清明节,人们自发组织起来在天安门广场悼念周总理,却不幸遭到镇压。而当时的媒体竟异口同声地把这种悼念活动说成是有预谋的反革命暴乱,因此在群众中引起了极大愤慨,甚至有人当场撕碎报纸。在这个事件中,群众 P(受众)、报纸 O(信源)和天安门事件 X 三者极不协调。人们对天安门事件持非常肯定的态度,对党报也比较信赖,他们不可能一方面肯定天安门事件,另一方面又容忍媒介对它的否定。② 如图 6-5。

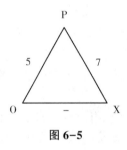

图 6-5

我们看到,因为亲身经历,群众对天安门事件的肯定程度可以达到 7,而对报纸的信任程度达不到这么高,可能只有 5。这样经过调和,我们就可以判断出态度改变的方向和程度。对于群众撕报纸的行为,也就不难理解了。

调和论引入的量表无疑是很大的突破,但在总体上,它与平衡论一脉相承。

三、认知不协调理论

在平衡论之后产生重大影响的另一种认知一致论是费斯汀格提出的认知不协调理论。费斯汀格是传播学奠基人之一勒温的弟子,他在社会心理学方面的

---

① 周晓虹:《现代社会心理学史》,中国人民大学出版社 1993 年版,第 326 页。
② 李彬:《传播学引论》,第 214—215 页。

成就不亚于自己的恩师。1957年,费斯汀格出版了《认知不协调理论》一书,创立了自己的思想。此后,他和自己的追随者发表了多篇论文,用大量的实验数据证明了自己的理论。

费斯汀格使用的认知概念非常宽泛,他将知识、观念和行为都归入了认知的范畴。他首先把态度的相互关系还原为三种基本情况:协调、不协调和不相关。如"我不吸烟"和"吸烟会致癌"这两个态度就是协调的;反之"我吸烟"和"吸烟会致癌"就是不协调的;另外,"香蕉是甜的"和"四月过后是五月"就不相关。

对研究者来说认知不协调是一种非常值得研究的重要的心理状态,通过研究可以确定当人们面对冲突的认知因素时如何反应。事实上,研究者从许多方面考察"认知不协调"这一概念。一是不协调产生的必要条件;二是确定一个人正在经历认知不协调的方法;三是个人如何"感到"认知不协调。

费斯汀格认为,不协调有程度上的差别,这取决于两个方面。其一,不协调程度同某一认知项目对个人生活的重要性成正比。比如,丢1元钱和丢1000元钱给人造成的不协调是明显不同的。其二,不协调程度还取决于一个人所有的不协调认知数目与协调认知数目的相对比例。综合起来,我们可以得出下面的公式。①

$$不协调程度 = \frac{不协调认知项目数目 \times 认知项目的重要性}{协调认知项目数目 \times 认知项目的重要性}$$

费斯汀格的认知不协调论与海德等人的平衡论的主要区别有二:一是它不像平衡论那样重社会认知而轻社会行为。二是它认为,认知不协调是人的认知系统的正常而非反常状态。由于不同的认知元素各有其相对独立性,所以认知矛盾或认知不协调是不可避免的。

按照这一思想,费斯汀格提出了有关认知不协调理论的两大假设。

第一个假设认为,作为一种心理上的不适,不协调的存在将推动人们去努力减少不协调,并力求达到协调一致的目的。具体说来有三种减少不协调的途径:

(1)改变行为,使主体对行为的认知符合态度认知。如"吃冰激凌实在太危险了,我放弃"。

(2)改变态度,使主体的态度符合其行为。如某人曾认为"自己比谁都聪明",但考试却常常不及格。因此他可能改变自我评价,即"我不是比谁都聪明",所以考试常常不及格。这样就使态度协调起来。

(3)引进新的认知因素,消除不协调感。比如认为"自己不善于书面表达",因此考试常常不及格。再比如找出所有喜欢冰激凌的理由,然后认定这些理由比健

---

① 周晓虹:《现代社会心理学——多维视野中的社会行为研究》,第257页。

康考虑更为重要。如冰激凌中有奶,因此可以防止缺钙导致的骨质疏松等。

在特定情况下,转变取决于:(1)冲突引起的不协调的程度;(2)是否存在促使个人把冲突合理化的因素;(3)是否存在支持其最初意见的社会支持群体。比如,如果我对冰激凌的喜好超过了对健康的在意,或者我怀疑高胆固醇的危险性,那么我是否会减少冰激凌的消费量就值得怀疑。相反,如果健康对我来说更为重要(比如我知道我有家族心脏病史),我就可能完全放弃冰激凌。当两个认知因素同等重要、价值相当时(我既关心健康,又非常喜爱冰激凌),那么不协调就最为强烈。

第二个假设则认为,"当不协调出现时,除设法减少不协调外,人们还可以主动地避开那些很可能使这种不协调增加的情境因素和信息因素"。比如吸烟的人回避接收有关吸烟有害健康的消息、阻止亲友和自己讨论吸烟问题、避免公开吸烟等。

有大量的实验都为认知不协调理论提供了证据。1959年费斯汀格与卡尔史密斯共同发表的《强迫依从的认知后果》一文,就描述和阐释了一个经典的实验。[①] 这个实验的主要内容是让被试进行一项极为枯燥的工作,然后向另一个人肯定说这项工作非常有趣。比如,让被试们轮流把一些圆钉插进木板上的孔中,然后让他们告诉另一个被试(实际上是实验人员)这个工作很有意思。被试被分成三组,一组付给1美元,一组付给20美元,还有一组作为控制组。最后,所有被试都回到实验人员那里,按照一定的等级评价这项工作的有趣程度。最终的结果是,和一般人的想法不同,得到1美元的那组人普遍认为这项工作很有趣,而获得20美元的那组人却普遍认为这项工作无聊。按照认知不协调理论的解释,做一项极为无聊的工作却要承认它很有趣,这就产生了不协调。两组人的行为都和他们的态度不一致,被试如何使二者协调起来呢?对于得到20美元的人而言,他们获得了较大的收益,也就是增加了协调认识的数目,由此降低了不协调程度。而得到1美元的人则必须改变态度,因此转而认为工作很有意思。除此以外,还有其他各种各样的实验,都证明了认知不协调理论。

费斯汀格对认知因素之间的相互关系的探索远胜于一致论和调和论。在前两种理论中,要确定平衡与否需要同时考察许多因素之间的相互关系,而认知不协调理论则只要考察几对因素。和海德比起来,费斯汀格强调不协调是所有认知相互作用的结果。如果不协调的因素总数大于协调的因素,那么不协调就存在。这是他比海德进步的地方。由此,我们在理解各种舆论现象的时候,需要从

---

① Leon Festinger and James M. Carlsmith, "Cognitive Consequences of Forced Compliance," *Journal of Abnormal and Social Psychology*, Vol.58, 1959.

更加宏观的高度来把握。

另外,由于有一系列实验的支持,认知不协调理论显得比较有说服力,也更受人们的关注。然而也有批评者一针见血地指出,这一理论过于依赖实验。而在实验室精心打造的拟态环境中得出的结果,到底有多大的可信度? 也有学者从印象管理论出发,认为有些被试可能意识到要给实验者留下好印象,于是就按照实验设计的方向来作答,使不协调的行为合理化,而隐瞒自己的真实感受。

认知不协调理论对舆论研究非常重要。我们需要理解,在个人产生某种意见之前,对某个问题的认知不协调的产生对个人来说有多重要。另一问题是,认知不协调仅仅是在个人层面发生,还是可能成为一种社会层面的现象。一个群体是否会经历认知不协调? 比如,当一个问题还相对较新时,它对公众没什么直接的重要性,检讨或就此问题投票不会有什么认知不协调,公众也不太在意结果。然而当问题发展到后来阶段,对社会公众有重大影响时,社会成员就可能分别站在问题的不同立场上,从而形成不同观点的交锋。比如在申办奥运会成功之初,很多人都沉浸在喜悦之中。但是随着奥运会的迫近,很多人确实感受到由此带来的各种问题和困难时,就可能产生不同的心理和意见分歧。这就需要管理者对社会舆论有准确的把握和引导、调控。

四、印象管理论

印象管理论与平衡论和认知不协调论有很大的不同。一致论认为,人们需要有序安排思想和行动以实现一致,而印象管理论却认为,人们在特定的社会限制下,会尽可能地传达一种积极一致的社会公开形象——无论这种形象是否与其内在态度一致,以便获得某种社会承认或酬谢。毫无疑问,无论人们是否有心理需求去保持社会一致,与社会一致的表现总是能获得社会酬谢,而不一致的表现总是会导致社会惩罚。因此绝大多数印象管理研究都假定最基本的目标是获得社会承认,从而考察人们如何向他人展示一种形象以实现特定的目标。

印象管理理论同意费斯汀格的看法,即当人们公开的行动与其态度相反时会产生压力,但他们并不同意压力的产生是由于认知不协调。他们认为压力的产生是由于人们知道他们的表现和其他人不同。当人们认识到他们的态度表现和其他人不同时,他们立刻开始谨慎地管理对他人所造成的印象,比如恢复行动上或意见表达上的一致。

因为人们经常会对他人有印象,并且产生出对他人的一种期待,因此他们在努力产生他人所期待的印象时,会改变或者报告说改变了他们的信念和态度。这种"错误"报告的结果经常导致个人内在态度和公开态度的差异。这种内在和外在的态度差异经常成为舆论研究的重点,研究者经常考察造成这种内在和外在差异的舆论环境。

小结

　　对态度的深入认识促进了人们对说服等态度转变方法的研究。知觉—判断论考察人的内在思维机制,指出各种必须注意的认知和判断错误。动机功能理论考察人们各种意见表达需要背后的潜在动机,并由此分析态度形成和意见表达的功能。行为主义条件论以刺激—反应模式为基础,进行了最初的态度转变的实验探索,得出了一些有意思的结论。认知过程论强调个人认知和思考过程对信息接收和反应的影响,其中 ELM 详尽可能模式采用中心路径和边缘路径说,分析人们对外在刺激的积极思考和无思考两种状态,从而为说服研究提供基础。一致论则强调不同态度之间如何保持联系,而不一致如何导致了态度的转变。

　　态度和意见不是简单地脱离真实世界的"脑中物",而是在对外在刺激作出反应的过程中形成的。个人对外在刺激不是简单地做出直接反应,而是深受既定的认知结构的影响。总之,态度形成和意见表达受到很多因素的影响,借助于社会心理学的一些理论模式,我们可以揭示其中的一些复杂性。

思考题

1. 一般有哪些常见的认知和判断错误?
2. 主要的动机理论有哪些?动机如何影响意见表达?
3. 古典条件论与操作条件论有哪些区别与联系?
4. 图式理论包括哪些基本内容?
5. ELM 详尽可能模式对说服研究有什么意义?
6. 如何用认知不协调说明态度的改变?

推荐阅读

　　〔美〕斯科特·普劳斯:《决策与判断》(施俊琦、王星译),人民邮电出版社2004年版。

第七章 舆论的群体性影响过程

2011年6月21日,新浪微博上一个ID为"郭美美baby"的20岁女子,自称"住大别墅,开玛莎拉蒂",而她被认证加"V"的"中国红十字会商业总经理"的身份则成为网友关注和质疑的焦点。第二天,中国红十字会总会称"郭美美"与红十字会无关,中国红十字会没有"红十字商会"机构,也未设有"商业总经理"的职位,更没有"郭美美"其人。新浪微博对实名认证有误一事而致歉,并取消了郭美美的身份认证(加"V"),郭美美本人也宣称和红十字会没有任何关系,但此举并没有平息舆论。中红博爱资产管理有限公司CEO翁涛在微博上曝出真相,称郭美美是中红博爱前董事王军的女友,中红博爱是全国性的控股投资集团,是中国红十字会的关系企业。一时间,网上掀起全民追踪郭美美的热潮。网友们"人肉"出各种信息,包括中央电视台、《人民日报》在内的各大媒体也开始关注并报道"郭美美事件"。虽然"郭美美事件"最后得以澄清,但红十字会这个百年公益组织却陷入了严重的公信力危机,社会捐款额急剧下降,负面新闻不断,微博评论骂声一片。该事件也倒逼红十字会加强自身建设,2017年2月,第十二届全国人民代表大会常务委员会第二十六次会议审议修订通过了《中华人民共和国红十字会法》。

考察群体意见的形成与发展是舆论研究的一个重要的切入点。群体是个体联系社会的纽带,群体意见也是个人意见表达成为社会舆论的中介。一方面,群体能够整合与矫正个体的意见,从而形成群体的意见,以形成影响整个社会发展的舆论力量;另一方面,不良的群体动力也会导致个人的懈怠和去个体化,群体思维和群体极化也常常导致我们认识和行动上的错误。所以,对于前者,我们应该形成相关的群体机制和文化氛围,以保证个体意见能有效地上升并传达给群体,并使群体能够有效地接纳、整合个体意见并有效传达;对于后者,我们应该采取有力的措施,防止或者减少群体对个体的负面影响,从而形成正确的群体决策。

第一节 群体及其分类

生活中我们常常处于这样或那样的群体中,但是按照群体动力学的观点,群体并不单指一定数量的个人的集合体,而是成员之间要存在互动。因此,群体(group)就被定义为两个或更多互动并相互影响的人。① 按照这一定义,在同一个计算机房各自做自己事情的学生们不能称为一个群体,而分散在各处却共同参加网络讨论的人则可能形成一个无形的却具有心理联系的群体。

一、群体与集群

心理学家古斯塔夫·勒庞(Gustave Le Bon)对集群的研究,非常值得舆论研究者关注。集群(crowd)又被称为"乌合之众",是指无组织的、非持久的群体,其行为往往无视社会行动惯例和社会共识,如滋事的球迷群体、发动暴乱、危害公共安全的犯罪群体,或者在一些群体性事件中临时聚合的人群。这样的群体具有临时聚合的特点,集群内部没有稳定的结构或分工,它的领导和随从之间的关系常常有着细微及迅速的变化,并且往往会在几小时或几天内解散。但是,这种群体的心理往往有着高度的一致性,而且它们的态度和行为往往是有敌意的。

集群活动的发展通常有四个阶段:(1)刺激性事件的发生使人们偏离他们的日常事务,并且聚集在一起;(2)身体和心理的磨合,使人们能够进行高度的情感交流,达到传播和强化共同情绪的目的;(3)发生群体极化或者确立一个明确的负面的目标;(4)群体迅速或逐步地对这个目标采取行动。如监狱暴乱、学生抗议、种族动乱等。②

相对于集群来说,群体则具有一定的稳定性和更多正面功能。具体而言,群体首先应该是由两个或两个以上的人组成的,他们之间能够相互识别并且彼此交流和相互影响,否则就不能被称为群体。其次,群体应该有一个相对持久和稳定的结构,那些只是暂时聚集在一起、瞬间或者短期内就会消散的,并且没有稳定的结构的人群,是不能称为群体的。再次,群体有着一定的共同的目标、价值和信念,甚至形成一定的意识形态,这些目标、价值和信念决定着群体成员的行动方向,调节着他们内部相互之间的关系,影响着他们对群体自身和群体外部的看法等。也就是说,和集群相比,群体是更为稳定的微观社会结构,群体成员之间有更多的互动,以及理性行动目标。在现代社会各种组织机构中,普遍存在着

---

① 〔美〕戴维·迈尔斯:《社会心理学(第8版)》,第209页。
② 参见 *Encyclopedia Americana*, Vol.8, 1998, p.254。

各种团队式工作群体,因此对群体特别是工作群体的研究非常受关注。

二、初级群体与次级群体

美国社会学家库利根据群体在个人社会化过程中所起作用的直接和间接程度,来划分初级群体(primary group)和次级群体(secondary group)。[①] 初级群体是指由面对面的互动所形成的、具有亲密人际关系、存在一种强烈的群体认同感的社会群体,主要包括家人亲属、街坊邻里、社交伙伴等。初级群体是个人的社会支持体系,具有非正式性和社交性的特点。比如,同在某地打工的农民工之间可能存在某种血缘或地缘关系,并且相互帮助提携,因此具有初级群体的性质。初级群体是个人最初的社会化主体,对个人的个性及思想形成至关重要。初级关系接纳的是个人全部的人格,提供给个人最为必要的情感支持和社会支持,初级群体关系的破损和丧失会使个体遭受巨大痛苦。比如亲朋好友的离去让人感到痛苦,而个人如果"独在异乡为异客",则会深感孤独和无力。

次级群体是人类有目的以及有组织地按照一定的社会契约建立起来的社会群体,如各种工作群体、客户关系等。次级群体不受血缘或地缘的限制,而是源于一定的社会需要所形成。有些次级群体规模大、人数多,成员之间不能频繁或直接接触。有些次级群体内有严格的组织规章结构和规章制度,成员之间的联系以社会分工为基础,是角色关系。次级群体是一种特殊的、缺乏感情深度的关系,所包含的个体人格内容非常有限。现实中,大量的工作关系都是次级关系,其非人格特征表现为,群体的产生是为了实现切实的目标。

三、其他划分群体的方式

除了以上划分外,我们还可以按不同的标准将群体划分为许多种类。例如,可以按照构成群体的原则和方式,划分为正式群体和非正式群体。正式群体类似于次级群体,非正式群体普遍地存在于正式群体之中,其性质和初级群体类似,主要满足人们的非工作需要。

按照规模大小,群体还可以划分为大群体和小群体。一般情况下,群体越大,成员平均参与群体活动的程度就越低,成员常常以间接方式取得联系,因此容易导致机会分配的不平衡,出现少数人一统天下的局面。而且群体规模越大,成员间相互沟通的机会越少,越容易分散成小群体,人际关系难以协调,群体功能难以正常发挥。

还有一种是将群体划分为成员群体(membership group)和参照群体

[①] 许静编:《传播学概论》,清华大学出版社、北京交通大学出版社2007年版,第94页。

(referent group)。成员群体是个体所实际参加的群体,如个人所在的班组、团队等。而参照群体则是个人期望成为其中一员的群体。成员群体规范个人的一般表现,个人行为受制于群体规范和结构,带有一定的角色性。参照群体则为个人提供了比较的标准和行为的准则,反映了个人的心理认同,因此对个人行为有更大的影响。借助于报刊、电视以及网络媒介等,个人可以和外部世界更多更远的人产生心理和思想认同,从而形成各种具有心理联系的群体,比如环保主义者等。借助于先进的新媒体传播,这些具有一定的心理一致性的人,可以克服地域障碍,形成一定规模的舆论表达群体甚至行动群体。

大多数群体是自发形成的,或者在自发的基础上形成一定的组织性,如一些宗教团体、非政府组织以及民间文化组织等。人们出于某种原因聚合起来,围绕共同关心的问题或目标进行讨论,成员之间进行有效互动,并可能采取共同行动。随着媒介技术的发展和大众文化的广泛流行,借助于现代媒介而形成的各种各样的群体,如一些偶像"粉丝"团等也不断涌现,这些群体活动形式多样,甚至很有社会影响力。从更宽泛的意义上说,以生产经营活动为主的企业组织以及其他一些社会组织,也可以被看成是广泛意义上的正式群体,它们除具有组织特征外,也具有一定的群体特征。

四、群体身份认同

个人为什么要加入群体?虽然有许多活动实际上个人可以独立完成,但一系列的原因使得我们要加入群体。一是群体活动和群体目标对我们有吸引力,通过群体我们可以实现个人难以单独实现的目标,因此许多群体都是目标导向的。二是人们喜欢以及需要成为群体中的一员,从群体活动中获得心理保障。群体是个人的信息来源和社会安全感的提供者。个人加入群体,不仅可以及时获得各种相关信息,减少不确定所带来的各种心理焦虑,而且能通过与其他成员的协作,克服各种困难和危机。个人将自己归属于一定的社会群体,并按照群体的行为准则约束自己的行动,是防止个人发生社会偏离和陷于社会孤立的有效方法。在群体中,个人可以最大限度地丰富自己,促进个人目标和理想的实现。被群体接受本身就是对个体价值的承认和肯定,个人的才能和成就也只有在得到群体承认的情况下才有意义。因此群体是表现和实现个人价值的重要场所,它既是谋求成就的动机,又是实现成就目标的手段。

我们本身可能属于许多不同的群体,比如家族群体、性别群体、职业群体、追星族或业余爱好群体、社会阶层和消费群体,甚至一些被研究者定义的群体,如丁克族、波波族、非主流群体等。如果你发现自身有一些重要的特征和某些人相同,你可能会认同那个群体。这种把自己看成是或不是某一群体成员的想法,对于舆论的形成非常重要。

第二节 群体规范

群体规范的产生,是群体在对内以及对外的互动交往中,把自身群体的目标、信仰以及思想等逐渐明确化,并逐步以约定俗成或明文规定的形式确定下来,以确保群体的生存和群体目标的实现。群体规范对群体意见的形成与表达有重要影响。规范的划分标准有很多,一般区分为正式的规范,如规章制度、纪律原则,以及非正式的规范,如风俗习惯、心理共识等。规范一经形成,就会持续影响群体互动,对群体进行调节和整合,并且潜移默化地影响着个体的行为、思想和信念,甚至作为一种独立的力量,影响着整个群体的发展。规范可以使社会互动有序化、简单化和可调节。随着群体的成熟、发展和壮大,以群体规范为核心的群体目标和价值取向在社会中扩散,从而成为影响社会发展的不容忽视的力量。

一、谢里夫光点实验

有关群体规范的社会心理学研究始于20世纪30年代美国心理学家谢里夫。他设计的光点实验有效地证明了规范的形成。[1]谢里夫将被试安排在一间完全黑暗的屋子里,并在其手指便于触及的地方安放了一个电报按键,而在五米之外,还放了一盏会发出微弱光的小灯。研究者指示被试:"当屋子完全变暗的时候,会给一点灯光,然后灯光会移动。你一看到灯光移动就按键。几秒钟后灯光消失,然后你告诉我灯光移动的距离,试着尽可能估计准确。"实际上灯光并没有移动,但是因为屋子黑暗而光点微弱,因此观察者会产生光点移动的错觉。研究者先安排一个人进入房间,经过反复试验,这个人通常会确定自己的估计值。随后另外几个人也分别进入屋子,经反复试验后分别确立自己的估计值。

下一步的实验是再将这几个人安排在同一个房间里同时进行试验。这些人在先前的分别实验中都确立了自己的估计值,但是在同时实验时能听见别人的估计值。当实验重复几次后,通常会发现,他们彼此的估计值越来越接近,并最终确立了群体共同的标准值,而这一标准值通常接近这几个人各自不同的估计值的平均值。

在第三步实验里,谢里夫让这些曾经参加以上实验的人,再次分别单独在房间里做相同的实验。结果发现,此时个人的估计值依然和群体环境下的估计值接近。因此可以证明,个人通常会遵守在群体中参与形成的规范。

---

[1] Sherif, *Psychology of Social Norms* (New York: Harper and Brothers, 1936).

谢里夫实验证明,在不确定的环境下,人们会依靠他人来形成判断。实验同时还证明,群体的影响能够超越群体的存在,而出现在没有群体的环境中。在现实生活中,有大量的不确定在诸如政治、宗教、道德等领域中存在,而人们的态度和行为也会深受各种社会群体规范的影响。

谢里夫的研究显示规范具有极大的力量,但他并没有充分显示规范实际是如何形成的。若干年后,本特霍森和莫奈安(Bettenhausen & Murnighan)描述了规范形成过程的几个阶段:第一,在一个新的群体中,人们对适当的行为准则还不确定。他们寻找过去在类似情况下的经验和标准,作为行动的指导。第二,如果群体成员对新的环境没有采取共同解释的话,他们就要发展一种建立在群体基础上的对环境的理解。在群体成员互动的过程中,他们分享了经验,并以此为基础,形成了对未来互动的期望。第三,对正在形成的规范的不同意见可能修改他们的解释,或者试图说服其他人接受他们的解释。第四,规范一旦形成,任何试图进一步改变规范控制的行为,都会遭到制裁。①

二、描述性规范和禁令性规范

研究者根据不同需要来区分规范。西奥迪尼、卡尔格瑞恩和雷诺(Cialdini, Kallgren & Reno)区分了描述性规范和禁令性规范。

描述性规范报告大多数人的所作所为,通过提供有效或恰当行动的证据来激发人们随大流。也就是说,描述性规范借助信息功能来影响人们的行动。比如报告股市大涨,很多人买卖股票挣了大钱,因此吸引很多人投身股市。

禁令性规范说明绝大多数人赞同或反对,有禁止功能。当被问及种族骚乱问题时,很多人想表达一些特定的观点,但是一想到这些观点可能被认为是种族主义或其他不好的倾向,因此选择了沉默。在此禁令性规范就发挥了作用。要记住,禁令性规范禁止了意见的表达,但不能禁止意见本身。

费斯汀格的社会比较理论认为,描述性规范的重要作用在于提供了一个比较的基础,以供个人验证其意见。因此意见表达规则就成为评价什么是正确的、最接近真实的标准。比如关于国民经济发展趋势的报告会影响我们对社会的认识,并对意见的形成起重要作用。相对而言,禁令性规范明确什么可为什么不可为,是群体的道德规范。这些规范会通过一种"社会期待"而影响舆论的表达。如对"范跑跑"行为的舆论表达很大程度上反映了社会期待。禁令性规范有助于人们确认表达他们的所思所想是对是错。总之,描述性规范会影响社会舆论

---

① 〔美〕沃纳·赛佛林、小詹姆斯·坦卡德:《传播理论:起源、方法与应用(第四版)》(郭镇之等译),华夏出版社2000年版,第217页。

的形成,而禁令性规范则会影响舆论的表达。

除描述性规范和禁令性规范外,我们还可以根据其他标准把群体规范分为正式和非正式、文本形式和非文本形式、强行教化式和逐步诱导式等。

总而言之,规范是社会互动的产物。不同的群体会产生不同的规范,因此规范属于群体。如果你属于不同的群体,你就要遵守它们各自不同的规范。同样,如果你加入了一个新群体,就要识别、确认并遵守其规范,即使此规范不同于你以往所遵守的其他群体的规范。也就是说,规范体现的是群体的特征,而非群体中的个人特征。规范包含了群体对客观世界和人类社会的认识,虽然这种认识有时可能并不正确。规范常常持久而稳固,我们会长期按照同样的规范行动和思考。规范也可能发生变动,因此使人们感觉不适应。比如习惯了男性领导的人能接受一个女国防部长或者女总统吗?习惯了一夫一妻制和异性婚姻的人能接受一夫多妻、一妻多夫或者同性婚姻吗?社会的巨大变革常常导致各种既定规范受到挑战,使人们重新感受不确定和心理焦虑。

三、群体规范的功能

群体规范是在群体互动的过程中逐渐产生的,但是规范一旦形成,就会反过来对群体发生作用。小到个人的穿鞋戴帽、一言一笑,大到整个社会的协调行动,群体规范的作用可能广泛、深入而持久,但基本上可以概括为以下几个方面。

第一,维持群体的存在。

群体规范是有着共同利益、目标或价值取向的人群的认知、思维和价值的集中体现,它对于群体内部成员能够起到警示和激励的作用,对于群体外部有着号召和凝聚的作用。群体规范本身对有着相似态度甚至行为方式的个体具有吸引力,而以群体规范组织起来的一群人之间往往是相互吸引的,具有某种程度的相似性。群体规范的最初作用,就在于明确共同性,将群体内部成员与外部人员区分开来,以维护群体的存在。为了体现群体的整体性存在,群体规范为群体成员提供统一的约束标准,群体成员也正是依据对规范标准的认同,彼此协调一致,形成一个整体。一个群体的规范越标准化,人员认同度越高,集体活动越协调,关系越紧密,群体的一致性就越强,也越容易让人们感到它的存在。相反,如果群体规范标准化程度越低,那么群体就显得越松散,整体性不强。各种校园或社会团体都会设定一定的入会标准,个人在网络上如果要注册某个网站或群体的身份,也常常需要表示对某种规定和章程的承认和遵守。规范的存在是群体存在的标志。

第二,认知标准化和行为定向。

群体规范是群体成员彼此认同的依据,是协调群体成员活动的准则,是评判群体成员行为、信念和价值目标的标准。在日常生活中,个体差异导致了每个人对事物都会有不同的看法。但是群体规范往往能为成员提供衡量自己与他人言行的同一标准,成为成员认识事物、判断是非的共同的心理参照系。比如一名北京大学新生,刚入学的时候分别加入了不同的学生团体,从北大山鹰社(登山队)到北大耕读社,从模拟联合国到中华精武团,在各种团体活动中他很快就能感受到不同的群体规范所包含的不同的认知判断标准。

群体规范不仅影响着群体成员的认知和评价,还影响着他们的行为。群体规范内在规定群体成员在群体中的地位、角色等,是群体成员自我价值实现以及获得社会认可程度的重要标志。与群体目标相一致的群体规范可以确定成员的行为方式、活动内容和活动范围,从而体现出一定的群体行为特点。因此,群体规范可以在一定程度上预测群体成员的行动。

第三,引导社会意见的形成。

从舆论学的角度来考察,群体规范是群体意见的简约表达,是引导群体意见形成的基础。拥有强大凝聚力以及巨大社会影响的群体规范,能够改变社会的共识以及关于社会重大事务的决策,甚至作为一种重要的力量影响着整个社会的发展。

当然,群体规范作为某种程度上集体意见的表达,其影响力并不一定体现在促进社会变革方面,相反可能是一种惰性作用。在20世纪30年代著名的霍桑实验中,哈佛大学教授梅约等人发现,在一个生产小组中,群体规范使得人们的工作不能太好,但也不能太差,而是保持在一个适中的水平上。一旦有人违反了规范的要求,比如生产率比别人高出很多,那么其他成员就会用一些方法阻挠这个人的努力。由于群体规范要求成员在认知和行为上体现出一致性和整体性,在规范的限制下,成员习惯在规定的范围内思考和行动,难以创新,而一些创新性的思想和行为却可能被看成是越轨,不合规矩而受到排斥和打击,群体规范因此具有惰性作用。

总的来说,群体规范的作用就在于保持群体的一致性,而对一致性的追求则引导着群体中社会意见的形成。

四、规范焦点理论

虽然群体规范具有约束引导的功能,但是人们遵从群体规范或者说群体规范对人们产生影响,往往受到很多因素的影响。在有些情况下,我们往往会对群体规范尤其是一些指令性规范视若无睹。比如在北京奥运会开幕式彩排中,观看演出的观众被要求禁止携带相机、有拍摄功能的手机,并禁止录像。但是在整个演出过程中,还是不断有人在拍照,甚至有韩国媒体播放彩排录像。那么,为什么群体成员有时候会忽视或不遵守一些指令性规定呢？我们可以从西奥迪尼等人提出的**规范焦点理论**中找到答案。该理论指出，当某种行为规范与我们的行为有关并且我们很在意这种规范的时候，我们才会去遵守。也就是说，群体规范的强硬性处罚并不能保证成员去遵守，只有内化于成员心中或者他们很在意的规范才能真正有效。此外，卡尔格瑞恩、雷诺和西奥迪尼的研究进一步发现，规范只有在很明显而且能引起我们注意的时候才会影响我们的行为。[①]例如，某社区明示不许乱停车，违者罚款，但有的社区成员却明知故犯。因为他并不认为社区规范是社区保持良好秩序的基础，也不认为"社区规定，应该遵守"，而是认为，"不就是要罚款吗，罚就让他罚呗"。对于大多数社区成员来说，不但要让他们知道规范，而且最好写在显眼的地方——"不写在明处，谁知道呀"。

第三节　群体对个人的影响

一、凝聚力

群体的凝聚力（group cohesiveness）是指能使群体保持团结一致的力量。凝聚力既包括群体成员与整个群体的内在聚合力，也包括群体成员之间的内在聚合力，并且往往用群体对成员的吸引力以及成员彼此之间的吸引力来衡量。费斯汀格认为，凝聚力不仅包括由成员之间的人际吸引所决定的正性力量，而且包括由于离开群体要付出高代价所决定的负性力量。[②]

在现实生活中，我们往往会选择加入某一个群体，选择何种群体通常取决于哪个群体对我们更有吸引力，这实际上就是群体的凝聚力在发挥作用。产生这种作用的原因主要有两个：一方面，群体的目标与我们自身要实现的目标相一致，而且群体为我们实现自身的目标提供了途径和手段。这样的群体由于其目标明确，一般拥有丰富的相关知识的积淀和大量的相关操作案例。因此，加入这样的群体就意味着能够轻松地获得大量的关于自身目标的背景知识，而且群体中大量的成功操作案例为我们的努力提供了明晰的方法、步骤以及对目标成功可能性的预测。比如北大公关协会、广告协会和新闻学研究会，吸引的往往是对这些专业比较感兴趣的人。另一方面，加入某一个群体就意味着我们朝着某一目标努力时不再是"孤军奋战"。这些志同道合的个体结成的群体给个人提供了强大的精神伴随感，并且他们可以在努力的过程中互通有无、交流经验以及共谋发展。而当一个成员失败时，群体给予的强大的精神安慰，使他能够总结得

[①] 〔美〕沃纳·赛佛林、小詹姆斯·坦卡德：《传播理论：起源、方法与应用（第四版）》，第454—455页。
[②] 侯玉波编著：《社会心理学（第二版）》，第273页。

失、重新再来。在努力实现个体的目标的过程中,每个个体同时也在推动着群体目标的实现。①总结起来,我们可以说,一个具有凝聚力的群体就是一个协调以及团结的群体,每一个群体成员都致力于群体以及群体的目标。

群体凝聚力所体现的作用,还在于形成一定的力量,得到社会的认可以及维护自身的权利。在社会发展的过程中,一些新兴的事物往往很难及时得到社会的认同,这些事物的主体常常通过形成一定的具有凝聚力的群体,来向社会显示力量,从而得到社会的认可。比如北大学子刘正琛,在不幸确诊为白血病之后,积极创办北大阳光志愿者协会,开展各种帮助白血病患者的活动,产生了很大的社会影响。②还有其他一些社会群体的形成,成为个体维护自身权利的手段和途径,而维权活动也往往会增强群体的凝聚力。

从成员的心理感受来说,群体的凝聚力主要表现在以下三个方面。

(1)认同感:凝聚力强的群体,各个成员对一些重大的事件和原则问题,都保持共同的认识与评价,这种认同感往往会相互影响,潜移默化,尤其在个体感到焦虑时,群体中其他成员对他会产生重大的影响。研究表明,相对于群体之外的人所提出的少数派的观点,群体内少数派的观点,对群体成员的影响更大。比如在美国民权运动中,黑人领袖的呼吁在黑人中影响很大,而相比于黑人领袖的呼吁,白人对黑人权利的呼吁,对白人的影响更大。在白血病同盟中,来自病友的安慰和鼓励,或许比其他人更有帮助。

(2)归属感:凝聚力强的群体,能让成员产生像"我们"和"我们的"这样的归属感。对群体的成功或失败,成员感同身受,有很强的情感依恋和情绪反应。比如在北京奥运会期间,很多中国人都能从奥运圣火传递、开幕式和各种比赛报道中,感受到很强的归属感,这也就是当代中国强大凝聚力的反映。

另外,在高凝聚力的群体中,人们常常会感到一种共同的"归属群体的从众压力",比如群体中某人的讲话、行动、衣着等都应该像"我们",否则就会遭到嘲笑。很多实验也证明,那些有强烈归属感的个人较不喜欢与群体中其他成员唱反调,并且更愿意接受群体中的奖惩。

(3)力量感:如果群体的凝聚力强,个体就会感到有力量、有能力去完成各项工作,即使遇到困难也能克服,因为群体会给予支持和帮助。

总之,一个群体的凝聚力越大,对成员的吸引力就越大,群体也越容易保持稳定。与此同时,凝聚力强的群体,其成员往往能够参与到群体的各种活动中去,因此,群体成员的安全感和相互信任感会增强,自信心会增强,常常会有较高

---

① J. E. Alcock, D. W. Carment, and S. W. Sadava, *A Textbook of Social Psychology* (Ontario: Prentice-Hall Canada Inc., 1991), pp.499—501.

② 师曾志主编:《大爱有行》,世界图书出版公司2008年版,第244—257页。

的满意度,从众性也强。但是凝聚力不一定产生高工作效率。对于凝聚力高的群体,只有群体规范提倡高效时,才会产生高效。如果群体规范不要求较高的或者相反要求较低的生产率,成员也会竭尽所能甚至不择手段得到低的生产率。另外,群体的凝聚力越高,群体成员由于相互欣赏和吸引,投入到相互交往中的时间就会越多,生产率也可能降低。①

二、奥西实验

群体不仅可能对个体具有吸引力,而且可能对个人产生压力。群体规范要求成员按照一定的标准调整自己的认识和行为,群体凝聚力的发展也要求个人与群体保持一定程度上的协调一致。由于一致性的要求,个人在群体活动中,如果发现自己的意见和行为与其他大多数人有分歧时,就可能感觉到一种**群体压力**。群体压力不同于权威命令,并没有明文规定,也不具有强制性,但是它会使个人感到威胁和紧张,在心理上难以抗拒,从而发生**从众行为**。从众行为与群体压力直接相关,而群体压力的大小则取决于群体规模、群体的互动结构以及群体规范和群体的凝聚力等多种因素。

群体成员在群体压力的作用下,一般会表现出从众现象,即群体成员改变他们的态度或行为以符合既定的群体思维和规范。群体压力可能是实际存在的,也可能是头脑中臆想出来的,从众不仅可以表现为个人的行为改变,也可以表现为个人在信念上发生改变。

美国社会心理学家奥西(S. Asch)曾经以著名的线段实验来显示从众现象的存在。实验材料是18套卡片,每套两张,一张卡片上有一条标准垂直线,另一张卡片上有三根长短不等的垂直线,其中一条垂直线与标准线等长。实验时,每次向被试出示一套卡片,要求被试从三条垂直线中选出一条与标准线等长的垂直线。在没有群体压力的情况下,人们可以做得很好。在一次参加实验的37人中,35人全对,有一人错一次,另一人错两次。

随后,奥西又安排了特殊的实验环境。他让8个人围桌而坐,重复以上实验。事实上8个人中只有一个人是真正的被试,其余7人是配合实验者。按照实验要求,试验者每拿出一套卡片,参加实验者就逐一口头回答,其中真被试总是被安排在倒数第二个回答。7个实验助手在做出一两次正确答案后,他们便开始给出一致的错误答案。当被试发现,所有其他的人都给出或同意相同的某个答案,而他感觉这个答案是错误的,那么被试会怎么办呢?奥西在1951年开始此项试验,1956年和1958年又重复此试验,结果颇为一致:有1/4至1/3的被

---

① J. E. Alcock, D. W. Carment, and S. W. Sadava, *A Textbook of Social Psychology*, pp.500-501.

试保持了独立性,也就是说该被试每次的选择都没有从众行为发生。但是约有15%的被试有平均75%的从众反应,即平均12次试验中发生9次从众行为。在所有被试中平均有1/3做出从众反应,即12次试验中发生4次从众行为。

奥西采用多种方法改进他的试验,从而得出了更多有趣的发现。他将判断不正确的小组人数设计成从1到15不等。令人惊讶的是,三人组中给出的一致意见,就像在较大的群体中一样,实际产生了个人屈从错误答案的效果。同时他还发现,如果让被试之外的另一个人也给予正确答案,只需一个人始终支持,这种情形便足以消灭大部分的群体压力。被试者答错的次数,占其面对一致反对意见时答错次数的1/4。奥西还尝试改变线条长度,但却发现,即使在对错答案之间相差1英寸的情况下,还是有一些人屈服于群体的压力。

实验证明,某些人比其他人更容易遵从集体一致性。这一结论导致了后来大量关于"权威人格"(authoritarian personality)的研究。

三、电击服从实验

服从是个人由于外在影响而被迫发生的一致性行为。外在影响有两种情况:一是在一定的有组织的群体规范影响下的服从,二是对权威人物命令的服从。

奥尔波特曾做过一个关于汽车驾驶员遵守交通信号的调查,以考察对群体规范的服从。他在一个时期内观察十字路口2114车次的汽车驾驶情况,结果发现,见红灯立即停车的约占75.5%,见红灯减速的约占22.0%,见红灯稍缓停车的约占2.0%,见红灯仍冲过去的占约0.5%。

人们在生活中还会服从于个别权威。对权威的服从既可能是因为钦佩,也可能是因为惧怕。1963年密尔格雷姆(S. Milgram)做了一个关于服从的实验。

实验登载广告公开征求被试,一次试验给付4.5美元作为酬金。试验者声称要进行一项关于学习的实验,观察老师对学生学习的作用,以及惩罚对学生学习有什么影响。实验号称用抽签方法决定谁"扮演"老师或者学生。但实际上,被试总是抽签"当"老师。在实验过程中"学生"和"老师"分别处于两个房间,中间隔一堵墙。"学生"被用带子拴在椅子上,"以防逃走",并在手腕上绑上电极,以接受"惩罚"。"老师"的任务是教授一组配对词,然后检查学习效果。检查中老师读词,学生选择答案。如果学生选择错误,老师按一下电钮,"电击"学生。电钮共有30个,最低15伏,最高450伏。学生答错第一次,老师用15伏电击,答错第二次,则增加15伏,依次累积。实际上,这些电击都是假的,但为了让老师相信,在实验前,每位老师都要亲自体验一次真的45伏电击。另外,实验中,每当学生受到一次电击,都要做出痛苦的反应。由于学生是假的,实验者故意让学生学不会,所以经常要挨电击。学生假装疼痛难忍,做出用脚踢墙等反应。此时,当老师问实验者是否继续时,实验者会淡漠而严厉地说"如果学生不回答,就按回答错误处理"。于是老师又加码电击。最后学生既不回答,又不踢墙壁,好像真的痛昏过去了……

  实验的真实目的,是要知道有多少被试"老师"能服从实验者的要求,用惩罚手段对付"学生",并一直坚持到最后一级。同时,观察被试在这一过程中表现出来的紧张焦虑表情,以测量他们内心的矛盾冲突程度。实验结果是,全部40名男性被试中,有26人(65%)屈服于权威压力继续施行电击到最后,各自表现的紧张焦虑程度不同。最严重者在实验21分钟后几乎成为一个精神病患者,浑身抽搐,自言自语,却坚持惩罚学生到最后。另外14人(35%)作了种种反抗,抵制权威压力而维持道德良心。实验结束后,研究者把实验的全部真相告知被试,以消除不良心理影响。

  后来,密尔格雷姆改变实验条件,进一步研究服从行为受哪些因素的影响。研究证明,从客观条件上说,"学生"与"老师"距离越近,"老师"越拒绝服从;在实验者与被试面对面在一起的情况下,服从次数明显增多;实验者地位越高,服从次数越多。从主观来说,被试们在科尔堡道德问卷(Kohlberg Moral Judgement Interview, KMJI)上显示出不同的水平。道德判断水平越高,服从权威的可能性越少。对被试进行的人格测验发现,服从性强的人,其人格特征有权威主义倾向。

四、权威人格

  权威人格(authoritarian personality)又称权力主义人格,是由相互关联的人格特征组成的人格类型。对权威人格的研究,伴随着第一次世界大战后法西斯主义在欧洲的蔓延而逐渐发展。20世纪40年代,在美国犹太人委员会的支持下,以R. N. 桑福德和阿多诺为首的加利福尼亚研究小组在人格水平上提出"权威人格综合征"的概念,认为权威主义是一种基本的人格风格,有以下几点特征:世俗主义,十分重视社会压力以及个人行为的社会价值;权威式的服从倾向很明显,常常表现为个人迷信与盲目崇拜,强调服从和纪律强制;权威式的攻击倾向也很明显,表现为积极维持现状与权威,对于那些违反社会习俗与社会价值,对现状、权威构成威胁的人主张严厉处罚;反对内省,强制压抑个人内在的情绪体验,因袭守旧、僵化、顽固;迷信于刻板印象,对外群体有敌意,经常采用简单化的二分法思想,追求权力与强硬手段等。①澳大利亚心理学者雷 1971 年编制了一个权威态度量表(AAS),用以评价个体对权威主义的态度倾向。该量表主要从三个方面衡量"权威主义"人格:(1)把领导当作行动的指导者而非"民主决策的执行者";(2)赞成权威主义的制度和做法(如军队);(3)喜爱法规而非自由主义。被试对 28 道题做出同意或不同意的反应,按五级记分,分值越高,表明越赞成权威。心理学家马斯洛根据自己的临床观察,为权威人格增加了一些特征,包括等级倾向、优劣的普遍化、敌视与偏见等否定性心理、单一标准的价值观、善良与懦弱相混淆以及利用他人的倾向等。对权威人格的研究建立在精神分析理论和弗洛伊德的超我、自我、本我人格结构理论的基础上。如权威主义侵犯主要源自超我的作用,是受超我的严格命令、外界强化的支持和高度权威主义的个体所顺从的权威人物或以其名义所能施加的惩罚三者的共同影响而形成。尽管对权威人格的研究存在许多争议,但这一概念已经得到普及。对驻伊拉克美军虐俘事件的揭露,进一步引起了有关权威人格的热烈讨论。

五、从众与服从的影响因素

服从(obidence)与从众(conformity)的区别在于,服从是对行政命令、团体规范或权威意志的遵从,是被迫的。而从众往往是在既没有遵从于团体的直接要求,也没有任何改变行为的充分理由的条件下,个体为适应真实或想象中的团体压力而改变自己的行为或信念。② 从众往往表现为少数人对于多数人的相附意见和行为的附和,以和群体保持一致。比如朋友一起看电视,有一人说节目很糟,另一人附和,当问到第三个人的意见时,虽然他内心并不这么认为,但也可能公开表示赞同。

虽然许多研究者都使用一致性一词来表示公开的同意,但内尔(Paul Nail)却认为,一致性并不是准确的标签。意见的表达要遵循群体规范,但并不意味着表达必须和内在态度一致。内尔区分了四种顺应—接受的可能性。

(1)私下与公开一致。个人知道群体规范是对的,或者是最好的,因此他改变态度公开赞同。

(2)公开一致但私下不顺从。个人愿意公开改变他的意见但不愿意改变其内在态度。

(3)私下一致但不公开顺应。个人私下承认群体规范但却不愿意公开承

---

① T. W. Adorno, et al., *The Authoritarian Personality* (New York: Harper & Row, 1950). 另参见〔美〕西奥多·W. 阿道诺等:《权力主义人格》上卷(李维译),浙江教育出版社 2002 年版。
② 〔美〕菲利普·津巴多、迈克尔·利佩:《态度改变与社会影响》(邓羽等译),人民邮电出版社 2007 年版,第 49 页。

认。可能因为个人坚持某种立场不愿意承认自己错,因此要保持原有立场。

(4)私下和公开都不一致(独立性)。个人不在乎他人怎么想,公开坚持自己的态度,即使与群体规范相冲突。

除"权威人格"外,形成群体成员一致行为的心理基础是多方面的。首先是群体成员的群体归属感。群体中的成员一般有着一定的群体归属感,这种群体归属感的强弱根据群体的正式性与非正式性、群体凝聚力的强弱以及群体带给成员的物质利益和精神支撑的大小而表现出不同。当群体成员感受到群体压力时,很大程度上是感觉到群体归属感正在逐渐被削弱。

其次是群体成员交往的心理需求,即规范性的社会影响和信息性社会影响。**规范性影响**来自个人对社会承认和接受的需要,群体成员希望和群体中的其他成员交往,并且希望在交往中被重视、被尊重、被喜欢,而害怕被群体的其他成员冷落、孤立、排斥和唾弃。一致性只要求公开的顺应而不是私下接受或内化群体的思想、态度、意见和行为。因此一致性并不和内在真实的转变有必然联系,而是个人通过和群体保持公开的一致,以被群体接受、避免惩罚等。

规范性影响产生的另一个条件就是,群体具有监视力。也就是说,个人在没有态度内化的情况下并不愿意接受群体规范,除非他认为自己可能被抓住。参照群体(referent group)对规范性影响非常重要。参照群体意味着情感联系(喜欢、崇尚等),这种群体中的人际交往是以强烈的被承认、被接受的愿望为基础的,所以一致性压力非常大。因此我们可以认为,个人在熟悉的朋友圈子中比在陌生人中更可能与规范一致,因为人们会认为朋友如何看自己比陌生人如何看自己更为重要。

信息性影响的发生在于个人希望对现实世界有更多的了解,从而进行更准确的判断。它使个人接受甚至内化某些信念、态度与行为。信息性影响常常来自专家权力,比如医生的诊断,因为专家拥有特别的专业知识,或者特定的信息。信息性影响的条件是个人主观上不了解情况,或者对自己的信念和意见缺乏自信。在绝大多数情况下,规范影响和信息性影响共同作用以产生一致性。但总是有一些人抵制影响,特别是当他们认为个人自由受到威胁时。

最后,与群体保持一致可以使个人行为合法化。奥西指出,一些毫无保留地从众的人,往往认为自己是错的,而其他人是对的。当然,还有其他的因素,如自身安全等。有一些人虽然认为自己的判断是正确的,但是迫于群体的压力却不能不从众,他们的心理实际上经历了一个复杂的过程。格瑞芬(Griffin)和布勒(Buehler)的研究指出,从众者往往要改变对情境的知觉从而认为自身的行为具有合理性。

即使从众现象发生在每个群体成员身上,它表现出来的程度也是不尽相同的。那么,影响从众程度的主要变量是什么? 近年来的研究者认为主要有三个:群体的凝聚力、群体规模的大小以及群体规范的规定形式。

凝聚力是指群体对个体的吸引程度。研究结果显示,凝聚力对从众行为有着重要的影响。也就是说,群体凝聚力越高,来自群体的压力就越明显,从众现象就越强烈;相反,群体凝聚力越低,来自群体的压力就越小,从众现象就越微弱。

群体的大小因素也对从众有着重要影响。奥西以及其他的一些早期研究者认为,从众倾向会随着群体规模的增大而增强,但只是当群体人数大约达到某个点的时候,如果超过这个点,影响力会趋于稳定,甚至有可能下降。最近的研究发现,在群体成员达到或超过 8 人时,从众倾向会随着人数的增加而增加。这表明从众的倾向会随着群体规模的增大而增强。也就是说,群体越大,我们就越有强烈的追随倾向,即使这种行为方式与我们真正喜欢的方式有差别。第三个因素是我们前面提到的,只有指令性规范内化于成员心中并且成员很在意时,或者规范很明确地显示并且能引起我们注意的时候,才能影响我们的行为。[①]

实际上,即使面对群体的压力,仍然会有群体成员选择不从众。那么什么原因会促使不从众现象产生? 有许多因素看来都很重要,但其中最重要的两个是:维护个性的需要和保持自我控制的需要。虽然我们渴望被别人喜欢,但是并不意味着因此要失去自己的个性。每个人都有个性的需要,即在某些方面我们希望自身与别人不同。我们希望与别人相似,尤其是那些我们尊敬的人,但是我们不想与他们完全一样,因为那将意味着放弃我们的个性。当然,个性因素在不同的文化中有不同的表现,相比之下,东方的集体主义文化和西方的个人主义文化对个性的强调程度完全不同。

影响人们选择不从众的另一个因素是,人们希望能够在实践过程中完全把握自己。研究表明,大多数人希望自己能够决定未来发生什么,而不是屈从于压力,使事情朝自己不希望或者不能控制的方向发展。个人自我控制的需求越强烈,人们就越不容易屈从于群体的压力。此外当然还有其他一些因素,如群体的分配不公平或者程序不公正导致的心理不平衡、群体中大多数成员的歧视等。从研究者的角度来说,应当科学地看待从众与不从众现象。从众不一定是负面的或消极的,而不从众也不一定是正面的或积极的,关键是要根据具体的情况,进行科学的分析。

---

① 参阅〔美〕R. A. 巴伦、D. 伯恩:《社会心理学(第十版)》(黄敏儿、王飞雪等译),华东师范大学出版社 2004 年版,第 452—454 页。

第四节 群体决策

舆论学除了关心个体意见外,更重要的是关心群体如何形成正确的意见,也就是群体决策的问题。群体决策就是群体达成一致意见的过程。在极端专制的群体中,群体意见的形成往往是很简单的,是领袖决策或少数领导人物一锤定音,其他成员没有发言或者表示异议的机会。而对于一个相对民主的群体,群体决策往往是一个复杂的过程,成员之间的意见必然经过冲突、融合以达成一致的历程。有研究者试图根据最初群体成员中意见的分布,以及群体最后形成的一致意见之间的关系,来探索群体意见形成的模式,并且根据这些群体决策模式来预测一个群体意见形成的走向。这些模式主要有以下三个:(1)**少数服从多数**,即群体决策往往是强化多数人的最初观点;(2)**真理不败**,即正确的决策最终会被越来越多的人接受;(3)**先入为主**,即群体决策会最终朝着群体中最先提出的方案方向发展。大量的测试结果显示,根据这三个模式,对群体决策结果的预测精确性可达到80%。这一数据显然令人吃惊,但我们所应做的,不应只是震惊,更应是去反思群体决策的机制。

一、群体思维与信息加工偏差

影响群体决策的因素主要有群体思维、信息加工偏差和谈别人所知的倾向。**群体思维**是指群体坚信其决策不可能出错,所以所有成员必须坚决支持,任何不同意见都应该被坚决否定或拒绝接受的一种强烈的心理倾向。美国心理学家贾尼斯(Janis)通过对1941年"珍珠港事件"、1950年朝鲜战争、1961年入侵古巴和1964年发动越南战争等事件的决策分析后发现,当时的决策群体都认为自己的决策绝对正确,并予以坚决的支持,但是其后的历史证明,这些决策都受到了群体思维的严重影响。

研究发现产生群体思维的原因是多方面的,其中有两个关键因素。首先是群体成员间的**凝聚力**——组成某一群体的成员一般有相似的背景、相同的利益和近似的价值观,因而他们会彼此认同或欣赏对方的观点。其次是**群体规范**的约束力。如前所述,群体成员从众现象的产生有着坚强的保障,即群体可以命令群体成员去做某事的群体影响。一些极端群体努力招募新成员,并劝诱他们以毫无疑问的态度接受该群体的信念。群体努力促使其成员对各种群体要求说"是"。群体规范是这些保障最初的也是最基本的依据。通过这些坚强保障的强硬形式,群体成员逐渐产生了确认群体决策的一贯正确性和崇高地位的思维方式。

就像贾尼斯所说,一旦出现群体思维,保持高度一致的压力会抑制人们对每个可能的行动方案进行准确评估,因此群体在决策时更倾向于保持一致,而非讨论出最佳的决策方案,也就难怪会出现不良结果。总之,群体本身对个体的思维形成很大的影响,而群体本身也助长了群体思维,抑制群体做出正确的决策,并且对于群体做出的决策予以坚决的维护。因此,当一个群体的意见太集中时,往往是危险的信号。

影响群体决策的另一个因素是**信息加工偏差**。信息加工偏差是指群体和群体中的个体都不追求准确,而常常为最初的选择找理由。正如鲍梅斯特和纽曼(Baumeister & Newman)所说,群体成员并非像一个科学家那样追求真实和准确,而是更像一个律师,总是试图找到支持自己一方的证据。这种成员倾向不一定源于自私自利,而可能源于社会所认同或者维护、宣扬的价值和原则,即价值和真理之争。这样的例子经常在法庭上见到。

群体中的个体还有**谈别人所知**的倾向,它也影响着群体的决策。群体决策中每个成员获得的信息并不平衡或等同。有关研究发现,信息资源的共享很罕见。群体在讨论任务时,更倾向于使用多数人掌握的信息,而非仅仅掌握在少数人手里的信息。因此,群体做出的决策恰恰反映了共享信息的质量。问题在于,根据不全面的信息做出的决策往往是偏颇的,只有当群体成员掌握了全面的信息,才能真正地分析问题,做出正确的决策。

二、冒险转移与群体极化

我们在生活中经常面对高风险和低风险的选择。高风险往往对应的是高回报,而低风险往往对应的是低回报。每个个体做出怎样的选择,往往取决于他的人格特性、处境以及其他的一些因素。对于一个群体来说,如果它既有富于冒险精神的成员,又有谨小慎微的成员,它又会倾向于做出怎样的选择呢?作为个体的个人和作为群体中的个人做出的选择会有什么不同?

一般认为,群体比个人在决策时更为谨慎,但是,大量的事实和科学研究却表明,这一观点并不正确。我们可以从卡根(N. Kogan)和沃奇(M. A. Wallach)在1967年所做的一个著名实验中得到启示。

实验者首先向被试提供了一份材料,内容如下:

E先生是美国金属企业的经理,企业非常兴隆繁荣。E先生曾考虑在一个新的地点另外扩建一座工厂。他有两种选择:一是在美国另建工厂,建厂后可以慢慢地收回原有的投资;二是在国外某处建厂,因为当地劳动力成本较低,易于获得原料,这就意味着能够很快收回原有投资。但是,那个国家的历史上发生过革命,政治上不稳定。而且,那个国家的少数派领导人正试图推行国有化,即接管所有外国投资。

设想你向 E 先生提出建议,下面列出的就是被考虑到的那个国家在政治上继续稳定的几种可能性。你认为 E 先生在国外建立企业的最低可能如何,用"√"标出:

该国维持政治稳定的机会是 1/10

该国维持政治稳定的机会是 3/10

该国维持政治稳定的机会是 5/10

该国维持政治稳定的机会是 7/10

该国维持政治稳定的机会是 9/10

如果你认为 E 先生的企业不管上述可能性多大都不应当在国外建厂,在此处打"√"。

看到这份材料以后,每个被试要做出自己的决定,但他们不知道将来还要集体讨论它。当每个被试的个人决定做出后,又被组成一个小组,讨论这一问题,以达成集体一致的决定。结果发现,小组讨论做出的决定,比个人决定的平均值,也就是冒险性要高。例如,在一组成员中,当他们独自做出决定时,有两个人选 9/10,两个人为 7/10,还有两个人为 5/10。经小组讨论以后,大家一致同意选择 5/10——这是一个明显的向冒险策略的转移。同时,男性小组和女性小组总的趋势都强烈倾向于更为冒险的选择。①

这种现象被称为冒险转移,或者说小群体的冒险性。还有大量的相关实验也证明了冒险转移的问题,而且结果稳定不变。但是,后来的研究者通过实验并且详细分析一些实验结果后得出了另外的结论——有时大多数群体比个人更加冒险,而有时群体反而变得更加保守。因此,有研究者认为,"**群体极化**"(group polarization)比"**冒险转移**"能更为恰当地描述这种群体的倾向。

许多研究证实了群体极化现象的存在。有两名法国学者发现,讨论可以加强法国学生本来就对总统所持的积极态度,也可以加强他们原本对美国所持的消极态度。一名日本学者的研究发现,当大学生们集体讨论了一宗交通事故案之后,他们对"有罪"有了更明确的裁定和判断。还有一些研究是选择一些观点存在分歧的事件,然后把持有不同观点的人们分隔开来,而把观点相同的人安排在一起讨论。例如让相对有种族偏见的和无种族偏见的高中生进行分组讨论,结果表明,分组讨论之后,两个群体之间的观点差距更大了。

著名的斯坦福监狱实验证明了群体认同与群体极化过程的存在。

---

① 〔美〕J. L. 弗里德曼、D. O. 西尔斯、J. M. 卡尔史密斯:《社会心理学》(高地等译),黑龙江人民出版社 1984 年版,第 588—589 页。

20世纪70年代初期,斯坦福大学的一些学者想了解监狱条件如何影响生活和工作在其中的人们。许多人认为监狱是一个恶劣的地方,只有最坏的人才会被关在那里,还有人认为监狱很坏,选择当狱警的人肯定虐待成性。研究者则认为监狱环境下形成的群体机制对于把模拟监狱变成一个极其恶劣的地方起了关键作用,因此进行了以下实验。

他们首先筛选了一批心理稳定的男子,从中又挑选出22个心理最为正常的人参加实验。这些人被随机选择为扮演犯人或者扮演狱警,时间是两个星期。所有被试都被告知,犯人保证有足够的食物、衣物、住宿和医疗。犯人和狱警每天都被支付15美金。犯人会在家中被捕,然后被送到监狱——一座建筑物的地下室。他们必须一天24小时都待在监狱中直到实验结束。狱警每天轮班工作八小时,其他时间自由行动。每个成员都得到一些命令来规定他们的角色要求。研究者设计了一些对犯人的"非人化"步骤,包括一进来就被强制捉虱、穿写有编号的监狱服等,狱警也有制服,以增强群体差别。狱警在犯人到达的前一天要与实验者会面,商量一套监狱规则。实验者有一条规定,就是狱警不能对犯人施暴。此外所有规则都由狱警和实验人员共同制定。

在实验中,所有"犯人"和"狱警"都十分投入,以至于几名"犯人"因为强大的心理压力而不得不被提前释放,实验被迫提前结束。研究表明,即使最正常的人在监狱环境下也有非常反应。在短短六天的时间里,"犯人"和"狱警"产生了群体规范和群体认同,并把它们迅速极化。日常的生理活动如吃饭、上厕所等都会成为一些"犯人"的特权,只有表现好才能获得。"犯人"们开始失去自尊和对他人的尊重。"狱警"们则发展出一套规范,如从不过问其他"狱警"对"犯人"的处理,无论处理得多么苛刻。这些模拟监狱中的规范既管理了人们的行为,又使"犯人"和"狱警"之间的差异最大化。"狱警"不强硬、不傲慢,就会被其他"狱警"视为软弱。"犯人"们则发展出被动的规则,以应付"狱警"们的胡作非为。

研究者报告说,模拟监狱对参与者的影响最为显著地体现在那些被提前释放的人身上。他们刚一开始就表现出极端的情绪沮丧,哭喊,狂暴,极度焦虑。这些特点在其他"犯人"身上也有类似表现。被提前释放的第五个"犯人"因为发生心理性皮疹而被迫接受治疗。在实验进行到第六天突然宣布提前结束时,所有的"犯人"都欣喜若狂,而绝大多数"狱警"却怅然若失,因为他们已经陷入角色中,非常喜欢他们可以实施的极端控制权力,因此不愿意放弃它。斯坦福监狱研究的结果小心翼翼地述说了一个关于群体权力和群体身份被极化的故事。一个"犯人"说,我终于发现,人们能如此轻易地忘记他人也是人。

当人们把自己和他人划分成不同群体时,就会发生一种**识别效应**,即对群体间差异的认识不断增强(极化),而对群体内部的差异认识不断减少(同质化)。群体不是孤立存在的,而是存在于一个更广泛的社会参考框架之中。在特定的社会情境下,人们要通过和其他群体的对立来确定自己的群体。对一个群体的界定,无论是通过规范还是刻板印象,都不仅能明确群体的特点,而且能使内群体清楚地区别于其他群体,即群体间差异最大化。因此群体内的规则常常发挥出缩小群体内差异、扩大群体间差异的作用。**识别效应**会导致群体内舆论的标准化,以及群体之间舆论分歧的扩大化,而群体内舆论的同质化也是成员为扩大群体间差异而产生的极化效应的一部分。

在日常生活中,人们往往和与自己观点相似的人进行交往,而这些人之间的日常交流常常强化大家共同认可的观点,从而加强了人群之间的差异。例如男孩群体和女孩群体的性别隔离能够加强他们的性别差异。男孩们在游戏中会逐渐变得更加富于竞争性及行动取向,而女孩们则越来越表现出关系倾向。

有时候群体规则不是群体意见的平均值,而是在意见分布的某一点上。比如环保主义者与伐木者在互动时就会发生极化效应。环保者中有些人也认为适当砍伐有助于森林成长,而且担心伐木者的失业问题。但是在互动中,他们却突出强调必须完全禁止砍伐,完全保护森林。伐木者中的许多人也承认需要保护原始森林,但在互动中却强调工作比森林保护更重要,要求计划砍伐和栽种。尽管实际上双方都承认对方观点中有可取之处,但是在互动中却发生了极化现象。

舆论学家普赖斯(Vincent Price)认为,新闻报道暗示其读者从本群体的角度来思考所报道的问题,这种观点会导致对群体意见的极化或者夸大的认识,最终导致个人意见的表达与被夸大的对群体规范的认识相一致。他用量化的数据证明,媒介报道强调群体冲突,对舆论的形成会起重要作用。

那么为什么群体会采用比其个体成员的平均观点更为夸张的观点呢?如何解释"群体极化"现象?或者说这种现象发生的心理机制是什么?

强调**信息影响**的理论认为,群体讨论可以产生一系列观点,而大多数观点都和主导性观点一致,其中会包含一些群体成员在此之前并没有考虑到的具有说服力的观点。另一方面,讨论的参与者一旦用自己的话语表达某种观点时,言语的使用会进一步强化其观点。讨论中,同类观点被表述或复述得越多,被认同的程度就越高。

强调**规范影响**的理论则认为,人们常常通过将自己的观点与他人比较,来对自己的观点和能力做出评价。如果人们在比较了各自的立场后,惊奇地发现,其他人都对自己最初的意向持支持态度,那他们就会表现得比以前的意向更胜一筹。在群体讨论中常常会涉及事实问题以及价值问题。事实问题关乎实际所发生的情况,如在社会经济总体增长的同时贫富差距在增大,意味着相对贫穷的人数在增长吗？价值问题关乎对错判断和行为选择，比如我们应该更关注社会经济增长还是社会分配公平呢？讨论中，有说服力的观点往往主宰那些涉及事实的问题，而和他人观点的比较则会影响对价值判断的反应。在很多既涉及事实又涉及价值判断的讨论中，事实与价值两个因素则会共同起作用。发现他人具有和自己相同的感受（社会比较），会使每个人暗自赞成的那些观点（信息影响）被释放出来。事实上，群体讨论，特别是在观点相似的人群中的讨论，常常可以强化群体成员的平均倾向。也就是说，讨论会强化大多数成员最初都赞成或最初都反对的观点，从而使群体决策更偏离理智，产生群体极化。

在对全世界恐怖组织进行分析后，学者们认为，恐怖主义并不是突然爆发的，而是一个逐渐发展的过程。拥有不满情绪的人走到一起，他们脱离了能令自己的不满情绪缓和的影响，并且在彼此交流中逐渐变得更加极端。"9·11"事件就是由一群有共同目的的人，在长期的互动过程中产生的极化效应所造成的。一位专事研究自杀性恐怖主义的专家认为，制造自杀性恐怖事件的关键因素就是群体过程。"据我所知，还从未出现过因个人一时的兴致而导致的自杀性事件。"①大屠杀都是杀人者相互怂恿而造成的团体现象。

目前，网络传播中的群体极化现象引起了很多人的关注。技术进步极大地增强了个人选择和订制信息的权力，参与者的匿名性和传播手段的便捷极大地便利了志同道合的人频繁积极的沟通，人们在其中能获得更多有助于强化个人观点的信息。一方面，新科技能连接原先彼此无法接触的个人和团体，网络交流平台为人们打破个人孤立、相互谈论公共事务、学习重要性议题、接触不同的观点并创造他们自己的公共空间提供了许多机会。另一方面，"个人化"的增强或许意味着"共同经验"的减少。人们倾向于以个人利益或根据某些特殊兴趣来加入各种网络讨论群体。在这样的讨论群体中，如果缺乏直接、完整和可靠的信息，认同就可能成为说服的有效手段。志同道合是认同的基础，特别是当团体成员认为彼此是处于压力之下的少数人时，或者因为其他外在因素（政治、地理、种族、性别）而联系在一起时，彼此的认同感会更为强烈。认同会使原先具有说服力的观点变得更具有说服力，认同也使成员彼此之间相互激励，并简化论述、强化立场，因此极容易造成群体极化，使网络传播成为极端主义的温床。

历史上群体极化曾使许多重要的价值得以实现，包括民权运动、反奴隶运动以及两性平权运动。在同质性强的社会中，一些成员在参与更大规模的讨论时，往往显得特别安静。比如在一些大的讨论中，妇女的想法通常不具影响力。但是许多孤立团体中的圈内讨论却可能使那些本来被忽视、被压抑的议题，有

---

① 〔美〕戴维·迈尔斯：《社会心理学（第8版）》，第224页。

一个重见天日的机会。尽管如此,群体极化的危害还是显而易见的。民主讨论的目标是尽可能地使不同的人之间可以相互交换意见,但同质团体中的讨论则可能进一步扩大不同意见人群之间的分歧,如果群体讨论不幸与少数偏激主义结合,则可能加剧群体的孤立和对社会协调的破坏性。①

三、群体内的冲突与合作

在群体中总是既有合作又有冲突。合作就是群体合力共同完成目标,而个体都相应得到一定的好处。冲突则是个体或群体觉察到他人会采取或将要采取与其利益相悖的行动,从而做出类似的反应,其结果往往导致冲突双方利益受损。显然,合作是我们所渴望的,而冲突则是我们极力想避免的。那么影响合作的因素是什么?我们怎样才能避免冲突?

在群体中,往往存在理应合作却没有合作的**社会两难困境**,即通过某种方式每个人都可能获利,但是,如果所有人都那样做,结果将是大家都失利。著名的所谓囚徒困境说的是:两人被捕并被分别关押和分别审讯。如果两人都不坦白,其结果是因为证据不足两人只能分别被判处一年徒刑,甚至无罪释放;如果其中一人坦白而另一人不坦白,坦白者将会被判处三个月徒刑,而不坦白者将会被判处十年徒刑;如果两人都坦白,两人将会被分别判处八年徒刑。显然这两个人都面临着合作与竞争的选择以及相应的心理压力。研究证明有好多因素影响着合作。

影响合作的因素包括互惠的强烈倾向、个人合作定位和沟通。**互惠**即在交往中遵循礼尚往来的原则。选择合作还是竞争时同样如此。如果别人选择放弃他们的利益而与我们合作,那么我们也会有善意的回报。反之,如果别人自私自利,我们也会选择自私自利。

个人合作定位是指个体在与人合作的倾向性上有很大的差异。研究发现,个体面对社会两难困境时主要有三种不同的定位:(1)合作定位,即倾向于所有成员成果的最大化;(2)个人主义定位,即倾向于个人成果的最大化;(3)竞争定位,即倾向于打败别人,获得比别人多的成果。这些定位对人们在不同环境下的行为有很大的影响,因此也是影响合作与否的重要因素。

另一个因素是**沟通**。在很多情况下,人们针对问题所作的沟通并没有增加合作的可能,相反,他们会利用讨论来攻击对方,以至于合作无法进行。只要满足一些前提条件,群体间的交流确实可以增加合作的可能,尤其是当成员作出合

---

① 〔美〕凯斯·桑斯坦:《网络共和国:网络社会中的民主问题》(黄维明译),上海人民出版社2003年版,第50页。

作承诺,并会为了个人荣誉遵守承诺时。

在许多动机并存的情况下,群体比个人更倾向选择竞争。因斯科(Insko)及其同事指出,有三个因素会起作用。第一,人们对其他群体的不信任要远高于对其他个体的不信任。人们很希望与个体合作,但是对另一个群体却不抱有这样的幻想。第二,当群体只为自身利益选择竞争方式时,成员之间会彼此支持,认同这种做法;而个体如果选择这种自私的方式,就得不到社会支持。第三,个体间的竞争敌我明确;而在群体中个体可以有所隐匿。有证据表明,这些因素的确导致了群体比个体更倾向于竞争。

与合作相对立的另一个极端是**冲突**,冲突主要包括以下几个要素:个体或群体间对立的利益关系;对这种关系的认识;相信对方会损坏已有的利益;实际干扰行为的产生。冲突产生的原因如下:首先,冲突并非单一地由利益矛盾所引发。有时虽然有利益矛盾,冲突也不会发生。其次,社会因素也可以引发冲突,如错误归因(自己受损,误认为他人所致)、不良沟通(如破坏性批评)、自以为是等。再次,不公平感。人们期望获得所属群体的公平对待,否则就会产生强烈的不公平感。公平可以通过后果,如分配的公平性、过程(如程序的公正性)和礼貌对待(人际公平性)来判断。当人们认为没有获得公平对待时,就会采取相应的措施以讨还公平。这些措施包括:公然减少付出、暗地里偷窃或破坏、改变自己的认知、强调别人应获得更好的待遇等。在亲密关系中冲突同样可以导致不公平感,从而反过来加剧冲突。另外还有人格特性等因素。如有些人的人格特性倾向于冲突而不是合作。

冲突可以通过各种办法来减少,但谈判和建立高级协调目标似乎是最有效的两种。**谈判**是指利益冲突的双方直接或者通过代理人来提议、争论和让步的过程。通过谈判,人们可以有效地处理一些利益的分配问题,减少因为错误归因、不良沟通等社会因素所导致的冲突。决定谈判成果的因素包括策略、定位等。采取何种策略往往是取得何种谈判效果的一个关键因素,一个好的策略就是制胜的法宝,而好的定位往往决定着能否诚心地坐在谈判桌旁,并且及时对自己的谈判效果进行有效的评价。

建立高级协调目标(superordinate goals),即尝试整合双方的利益,建立利益共同体,这种整合的目的就是试图转移对立方,团结一致一同对外。随着全球经济一体化的发展,不同文化与伦理体系之间的冲突日益增多。在这样的冲突中,由于一方不能完全了解另一方的文化、伦理以及判断标准,因此双方往往考虑不到相关的太多的因素,而只是看重结果。有研究者指出,当人们与相同文化或伦理群体成员发生冲突时,会更注重向相互的关系变化。而与其他不同文化或伦理群体成员发生同类冲突时,则会更注重结果。

以上我们讨论了影响群体决策正确性的诸多因素,那么有什么办法能够增加群体决策的有效性吗？以下有一些参考原则。

第一,要有一个公正、开明的领导,公平地对待每个成员的发言,不轻易地把自己归入某一个意见的持有者之中,也不轻易对某一个意见表示完全的肯定或否定。领导的立场倾向和轻易的肯定与否定,是导致群体决策中最初的观点被强化的主要原因。

第二,要尽量做到信息共享,防止重要信息只是被少数人掌握,并因为成员有谈别人所知的倾向而被压制。

第三,要鼓励不同的批评意见。可以任命一个组员承担特定的任务,他可以否定任何一个不成熟的计划或决策,即"魔鬼鼓吹手法"(devil's advocate technique)。这个方法的有效性在于强迫成员仔细斟酌他们要做出的方案。

第四,聘请外来专家,专门提供对群体计划的建议和意见,即可信异议(authentic dissent)。研究发现,可信异议在客观上鼓励对最初群体想法的审慎思考,从而考虑更多的选择,在态度改变的程度上也比魔鬼鼓吹手法要好。

第五,可以采用一些有效的可操作性的方法,如先对群体进行分组讨论,然后再重新分组,以促成不同意见的表达。也可以在行动方案实施前进行第二次讨论,让大家对群体的决策自由发表意见。

还有研究者认为,群体之间的竞争会促使群体成员去冷静地反思群体决策,成员对群体目标实现的向往程度会促使群体成员在不同程度上去反思群体决策。总之,消除不利因素,增强群体决策的科学理性,是我们必须强调的。

小结

本章从群体内部的互动出发,尤其是从群体心理的角度,去考察群体如何形成正确的意见。在群体的分类中,我们侧重从群体动力学的角度强调了互动是群体形成的基础,并且突出强调了群体与集群的区别、初级群体以及群体身份认同的重要性。群体规范是群体互动中最为核心的内容,它决定了群体的生存、群体互动的各种表现形式和结果。群体中的个人深受群体的影响,群体的凝聚力既能满足个人的各种心理需求,如信息寻求、安全感、归属感和自豪感,同时会对个人形成群体压力,导致个人的从众与服从。在群体决策的过程中,群体思维与信息加工偏差、冒险转移和群体极化,以及群体中的合作与冲突等,都可能影响群体的正确决策。

思考题

1. 群体意见的产生受哪些因素的影响？
2. 身份认同与舆论有什么关系？
3. 作为群体成员的个人意见表达与作为个体的意见表达有什么不同？
4. 个人的从众行为与哪些因素有关？
5. 你认为"三个臭皮匠"会顶"一个诸葛亮"吗？
6. 在群体决策中，群体规范会发挥什么影响作用？如何利用群体规范保证正确决策？

推荐阅读

〔美〕戴维·迈尔斯：《社会心理学（第8版）》（侯玉波等译），人民邮电出版社2006年版。

〔美〕约翰·R.扎勒：《公共舆论》（陈心想等译），中国人民大学出版社2013年版。

第八章　舆论的社会性影响过程

1954年,美国联邦最高法院判定种族隔离的学校违宪,但当时,整个美国南方在公共汽车、饭店等公共场合仍实行种族隔离制度。按规定,在公共汽车上黑人必须要给白人让座。1955年12月1日,美国亚拉巴马州蒙哥马利城黑人R.帕克斯夫人,因在公共汽车上拒绝让座给白人而被捕入狱。在青年黑人牧师马丁·路德·金的领导下,全城五万黑人团结一致,罢乘公共汽车达一年之久,终于迫使汽车公司取消种族隔离制。1961年5月初,种族平等大会又开展了"自由乘客"运动,并逐渐发展为全国性运动,迫使南部诸州取消州际公共汽车乘坐上的种族隔离制。

1960年2月1日,北卡罗来纳州格林斯伯勒城四个黑人大学生进入一家餐馆。白人服务员命令他们走开,但他们静坐不动。这一行为立刻得到南部广大黑人学生响应,并发展为大规模静坐运动,迫使近200个城市的餐馆取消隔离制。1963年3月,马丁·路德·金等人在南部种族隔离极严重的伯明翰组织示威游行,要求取消全城隔离制。虽然示威群众受到残酷镇压,但由于马丁·路德·金的坚持和美国联邦政府被迫进行干预,该城种族隔离制被全部取消。伯明翰事件后,民权运动队伍迅速扩大,并开始向华盛顿进军。1963年8月,在华盛顿的林肯纪念馆前面的广场上,马丁·路德·金发表了他的著名演讲《我有一个梦想》,现场有25万多人聆听(其中四分之一是白人),还进行了电视转播。迫于舆论压力,L. B.约翰逊总统在翌年签署了《民权法》。民权运动推动联邦政府实行铲除种族隔离制的改革,最终消灭了公开的白人至上主义,为黑人赢得民权。民权运动不仅改变了美国黑人的命运,赋予了他们很大程度上的平等、自由和尊严,也深刻影响了所有美国人的生活和观念,激发了新时期美国社会的民主和自由斗争。

前面我们分别探讨了个人意见形成和转变的心理机制,以及影响群体内部意见形成的各种因素,但是舆论的重要性在于它所发挥的社会影响,而舆论社会影响的发生,首先在于舆论的社会传播过程。在当今世界,人类的活动空间得到极大的扩展,人与人之间的社会交往和互动日益增多,而社会舆论正是在特定的制度环境下,在各种各样的信息获取和彼此影响的社会传播过程中形成和发展。

第一节 社会化

人刚出生的时候,个人的态度、信念、价值和意见并没有全部形成。在个人成长的过程中,社会环境以各种方式对个人施加影响,使其成为一个符合该社会要求的成员。与此同时,个人也以独特的方式反作用于社会,从而体现个人的主观能动性。这就是所谓的社会化过程。社会化是一个复杂的过程,是通过个体与社会环境的相互作用而实现的。意见的产生在于个人与其环境的一系列复杂的相互作用。政治意见的产生则和政治社会化相关。在一定时期和一定范围内,社会舆论可能不断变化,但其中占主导性的社会共同意识,却是以社会化为基础的。例如对 2008 年北京奥运会开幕式,虽然各种社会舆论褒贬不一,但对于着重展现中国文化和中国精神的主题却存在着广泛的社会共识,这种社会共识就是一定程度上政治社会化效果的反映。

一、社会化与态度

政治社会化是人们学习和发展关于政治世界的态度的持续的过程。政治社会化不仅包括关于政治内容的习得,还包括对个人在政治生活中的恰当行为的理解和把握,以及对政治的更广泛意义上的理解,比如政治行为的一般准则。

在政治社会化过程中个人如何获得政治态度呢?政治学家和社会心理学家经常借助**学习理论**来研究政治社会化过程。美国学者多森(Dawson)把政治社会化过程大体区分为两种:直接(显在)的学习和间接(潜在)的学习。**直接学习**是通过学习一些政治内容从而获得相关的态度,如小学生通过对国旗、国徽的学习以及升旗仪式等,逐渐培养国民意识。个人通过对国家法律和政策的学习,而逐渐形成相应的价值观和政治认同,如爱国主义、法治观念等。**间接学习**可以分为两个步骤。先是获得一些非政治性的态度,然后这些非政治性的态度发生一定的转换,从而形成政治态度。例如孩子对老师有敬佩景仰之心,这是对非政治的权威人物的一种积极的态度。当孩子开始了解政治人物以后,他可能会把对老师的积极态度转向国家领导人。当然这一转换过程不是必然发生的,受到很多因素的影响。如果孩子的父母对政治持高度的否定态度,孩子很可能受父母影响而持否定态度。

二、社会化的间接和直接过程

政治社会化有三个**间接过程**。

一是人际转换(interpersonal transference)。如上所述,孩子把对老师的态度转换成对政治领导人的态度,从而把非政治态度转换成政治态度。

二是实践转换(apprenticeship),即把在非政治环境下(如学校、家庭和工作中)习得的态度和技巧应用到政治环境中。比如某同学在大学学习新闻传播专业,希望将来成为电视新闻评论员。但是毕业前他考取了公务员,那么他在大学所学的传播知识也会被运用到行政工作中。或者某人曾任职于某公司环境部,后来进入政界,那么他原先在工作中获得的知识、技巧和相关态度,对他后来的工作也会有所帮助。

三是总体化(generalization),即把个人的非政治的信仰体系转成政治性的。我们可能对人性善恶、成功失败、物欲道德等持有一定的态度,一般说来这些态度是非政治性的,但进入政治领域后,这些一般性态度就可能具有政治重要性。比如美国前总统克林顿对美国大法官的提名遭到拒绝,因为媒体披露该提名人选过于追求物质生活,还曾经雇用非法移民照顾孩子,以减少开支。这些做法虽然触犯的是非政治性的一般信仰体系,但显然影响到公众对她的政治态度。

政治社会化还有四个**直接过程**。

一是模仿(imitation)。对态度和行为的模仿可以是有意识或无意识的。最常见的模仿行为有对政治成员身份的选择。有许多文章认为,个人的政治倾向常常在儿童时期就受父母的影响,但是在成长过程中,孩子也可能选择否定性认同,即选择和父母相反的政治倾向。

二是期待性社会化(anticipatory socialization)。一些人希望在社会中获得特定位置,从而采取和这些位置相联系的态度。比如一些想经商的学生会采取一些商业人员的价值观和行为,而希望成为摇滚音乐人的学生可能会在衣着行为上模仿摇滚歌星。

三是政治教育(political education)。通过在学校里学习一些相关课程,或者在社会中通过其他社会化方式,个人有意识地获取某些政治立场。这一过程的重要性在于"个人主动要求学习"。

四是政治经历(political experience)。包括各种影响个人政治态度和行为的经历,比如某人在学校参与学生会选举,或者参加一些党团活动或其他政治组织的活动,有可能促进他今后的政治参与。

从政治社会化的角度研究政治态度的形成和政治学习的发生,也就是要研究个人如何了解社会期待,形成态度和价值观,并成为政治文化的一部分。以往对政治社会化的研究着重于青年的学习而忽视成年人,这是因为两个基本假设。一是初始原则,即认为最初学到的东西最能持久;二是结构原则,即认为最先学到的东西会形成一定的结构,并且影响后来的学习。但最近的研究却反对这两种假设,而认为更重要的政治学习发生在成年阶段。

三、社会化过程中的影响力量

对政治社会化过程中影响力量的研究要回答两个问题:一是谁是最重要的老师;二是人们从这些最重要的老师那里学到了什么。政治学家保罗·贝克(Paul Beck)曾提出一个模式。他认为,社会化的影响因素必须具备三个条件,即**接触**(exposure)、**沟通**(communication)和**接受**(receptivity)。也就是说,如果个人要受到某种因素的影响,就必须接触到,然后通过沟通传播,而最终接受。

个人一生中所受到的或大或小的社会化影响是多方面的。

父母影响。最早研究政治社会化的海曼(Herbert Hyman)等人,把家庭视为最重要的社会化因素。孩子和父母大量接触、交流,并接受父母的态度。但目前的研究对这一结论有所保留。1965年在美国曾开展了一项研究,系统考察了父母对高中生政治态度的影响。该研究在1973年和1982年又进行了进一步的访谈研究,结果显示:(1)从童年到少年,家庭对孩子的影响持续上升,直到某个时间父母和孩子的联系减弱;(2)家庭对个人政治态度的影响不像早期作家所说的那样普遍较强,而可能在某些领域很强,在另一些领域较弱;(3)家庭对儿童在一些明显的、直接和具体的问题上的态度最有影响,而对一些遥远的、抽象问题的影响最弱。

学校影响。除家长以外,学校被认为对个人态度是最有影响力的。但是考察学校的影响非常难,因为所有孩子都上学,因此难以对比分析不同孩子的接触、沟通和接受情况。因此,对学校影响的研究侧重于对特定课程和特定老师的考察。

同伴影响。研究表明父母可能给孩子最初的影响,但随着儿童的成长,同伴的影响越来越大。父母和学校强加给学生最多的,是态度的社会经济特征,如服从权威、守纪律、坚守某些价值观等,而同伴影响则可能使个人脱离父母立场,甚至反其道而行之。

媒介影响。关于媒介在社会舆论中的影响将在下一章分述,而关于媒介在政治社会化过程中的作用则有以下基本的研究结论:(1)关注媒介的人经常在政治上更为消息灵通;(2)媒介对人们态度的形成没有直接影响;(3)接触媒介会强化而不是改变人们的政治态度;(4)媒介在社会化中最重要的功能是"议程设定"。

第二节 社会表征

社会表征理论(Social Representations)是由法国心理学家莫斯科维奇(Serge Moscovici)在1961年出版的《心理学：印象与公众》(*La Psychanalyse: Son image et son public*)一书中最早提出的。该理论一直在发展，对舆论研究很有意义。简单地说，社会表征是源自日常人际交流中的各种概念、陈述以及解释，类似于传统社会的神话和信仰体系，是当代各种社会共识(common sense)的汇集。

一、社会表征与认知

社会表征被看成是人们用以理解世界以及与他人交流的心智模式或图像。社会表征是一种心智实体。它由抽象元素和具体元素（概念和图像）构成。在每一个表征中，这些元素都具有特定的结构。对于大多数表征来说，具体元素或图像最为重要。比如，"中国结"就是中国社会很重要的一种表征。

表征围绕着象征核心(figurative nucleus)形成。严格地说，社会表征提供了人们理解和评价世界的手段。以政党为例，按照社会表征理论，首先有一个政党，其次是人们关于这个政党的社会表征，最后是从表征中衍生出来的人们的意见。比如关于英国保守党，可能的表征是"它曾经是一个人道主义的群体，但现在已经演变成权威主义和种族主义了"。这种包含抽象因素的表达形成了一幅广义上的"温和派群体被强有力的极右强硬分子渗透的图像（具体元素）"。鉴于这种负面评价，当调查员询问选民在选举中会投哪个党的票时，他们可能会说，过去常常投保守党一票，但以后不会了。表征理论的要点就在于，它指出，为了理解人们为什么会给出这种意见，我们需要了解他们关于政党（以及与此相连的关于民主程序、经济运转等）的社会表征（概念和图像）。

二、社会表征与建构

难道我们不是通过我们的所见所闻来建立社会现实的吗？莫斯科维奇认为，社会的思考更多依赖常规和记忆，而不是逻辑推理，因此社会表征被认为具有决定性的建构作用。当一个群体理解外部世界时，它就在根据社会表征建构那个世界。关于政党的经验就受社会表征的制约，当政党领袖以某种特定方式行动时，人们会根据相关的表征来建构其行为的意义。对于熟悉的经验，人们可以根据已有的社会表征库存简单地处理，但对于不熟悉的经验，则要经过"导航"(anchoring)和"物化"(objectification)两个阶段。

导航过程体现为：先是提炼外来信息，然后对新的事物进行命名，再然后是将新的陌生的事物与以往熟悉的事物相联系，以便于理解。新的对象被分派到原有表征的一个思维或元素范畴中。新的个案与典型个案或者范例联系起来，使人们根据熟悉的经验理解不熟悉的事物。比如当1992年美国洛杉矶发生大规模种族骚乱时，国内有很多人认为，这是美国种族歧视的又一恶果，甚至认为是黑人对白人种族歧视的强烈反抗。这就是借用了以往所熟悉的关于美国社会种族歧视的表征来理解一个新的情况，种族歧视表征起到一个导航作用。但实际上，在电视台播出的导致骚乱发生的录像，只反映了事件发生的后半部分，即白人警察袭击黑人青年的部分，而对于事件中黑人青年罗德尼的重大犯罪前科，以及他的拒捕和攻击警察的行为却被剪裁掉了。在骚乱中被大肆抢劫的是韩国人的商店，参与骚乱的不仅有黑人，而且有白人，但主要是生活不够富裕的年轻人。因此美国主流舆论认为，该骚乱反映的主要是美国社会阶层而不是种族差距的扩大，是年轻人的反社会行动而不是黑人的民权斗争。被诉的白人警察经过几年艰苦的诉讼之后，终于获得了胜诉，洗清了种族歧视的罪名。

物化过程则是将概念（concept）转化为形象（image），并且把抽象的内容变成可以理解的内容。新的对象被转化为一个具体的图像元素，并且在交谈过程中，这种新版本的表征在社会群体中传播开来。因此，对群体而言，新的经验会逐渐成为他们具体现实的一部分。

三、表征的社会性

虽然社会表征论与图式理论（参见第六章）都强调抽象的认知结构代表对某种概念或刺激的组织化的认识，以及信息处理的机制，但是社会表征理论更加强调表征的社会性和动态发展，其社会性至少体现在三层意义上。

首先，社会表征最重要的特点在于它与社会互动之间的关系。社会表征内在地与群体成员之间以及成员与媒介机构之间广泛的社会互动和沟通过程相连，尤其是人们日常的非结构性谈话：闲言碎语、酒馆争吵和家庭讨论等。表征是通过社会互动而实现的社会共享。在持续的社会互动过程中，个人和群体通过表征而理解外部世界并与他人沟通，在沟通与合作中，通过对以前表征结构的转化而实现表征的再造。因此在表征与社会传播之间存在一种微妙的关系。社会传播使社会表征发生变化，社会表征的稳定性取决于沟通的一致性和持续性，是特定时期各种社会影响过程平衡作用的结果，而人们兴趣的改变会导致新的沟通形式和新的表征的出现。在源自社会互动过程这一意义上，社会表征是社会的。

其次，社会表征为社会互动提供了一套符号，一套一致的规范。在沟通的过程中，社会表征使我们所遭遇的人和事务常规化。每一种叠加在现实之上的经历都被常规所决定。换句话说,由沟通的社会影响所维持的社会表征构成了我们日常生活的现实,成为我们相互之间建立联系的主要工具。在很大程度上,我们对特定问题的认识是相似的,我们共享表征,从而能够理解其他人在谈论什么,可以就特定问题进行交谈。一些社会问题可能成为公共话题,在共同认识的基础上,一些问题可以被讨论并最终通过公共行动而解决。一致的表征提供了一种稳定的、外在的世界观,它能够形成交流的主题。相反,表征的不一致将会导致冲突、争吵和误解,交流者的沟通意图会受到阻碍,而表征竞争的结果是新的表征逐渐建立。总之,共享的表征建立起共同的"现实",共识变成了"惯例",统一行动是理所当然。在2008年北京奥运会开幕式上,我们看到了反映中国文化的"卷轴""四大发明""丝绸之路""和"与"太极",甚至历史的"脚印"。这些演出的节目,一方面唤起了观众头脑中固有的表征,另一方面又创造出新的表征形式。诸如此类既抽象又具体的社会表征,对社会沟通的影响是潜移默化而又非常有力的。

最后,社会表征提供了一种区分社会群体的方法。因为社会表征为交流提供了约定的规范,并成为理解的核心动力,因此所有共享一种表征的人,会在对世界的某个方面的理解和评价上取得一致,所以表征就成为一种至关重要的联合及同化力量。使一个群体成为群体的正是其成员共同拥有的表征,表征的边界划定了群体的边界。还以上述例子分析,关于中华文明的表征不可能是一种个别的建构,而是世代传递、广泛传播的产物。当这种表征产生出来并且被确立的时候,人们使用这些表征来谈论中国就是很自然的了。共享这些表征的人构成了一个社会群体:他们将会以同样的方式理解、评价并最终行动。

社会表征研究有助于我们理解更多的社会现象,如公众对科学的理解,关于健康和疾病的大众认识,对癫狂的概念、性别身份的认识发展等。正如卢因(Lewin)所说:个人的现实观,在很大程度上,是由社会所接受的现实观所决定的。社会表征是客体和观念之间的中介。

社会表征的经验研究通常以明显界定清楚的、同质的社会群体作为起点,以阐明其**表征**。例如以中华民族为起点研究其社会表征,就很容易证明"表征界定群体"这一观点的正确性,但实际上,如果脱离参与者关于群体的表征,研究者就很难识别出心理学意义上显著的社会群体。也就是说,一方面群体被视为自然存在的现象,可以用作研究结论的明确基础;另一方面,群体范畴本身又可以被理解为参与者在交流过程中建构出来的社会表征。实际上,离开了社会表征,就不可能谈论相关群体,而莫斯科维奇却要证明,群体成员身份决定了社会表征。

四、社会表征与舆论

社会表征与舆论有什么样的关系？在《群氓的时代》(L'âge des Foules)一书中，塞奇·莫斯科维奇提出，舆论是一个统计系统，既受逻辑也受感情的控制，同时被少到十人多达百万人所分享。这一统计系统要生存下来，第一个必要条件是每一个人必须认识到他自己的判断和其他人的判断之间的相似性；而第二个必要条件则是，这些判断应该关于同样的事物——人工流产、法兰西共和国总统或原子能——并且我们必须知道这一事物，因为如果我们对此事物一无所知，那么它就没有任何社会意义，而且显然也不能成为舆论的对象。①作为一个社会群体，我们必须选择对某些社会问题采取行动，而无视另一些社会问题。在很大程度上，我们对事物的共同认识（社会表征）决定了我们解决问题的努力程度。因此，只有在一定程度上对特定问题有共同认识，我们才会谈论它们，这些问题也才会成为公共话题，引起讨论和争论，并最终化为社会行动。

社会表征对大众媒介也很有意义。一方面，媒介是舆论产生的重要因素。莫斯科维奇宣称，媒介不会直接改变个人，而是要通过个人生活和交流的圈子（家庭、朋友等）的影响来改变个人。也就是说媒介要通过社会表征来实现目标。他还强调，因为不同社会群体的社会表征各不相同，因此无论鼓动、宣传还是其他的信息扩散形式，都要因人各异。另一方面，新的媒介传播形式的出现，也产生了新的意见传播的可能性，从而将更广泛的社会群体纳入了知识的心理生产过程。简而言之，信息环境的变化也会影响社会表征的运作机制，而社会表征的改变则会影响舆论的形式与内容。

社会表征理论对舆论研究者非常有吸引力，尽管它模糊不清，难以理解，但是这一概念提出了一种理解态度、观念和归因结构的新框架，并且它能够提供一种区分不同社会群体成员的原则性标准。法国社会学家布迪厄就认为，舆论无法测量，因为有如此多的社会表征。除非调查者和被调查者都以同样的方式看待同一问题，否则调查的问题对被调查者就没有意义，而回答也不能测量出研究者想要的东西。

从广义上来说，社会表征理论是社会规范"共识观"的一种体现。规范包含了社会可接受的行为模式以实现社会目标。规范通过修正共识来解决矛盾冲突，使社会行为一致。规范就是为了使社会行为一致，确保社会互动的平稳和可预测，从而使社会以凝聚和稳定的共同体形式存在。一些社会规范可以被法制化，成为社会的法律法令。而大多数规范则常常是普遍深入地隐藏在社会中，被

---

① 〔法〕塞奇·莫斯科维奇：《群氓的时代》(许列民等译)，江苏人民出版社2003年版，第254—255页。

人们视为理所当然。这些社会规范非常重要,是日常的社会互动的"隐藏纲要",是我们的行为背景,也是事情发生的上下文场景。比如关于民主原则的基本共识对于政治体制的正常运转非常重要。关于民主决策的规范也是政治合法化的基础。此外,还有许多社会道德规范和社会交往规范等。

这种共识观在以民意调查为主的舆论研究中并不常见,因为从定义上看,既然规范为大多数人所接受,那么再用问卷调查就没什么价值。

第三节 社会分层

与社会表征理论所代表的"共识观"不同,有关社会分层的理论更多是一种社会"冲突观"和"功能观"的体现。

"分层"原为地质学家分析地质结构时使用的名词,是指按照一定的标准,地质构造可以被区分为高低不同的层面。社会学家发现,社会中人与人之间、集团与集团之间,也像地质构造那样可以分成高低有序的若干等级层次,因而借用地质学上的概念来分析社会结构,形成了"社会分层"这一社会学范畴。

研究表明,社会分层结构是一种客观存在,根据观察和分析的角度不同,而有不同的分层目的和分层标准。例如经济学家可能会以收入水平或财富多少来划分阶级阶层(高收入阶层、中等收入阶层和低收入阶层等);政治学家可能会以权力关系结构为基础来划分阶级阶层(如统治阶级、被统治阶级等);还有些学者以消费水平或消费方式,或者职业声望等进行社会阶层的划分。但舆论研究更为关注的是社会分层所体现出的不同群体特征,以及由此而导致的不同社会群体的利益取向、社会政治态度、行为选择和生活方式。社会分层会产生多种结果,包括歧视性的群体行为、群体内的凝聚力的形成、种族中心的偏见等。在社会发展特别是社会激烈变动的过程中,不同的社会阶级和阶层都有相对独立的群体利益,也必然会产生各种利益冲突。不同群体利益的意见表达构成了社会舆论的核心内容。对社会分层的了解不仅便于我们认识复杂的人类社会结构法,而且有利于我们对社会结构和相关舆论进行科学分析,以建立不同利益的整合机制、矛盾冲突的化解机制以及社会分层秩序的稳定机制,实现社会的协调发展。

在人类历史上曾经存在四种基本的分层制度。一为奴隶制,是社会不平等的一种极端形式。在这一制度下的某些人可以将另一些人作为财产而绝对占有。二是主要产生于印度次大陆的种姓制。它与印度教的轮回观念紧密联系,种姓之间不能发生个体的流动。三是等级制,存在于许多传统的文明中。

一般而言,等级制由不同的等级构成,每个阶层有不同的权利和义务。如在欧洲传统等级制中,贵族和绅士构成第一等级,神职人员构成第二等级,自耕农、商人和艺人等被称为第三等级。四是阶级制度。阶级的构成取决于个体所属的不同群体间的经济差异,阶级差别的一个主要基础在于工作条件和报酬的不平等,而不在于宗教、世袭地位等非经济因素。阶级之间的界限没有明确划分,成员具有一定的社会流动性,也没有明文限制不同阶级的人通婚。以财富的所有权以及职业类别所构成的阶级制度,在总体上形成了经济主导的社会分层结构。①

一、马克思主义观与韦伯主义观

在阶级阶层研究中,长期存在着两大理论流派。一是马克思主义的阶级分析;二是韦伯主义的社会分层分析。马克思主义将是否占有生产资料作为划分阶级的唯一标准。因此在工业化之前,存在着拥有土地的阶级(贵族、绅士和奴隶主)和不拥有土地的劳动者(奴隶、农奴和自耕农),而在工业化以后,则存在着拥有新生产资料的企业家或资本家和靠出卖劳动力为生的工人阶级或无产阶级。阶级之间的关系是剥削关系,资本家榨取工人的剩余价值,因此在财富日益积累的同时,工人阶级依然相对贫困化。本质上,资本家与工人阶级之间的不平等不仅仅是经济上的不平等,现代工厂的发展常常意味着工作变得枯燥乏味,工人身心疲惫。因此马克思把极化的阶级关系和经济问题视为所有社会矛盾的核心。

相对于马克思主义的理论,马克斯·韦伯则发展出一个更为复杂、多元的社会视角。韦伯认为,一个社会具有经济、社会和政治三种基本秩序,因此提出划分社会层次结构的三重标准,即财富(经济标准)、威望(社会标准)和权力(政治标准)。

按照财富的标准,阶级的划分不仅在于对生产资料的控制与否,而且在于社会成员在经济市场中的"生活机遇",如从事管理或专门职业的人比蓝领工人收入高、工作环境好,而在蓝领工人中,技能型工人的工资待遇又高于非技能型或半技能型工人。这也就是把能用于交换商品与劳务的收入能力作为划分社会阶级、阶层结构的经济标准。

社会标准是指不同的社会群体所被赋予的荣誉或社会声望的差异。在西方分层理论中,常常按照这个标准把社会成员划分成不同的社会身份群体。马克

---

① 参见〔英〕安东尼·吉登斯:《社会学(第4版)》(赵旭东等译),北京大学出版社2003年版,第270—271页。

思相信社会地位是阶级分化的结果,但是韦伯认为,社会地位的划分不受以经济标准为基础的阶级划分的影响。破落贵族可能仍享有很高的社会声望,而"暴发户"却可能受人蔑视。相反,社会地位会通过衣食住行等生活方式表现出来,并有助于形成个人在他人眼中的社会地位。所谓社会身份群体是指那些由有着相同或相似的生活方式,并能从他人那里得到等量的社会尊敬的人所组成的群体。社会地位相同的人构成一个具有共享的认同感的群体。

政治标准主要是指权力。韦伯认为,权力就是"处于社会关系之中的行动者即使在遇到反对的情况下也能实现自己的意志的可能性"。在现代社会中,政党的形成是权力的重要方面。政党经常以一种组织的形式,为根据党员的利益所确定的特定目标而工作。马克思倾向于从阶级的角度来解释地位差别和政党组织,但韦伯认为,这两者虽然都受阶级的影响,但不能简单地归结为阶级划分。政党可能超越阶级界限,而建立在宗教派别或民族理想的基础之上。地位差别和政党组织也可能影响个体和群体的经济状况,进而影响阶级。因此以上三条标准既是相互联系的,又可以独立作为划分社会层次的标准。

马克思主义确信,阶级是实际存在的社会实体,有确定的阶级意识和阶级利益,并采取追求阶级利益的集体行动。韦伯主义却认为,现实社会中并不存在有统一意识和统一行动的阶级实体,阶层的划分很大程度上只是学者为研究社会问题而采用的一种统计上的分类。

二、分层理论的新进展

近几十年来,马克思主义和韦伯主义在社会分层上的观点日益趋同。新马克思主义者中很少有人坚持以生产资料占有作为阶级划分的唯一标准,因为马克思当年所说的资产阶级和无产阶级两极分化的阶级结构显然与当代社会实际不相符,中间阶级的兴起是无须争辩的事实。新韦伯主义者的多元分层指标(包括种族、性别、年龄等)虽然越来越多,但经济指标特别是生产资料的占有(是雇佣者还是受雇者)依然是最重要的分类指标。

英国当代著名社会学家吉登斯(A. Giddens)认为,社会根据三种"市场能力"划分为三种阶级,即掌握生产资料市场能力的上层阶级、具有教育和技能市场能力的中产阶级、具有体力劳动市场能力的下层阶级。

美国社会学家 R. 林德与 H. 林德在《中镇》(1929 年)与《过渡的中镇》(1937 年)等著作中提出了"企业家阶级"与"工人阶级"的模式。企业家阶级由商业与工业管理者以及通常被称为专家的人组成。其他人则属于工人阶级。美国社会学家 C. W. 米尔斯在《权力精英》(1956 年)一书中,把工人分成白领和蓝领两个阶级。白领是指从事脑力劳动的技术熟练的工人,其中包括管理者阶层。蓝领则是非熟练的体力劳动者。

美国社会学家W. L.沃纳等人曾依据多重标准提出六个层次的划分方法。这实际上是把上、中、下三个阶级各分成两层:(1)上上层。由世世代代的富有者组成,这些人既拥有大量的物质财富,又有上流社会特有的生活方式。(2)下上层。他们虽然在财产上并不逊色于上上层,但他们还没有具备上流社会的生活方式。有人称之为"暴发户"。(3)上中层。他们是一些成功的企业家和专业技术人员,居住在环境优美的郊区,有自己舒适的住宅。(4)下中层。主要包括一些小店员、神职人员等。(5)上下层。他们的收入并不比上中层和下中层的人少,但他们主要从事体力劳动。(6)下下层。主要是指无固定收入者、失业者以及只能从事一些非熟练劳动的人。

美国社会学家、结构功能主义的代表T.帕森斯主张,以职业作为社会分层的标准。他认为,在美国社会中最重要的分层标准是职业,财富与声望都依赖于职业。职业的等级是代表个人成就的,是社会对个人成就的一种认定与酬赏。酬赏分配制度就是社会分层的原因。结构功能主义的分层理论在美国长期占统治地位,采取这一分层方法的社会学家通过社会调查,把美国一百多种职业按社会声望的高低排出名次来。具有代表性的是1964年美国进行的职业评分,这次评定的职业上至联邦最高法院的大法官、医生,下到清道夫、擦鞋童,共87种,所得的分数最高为94分,最低只有34分,共列出40多个层次。

法国社会学家布迪厄认为,可以根据不同人群对吃、穿、住房、商店、诊所、家具、汽车以及音乐、书籍、戏剧、宠物、花、儿童玩具等消费品位的偏好,即文化和经济资本来区分阶级群体,并分析和揭示由此形成的社会分层结构。使个体区别于其他人的因素越来越不基于经济或职业因素,而是基于文化品位和闲暇嗜好。广告商、专卖商、时装设计师、时尚顾问、装修设计师、个人顾问、临床医学家和网页设计师都影响着一个日益扩大的消费者团体的文化品位和生活方式的选择。而消费品位偏好具有很强的继承性和很大的影响力,造成社会分层结构的复制和再生产。[1] 这种将阶级分化与不同的生活方式和消费模式相联系的观点得到很多学者的赞同。有学者在文化品位和资产的基础上对中产阶级内部群体加以区分。一是拥有高"文化资本"和低"经济资本"的专家型群体,他们倾向于追求健康、积极的生活方式,包括锻炼、较少饮酒,参与文化和团体活动等;二是代表着"模糊"消费模式的经理和官员,其运动量等于或低于平均水平、较少参与文化活动,偏好传统家具和时装;三是所谓"后现代派",追求没有明确原则、

---

[1] 李培林、李强、孙立平等:《中国社会分层》,社会科学文献出版社2004年版,第7页。

不被传统所欣赏的生活方式,因而对骑马和经典文学的兴趣可能伴随着对攀岩和狂欢这类极端运动的迷恋。①

总之,目前的主流看法是,把"职业"作为社会分层标准,把资源占有作为基本维度,并辅之以社会经济地位综合指数的测量。另一方面,现代社会已经变成了消费型社会,阶级内部以及阶级间的分层逐渐地不仅有赖于职业差别,而且有赖于消费和生活方式的差别。消费社会某种程度上也是"大众"社会,具有不同阶级背景的人可以观看同样的电视节目或在同一家店里买东西,阶级差别在某种程度上被忽略了,但可能通过生活方式和品位的差异而得到强化。

三、当代中国社会分层

1998—2001年,中国社会科学院社会学研究所"当代中国社会结构变迁研究"课题组在全国范围内开展典型调查。调查研究的结果显示了当前中国社会阶层分化的四个主要特性。

一是与绝大多数已经实现工业化或正在实现工业化的社会一样,当代中国的阶层分化越来越趋向于表现为职业的分化。突出表现为体力与非体力劳动者之间、管理者与非管理者之间社会经济差异的扩大。

二是当代中国社会的一些特殊的制度性安排对社会阶层分化仍有显著影响,这些制度因素包括所有制、户籍制度、部门差异以及国家在资源配置中的强有力的作用。

三是生产资料所有权仍然是导致当代社会阶层分化的重要因素之一,这也是市场经济社会的普遍特征。但是这一因素在当代中国社会阶层分化中的作用,显然要相对弱于它在当代资本主义社会中的作用。

四是经济体制转轨的过渡期对社会阶层分化产生了特殊的影响。在过渡期的利益调整中,大部分人的收入和生活水平会逐渐提高,也会有部分人因为收入和生活水平相对下降而落入社会低层;另外,在过渡期还会出现阶层位置不确定的边缘性群体。

课题组提出了以职业分类为基础,以组织资源、经济和文化资源的占有状况为标准来划分社会阶层的理论框架,勾画出由十大社会阶层和五种社会经济地位等级所组成的中国社会阶层结构的基本形态。不同社会阶层的经济地位特征和社会态度各有不同。参见图8-1②。

---

① 参见[英]安东尼·吉登斯:《社会学(第4版)》,第284页。
② 陆学艺主编:《当代中国社会阶层研究报告》,社会科学文献出版社2002年版,第9页。

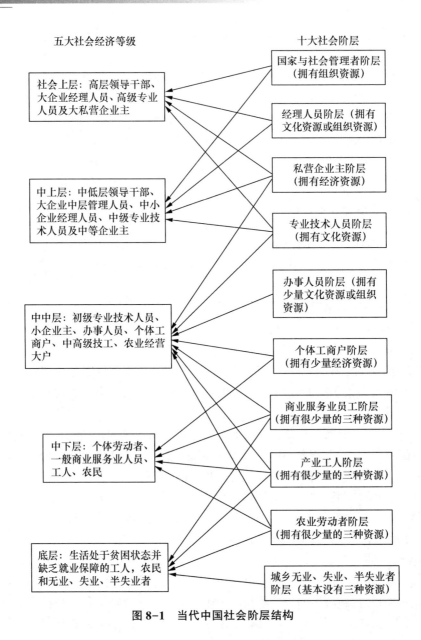

图 8-1 当代中国社会阶层结构

第四节 集体行为与社会运动

一般说来,社会上大多数的人的行为都处在既定的社会规范的制约之下,但在一些特殊的情境下,也会产生一些非常态的社会群体的集体行动。社会群体的集体行动可以包括各种从表面上看来不但毫不相关甚至大相径庭的现象：暴乱、骚动、恐慌、狂热、时尚、流言、谣言直至各种社会运动，而社会运动是集体行动最强有力的形式，与舆论研究也有很密切的关系。

一、勒庞对集体行动的研究

对集体行动（collective behavior）的早期研究，以法国学者勒庞最为著名。在《乌合之众》的开篇他就说道："千真万确，这是一个群体的时代。"勒庞认为："站在一起或者偶尔聚集的一群人不是群体，至少从心理学上看如此。只有聚集成群的人，他们的感情和思想全都转到同一个方向，他们自觉的个性消失了，形成了一种集体心理，这才是一个心理群体，或称之为组织化的群体。"[①]勒庞从群体心理的一般特征、群体的感情与道德观，以及群体的观念、推理与想象力三个方面说明了群体对个体的影响。"……有意识人格的消失，无意识人格的得势，思想和感情因暗示和相互传染作用而转向一个共同的方向，以及立刻把暗示的观念转化为行动的倾向，是组成群体的个人所表现出来的主要特点。他不再是他自己，他变成了一个不再受自己意志支配的玩偶。"[②]勒庞认为，个体往往能够主宰自己的感情，但是群体则缺乏这种控制的能力。群体非常容易受到外界的刺激，并且因此感情上表现出爱冲动、易变化和急躁的特点。群体由于处于无意识状态，并且对于理性的影响表现出无动于衷，因此容易受到暗示以及表现出轻信的特点。群体情绪简单和夸张，并且由此所造成的结果是，它全然不知怀疑和不确定性为何物。群体时而偏执，时而专横，时而保守。群体的道德容易两极化，要么道德高尚，要么道德低劣。群体的想象力不但非常强大、活跃以及敏感，而且群体只能被形象打动。群体的信念有着宗教感情所固有的盲目服从、残忍的偏执以及要求狂热的宣传等特点，因此可以说，他们的一切信念都具有宗教的形式。

勒庞整个理论的核心就是所谓的心智归一法则（the law of mental unity）。他认为，集体行为（包括社会运动和革命）都是非理性的产物。个体的人是理性的、有教养的、有文化的，但随着集群（crowd）密度增大，个体的思维和行为方式逐渐趋于一致，变得越来越野蛮和非理性。勒庞著作中充满浓郁的法国贵族意识以及由此而来的某种偏见，但他所指出的集体行为中的暗示与感染的作用确实是显而易见的。

[①] 〔法〕古斯塔夫·勒庞：《乌合之众：大众心理研究》（冯克利译），中央编译出版社2005年版，第12页。
[②] 同上书，第18页。

二、对集体行为的五种常见解释

20世纪初,许多美国人留学欧洲,学习了勒庞的理论,并在美国加以改造,为集群行为的同质性做出五种常见解释。

第一,麦独孤的本能论。该理论认为,集群行为是由个人的天性为他人的情感表达所唤醒而造成的,集群的过激行为是初级本能和情绪互动的结果。

第二,奥尔波特的社会促进论。该理论从实验入手,通过乘法运算、可逆透视、联想速度和心理对比等一系列测试,证明他人在场对个人完成任务有促进作用,从而证明了勒庞的假设,即处于群体之中的个体是与独处的个体不同的。

第三,特纳的紧急规范作用论。该理论认为,在集群中由于相互之间的社会影响,新的规范从他人的可见行为中产生,从而确定了集群环境中适当行为的标准。正是在一些模棱两可的情况下,个人的行动者可以为其他大多数成员确定规范。而集群一旦觉察到指导他们行动的新规范出现,就会感觉到执行它的压力。[①]

第四,布鲁默的循环反应(circular reaction)论。布鲁默认为,集群行为产生于社会互动,而不是勒庞所说的"集群意向"。具体来说,人群中的情绪感染是一个"由他人的情绪在自己身上引起同样的情绪的过程,它转过来又加剧了他人的情绪"。一个集群形成的社会心理学机制是循环反应,该过程分为以下步骤:集体磨合(milling,传递谣言、不确定感增强、人与人之间相互感染并产生某种共同的感觉)、集体兴奋(collective excitement,人与人之间的感染力和共同感觉继续增强)和社会感染(social contagion,爆发集体行为)。

布鲁默还将人群分为四类:(1)偶合人群,即结构最松散,没有共同目标和集体约束的个人的总称。(2)常规人群,如剧院里的观众和飞机上的乘客等,通常按已有的社会准则或常规行动。(3)行动人群,正在行动的、行为指向明确、最容易接受暗示的人群,其行动会违背通常的行为规范,并常常是愤怒和有敌意的。他们的行动往往起因于一个诱发事件,甚至有时候诱发事件与主要问题毫无联系,但却成为人群错置情感和极端行动的焦点。(4)表意人群,是在某些集体活动中借机释放情感的人群。表面上这些人的行为可能杂乱无章,甚至野蛮疯狂,但实际却存在一定的行为规则,并且一般都有自己的组织结构和领导者,有一定的活动范围的限制。表意人群中的一种特殊类型,是包含相互支持并具有归属感和认同感的团结人群。虽然这四种人群中每一种都可能产生诸如骚

[①] R. Turner, "Collective Behavior," in R. Faris, ed., *Handbook of Modern Sociology* (Chicago: Rand McNally, 1964), pp.382-425.

乱或暴乱等形式的集群行为,但其中后两者发生骚乱等形式的集群行为可能性最大。①

第五,斯梅尔塞的价值累加论。斯梅尔塞(Smelser)将集群行为定义为"在重新规定社会行为的信念的基础上产生的社会动员"。集群行为一般具有以下三大特征:(1)由某种共同的信念所引导,这种信念不同于日常生活中的其他信念,它涉及威胁、阴谋等非正常力量;(2)不是确定的行为,它的制度化程度很低;(3)参与集群行为的人认为凭借集群的力量能够重建正常的社会行为。斯梅尔塞的价值累加理论基础来自经济学:它假定集群行为的产生都有一个确定的模式,可以把集群行为在发展的每一阶段理解为"追加价值",随后才有最终产品,即集群行为的出现。

决定集群行为的六个具体因素是:(1)结构性助长,即有利于产生集群行为的社会结构或周围环境;(2)结构性压抑,任何使人感到压抑的社会状态,如贫困、冲突、不公平的待遇、难以捉摸的前途等,都刺激人们通过集群行为来解决问题;(3)普遍的信条,即人们通过对自己所处环境中的问题的认定,形成对问题的看法和信念,它使得人们通过对形势的了解而做好了行动的准备;(4)突发因素,这是集群行为的点火器,这种因素通常是一个戏剧性的事件,它创造了集群行为的具体环境,加速了集群行为的爆发;(5)行动动员,群体内的领袖人物或鼓动者的鼓励和口号,标志着集群行为的开始;(6)社会控制机制,即防止、控制和疏导前五个因素的累计力量。集群行为最后是否发生,就看控制手段是否成功。一旦控制失败,集群行为便在所难免。②

上述五种理论虽然与勒庞的论断存在种种细微差异,但立足点却基本一致,即大都不认为集群行为者是有目的地采取行动,参与集群行为的个体是情绪化的和非理性的。但美国的科尔曼等人却试图改变社会心理学的这一主导观点,而将集群行为同样理解为个人在集群状态下的一种理性行为(其中涉及行为的代价和报酬的比较)。科尔曼用一种与社会交换论者十分相似的语言——报酬、资源和转换——和矩阵分析方式来阐述自己的观点,认为集群行为产生的原因是成员通过理性的权衡,将自己行为的部分控制权转让个了他人。也就是根据他人的行动,来决定自己做什么。以时尚现象为例,其中的报酬结构涉及三方:发起者、追随者和大众媒介。时尚流行的过程中,追随者将对自己行为的

---

① H. Blumer, "Collective Behavior," in A. M. Lee, ed., *New Outline of the Principles of Sociology* (New York: Barnes and Noble, 1951), pp.19-20.
② N. J. Smelser, *Theory of Collective Behavior* (New York: Free Press. 1963), pp.168-169.

控制权转让给了发起者,而发起者则将控制权转让给了各种大众媒介。①

总而言之,集群行为既可能是非理性的,也可能是理性的,这取决于集群行为的具体形态以及行动的发展阶段。一般性的集群行为可能具有非理性的特征,但是由集群行为发展而来的社会运动,有些却是非常理性的,是人们进行社会变革的非制度化尝试。

暴乱与骚乱都是集群行为的重要表现形式。这两类人群的相似之处在于,他们都是临时集合起来的,都会采用公开的暴力活动,其行为与社会常规相背反。不同之处则在于,骚乱者比暴民更缺乏结构性、目的性和统一性。骚乱可以涉及不同地区的不同群体,这些群体的行为可能不完全一致,除了制造混乱外,没有什么特定目标。最典型的如1985年在北京工人体育场发生的球迷骚乱事件,球迷对中国队主场失利非常不满,于是起哄闹事,从谩骂、抛汽水瓶,到阻拦车辆,直至殴打球员和过路群众。暴乱者通常有一定的目标,比如袭击某个社会群体、组织或公共设施,对某类人处以私刑等;暴乱者也可能有自己的领袖,并强烈要求成员行动一致。但是相对于暴动来说,他们仍然具有暂时性和不稳定性,因此仍然是一种集群行为。改革开放以来,社会变动加剧,人们的权利意识增强,现代媒介也更加便利了人们的社会联系,再加上种种其他因素,导致各类群体事件不断发生,很值得我们深入探讨,以利于维护社会的协调发展。

三、社会运动

第一,定义。传统上,社会学家们强调社会运动和集群行为的相似性。布鲁默曾经指出:"集群行为统一而持久,且又含有某些特质,我们便称之为社会运动。"②相比而言,社会运动更有目标性和组织性,持续的时间相对更长。研究社会运动的权威学者赵鼎新对社会运动的定义则是:"有许多个体参加的、高度组织化的、寻求或反对特定社会变革的制度外政治行为。"③

运动中往往蕴含一些重要因素。学者冯钢强调,社会运动区别于集群行为的最独特的性质,在于有自己独特的信念或理想。社会运动都有自己的组织形式。借助于运动的组织形式,运动的领导者才能对运动的参与者实现某种程度的协调和控制,才能使运动朝着预定目标顺利发展。而运动的第三个特征,则是对行动主义的信奉。④

---

① 〔美〕詹姆斯·S.科尔曼:《社会理论的基础(上、下)》(邓方译),社会科学文献出版社1999年版,第220页。
② H. Blumer, "Collective Behavior," in A. M. Lee, ed., *The Principles of Sociology*, pp.19-20.
③ 赵鼎新:《社会与政治运动讲义》,社会科学文献出版社2006年版,第2页。
④ 冯钢:《社会运动》,载周晓虹主编:《现代社会心理学——社会学、心理学和文化人类学的综合探索》,江苏人民出版社1991年版。

因此社会运动往往历时较长,并且包含预备阶段(preliminary stage)、普及阶段(popular stage)、正式组织阶段(formal organization)、制度化阶段(institutional stage)等过程。①在运动中会出现各种类型的领导人,如提供愿景的魅力型领袖、提供意识形态的知识分子型领袖和负责日常事务的管理型领袖。运动规模也会从小型、高度投入的核心团体向更大型的蕴含多个小群体的群体发展。英国学者吉登斯指出,社会运动的各种形式和规模千差万别。有的成员只有几十名,有的则可能包括成千甚至成百万人。有的可以在法律许可的边缘进行,有的则会是非法或秘密的群体活动。社会运动经常与改变一个公共问题的目标相联系,而法律或者政策经常是社会运动的一个结果。例如,美国的民权运动就通过立法使学校与公共场所的种族隔离成为非法行为。女权运动在经济与政治平等方面为女性赢得了重要利益。②

第二,社会运动的分类。

虽然社会运动常常具有明显的政治色彩,但绝非仅限于政治运动,而是在社会的经济、文化、艺术、宗教乃至日常生活等领域中都可能产生。波普诺将社会运动划分为改革运动、革命运动、抵抗运动和表意运动等四种基本类型。**改革运动**通过改变社会结构的某些方面来改善整个社会,而不是寻求改变基本的经济或政治格局,或社会分层体系的实质;**革命运动**目的是推翻现存的社会结构,并用新的制度取而代之,产生于改革运动行不通的地方;**抵抗运动**旨在防止变革,或是企图扭转已取得的变革,通常发生在急速的社会变革时期;**表意运动**不旨在改变社会结构,而是希望改变组成社会的人们,试图为其成员提供某种形式的个人改造。本质上可以是宗教的,也可以是世俗性的。③还有人根据社会运动的目标区分出政治、经济、宗教以及教育运动等,或者按社会运动所倡导的变革方向和变革速度,将其分为激进的(radical)、反动的(reactionary)、温和的(moderate)、自由的(liberal)或保守的(conservative),或者根据运动所采取的策略区分为合法的或地下的、暴力的或非暴力的。

赵鼎新则将社会运动从以下三个维度上区别于集体行动和革命(详见表8-1)。在发达资本主义国家,这三者区别很大;但是当今中国更像19世纪末20世纪初的美国社会,革命还有可能,集体行动很多,社会运动还没有制度化。所以,把这三类政治行为看作是一个连续的序列,有助于使社会特别是政府注意社会运动制度化。④

---

① 〔美〕戴维·波普诺:《社会学(第十版)》(李强等译),中国人民大学出版社1999年版,第615页。
② 〔英〕安东尼·吉登斯:《社会学(第4版)》,第419页。
③ 〔美〕戴维·波普诺:《社会学(第十版)》,第611—614页。
④ 赵鼎新:《社会与政治运动理论:框架与反思》,《学海》2006年第2期。

表8-1 集体行动、社会运动、革命的区别

	集体行动	社会运动	革命
组织化程度	很低	居中	很高
制度化程度		分化很大(有的完全在体制外,今天发达资本主义国家的社会运动大多被体制化了)	体制外
改变现状的诉求程度	不高	居中	很高

在中华人民共和国成立初期,群众运动成为党领导人民进行社会主义建设的主要手段。从中华人民共和国成立初期的土地改革、三反五反,到抗美援朝、反右、"大跃进",直到"文化大革命",从中央到地方,各种形式的群众运动,不仅是目标导向的、群众广泛参与的和高度组织化的,而且尤为重要的是,它是当时政治管理的主要手段之一,是社会政治生活的常态,是制度化乃至体制化的。在这一点上,中国的群众运动非常不同于西方的社会运动。①

第三,新社会运动。自20世纪60年代以来,西方社会涌现了民权运动和女权运动、反核运动和生态运动,以及同性恋权利运动和人权运动等一大批新社会运动(NSMs)。这些新社会运动把对复杂的道德问题的揭露放在社会的中心,相对于传统的社会运动,在方法、动机以及方向上具有许多新特点,被看成是现代社会晚期的独特产物。

早期的社会运动以劳工运动为代表,旨在于民族国家范围内为受压迫群体争取经济利益的公平再分配和公民权利的扩大,其最主要的表现形式是集会、请愿罢工甚至以武力推翻现政权。但20世纪60年代以来的新社会运动却在至少四个方面有所不同:

首先,新社会运动的目标,不在于为社会特定群体争取直接利益,也不再被简化为阶级斗争,而是更多地关注社会生活的各个方面,如环保、和平、公共健康等;提倡新的生活方式和文化价值观。

其次,新社会运动拒绝将国家—政府作为创造社会公平和民主可信度的唯一工具,而是以植根于多元和自发的市民社会中的民主化组织来行动。新社会运动的组织方式是非正式、松散而灵活的,NGO(非政府组织)而不是政党或政府组织积极发挥作用。

再次,新社会运动的参与主体从工人阶级转到有教养的中产阶级,尤其是新中产阶级。

---

① 参见许静:《大跃进运动中的政治传播》,香港社会科学出版社2004年版。

最后,社会运动模式的改变,不再期待剧烈改变社会秩序的巨变式的社会运动,而是通过持续的、局部的、本土的变革方式达到社会变革。新社会运动高度依赖现代大众媒介,常常通过社会营销(social marketing),借助于媒体诉求和形象建构来争取社会公众的广泛关注和支持,为新社会政策的推行创造良好的舆论环境。

许多研究者认为,20世纪60年代后的社会运动反映了欧洲在第二次世界大战后的一个重要转型,即从工业社会转变为后工业社会。在后工业社会中,人们无须为温饱问题而斗争,旧的认同基础(工人阶级意识)的重要性日益削弱,新的社会怨恨、兴趣和价值产生,新型社会问题(如环境、女权、人权和动物权)日益受到重视,新的先进阶层(如学生)和新的认同(如女性、同性恋者和环境保护者)逐渐兴起。因此,这些新社会运动本质上是一场原有的现代化价值与正在兴起的后现代化价值之间的冲突,是现代化或资本主义合法性危机的体现,是人们在新的社会条件下寻找自我认同的结果,是为控制和定义主流文化而进行的斗争。

新社会运动用文化价值体系之间的斗争来修正阶级分析,对文化层面的强调凸显了传统社会运动理论中的很多盲点,引发了对政治、政治性抗争的重新定义,关注公共—私人、政治性—非政治性分野的可商榷性,以及其中的权力和抗争。有一种观点认为,人们对传统政治的信任正在减弱,新社会运动的发展有时就成为现代社会晚期公民对政治冷淡或不感兴趣的证据。而另一种相反的观点却认为,新社会运动的参与者认为直接的行动和参与要比依赖政治家和政治制度更有效,新社会运动处于激进的公民文化或市民社会的中心,正在帮助许多国家振兴民主。

学者们对这种新形式的政治参与和社会行动的考察,特别是对欧美之外的国家的社会运动的观察,着重关注权力运行的多面性,如话语权力的面向,话语权力的压制和抵抗,社会动力源(social agency)如何塑造社会和政治的关系,特别是社会行动者的能动性是如何改变既有机构的。

但批评者认为,研究者过度强调的是新社会运动在文化和社会层面的新颖之处,却没有深入分析基础的社会运动过程问题:参与群体是如何被组织起来的,如何动员资源来实现其理念,如何与政府等其他政治主体互动。新社会运动强调其文化性而非政治性,强调其独立于国家体系的自治性和松散的组织结构,强调其主体的能动性。但对这样的属性如何改变社会及其治理模式却言之甚少。松散的、文化的、不以国家为中心的运动如何带来实质的社会变革?如果回避政治和社会结构,如何考察新社会运动的特定属性的形成、运动过程和后果?如果只强调文化价值、意识形态层面的特定属性,新社会运动和过去的社会运动并没有绝对的分野,因为早期的工人运动也涉及文化价值和生活方式问题,并且过去也存在大量不以物质利益为基础的社会运动。

第四,社会运动、舆论与媒体关系。

社会运动本身就是一种意见表达。真正意义上的社会运动出现于19世纪中叶之后。作为一种意见表达形式,它所表达的意见由两个部分组成:其一是直接的表达,包括运动的主张、口号、宣言等;其二是隐性的表达,如运动所采用的斗争手法、姿态、所团结的人群等。与传统的斗争形式相比,新社会运动选择了不同的斗争手法。传统的斗争形式是地方性的,多与物质需求相关,并带有武力特征,如抢夺谷物、侵占田地等。新社会运动(尤其在其不断发展的过程中变得)更加具有世界性,采取的多为政治手法,如集会、公众会议、思想运动等。"斗争手法同时也是一个结构上和文化上的概念,不仅包括人们在和他人冲突时的行动,还包括人们所知道的行动办法和别人对他们行动的期望。"①其中"别人对他们行动的期望"即社会运动者对别人对自身理解的期望。

现代媒介深刻地影响着社会运动,这主要体现在两个方面——媒介特性本身以及媒体传播的内容。首先,不同媒介的传播特性意味着不同传媒方式本身就带有不同的信息。例如,电视在西方社会兴起后,其媒介特性很大程度上影响了女权运动:书写文化的性别区隔较明显,但电视节目却是男性、女性都能看到都能理解的,这大大削弱了男性和男子文化在女性面前的神秘感,提升了女性的自信心,从而促进了女权运动的兴起。②其次是媒介内容。媒体在报道运动事件时,并不是保持中立的旁观者。"虽然媒体可能不直接为统治阶级服务,但它们肯定不会为社会运动服务。在资本主义社会,媒体报道新闻至少是为了做生意。媒体倾向于关注什么能'制造'新闻。这就强化了常在反抗过程中出现的从破坏向暴力的转变。"③此外,舆论中对社会运动的新观点常常进入社会运动框架,丰富或改变其内容。新的信息,主要是阐释运动的新方法,常常首先出现在公共领域,后来才出现在运动发起者的集体行动框架内。舆论对运动的发展方向和内容的改变典型地体现在美国60年代的新左派运动中。在1965年新左派的"民主社会学生"(Students for A Democratic Society)运动发展成全国性的新闻事件之后,大多数报道强调的均是这场运动的反越战性质,却忽略了新左派运动提出的一些更关键的问题。为了维持媒体的关注,学生们也开始故意强调这场

---

① 〔美〕西德尼·塔罗:《运动中的力量:社会运动与斗争政治》(吴庆宏译),凤凰出版传媒集团、译林出版社2005年版,第41页。
② 参见〔美〕约书亚·梅罗维茨:《消失的地域:电子媒介对社会行为的影响》(肖志军译),清华大学出版社2002年版。
③ 〔美〕西德尼·塔罗:《运动中的力量:社会运动与斗争政治》,第155—156页。

活动的反越战性质,甚至组织一些专门吸引新闻报道的行动。但在这样迅速却有偏差的扩展下,越来越多的反战积极分子占据了领导层,组织内部出现了分裂,整个新左派运动最终被摧毁。①

随着社会运动的发展,一些社会运动的领导者开始有意识地利用媒介,将自身一个群体的意见变为大众舆论,扩大和加速意见的传播,为社会运动推波助澜。"媒体,尤其是电视的功能,生动地强化了视觉象征符号的作用。使用视觉象征符号的一个原因是有助于构建集体认同,另一个原因则是把运动的悲喜、残暴或游戏情绪投射给旁观者和对手。"②这不但要求社会运动的参与者有高度的媒体自觉,同时使媒介与社会运动成员一拍即合。

由于新闻追求新奇,许多社会运动突出甚至刻意创造一些不合常规的行为,发展出一套"媒体策略"(media strategy)。"在东欧国家的反对派学会如何把新闻稿投向这些媒体之后",新闻媒体在传播运动信息方面发挥了重要作用。"而电视,因为具有以浓缩的视觉形象概括复杂形势的独特功能,则造成了运动战术上的革命。"民权运动"之所以是电视头条反复播出的新闻题材,很大程度上是因为它的视觉成分"③。这一现象的最佳事例是墨西哥的"萨帕塔运动"。其领导人(或如其本人所言——发言人)"副司令马科斯"实际的扮演者是一位社会学研究学者,他成功地运用了这种反客为主的修辞,有意识地使自己置于闪光灯风暴的中心,导演了一场精彩的媒体战。而"所有行动与事实,最终只有一个归宿,即变成媒体事件,变成旋生旋灭的图片、影像和即时消费的有趣新闻"④。也许不会有其他的社会运动拥有这样得天独厚的条件,但不可否认的是,对媒体的成功运用无疑推动了社会运动的扩散与发展。

国内外社会运动与媒体的关系存在着较大差异。通常人们认为,国内的媒体在报道社会运动时较受限制,国外则有较宽松的报道环境。但根据赵鼎新的观点,西方主流媒体与舆论往往具有保守性,即倾向于维护统治阶级。但是在中国,媒体和公共舆论在政治层面上往往会与体制拉开一定距离。一些新闻记者以打"擦边球"为荣。中国的媒体在一些情况下并不能对公共舆论起到建构作用。若媒体对运动进行负面报道,公众可能会以谣言中的信息为准;当媒体对一集体行动进行完全正面的报道时,公共舆论才有可能完全接受媒体的说法。⑤

现代信息技术与社会运动的结合产生了惊人效果。现代化的信息传播媒

---

① 参见〔美〕托德·吉特林:《新左派运动的媒介镜像》(张锐译),华夏出版社2007年版。
② 〔美〕西德尼·塔罗:《运动中的力量:社会运动与斗争政治》,第153—154页。
③ 同上书,第154页。
④ 戴锦华:《副司令马科斯:后现代革命与另类偶像》,《天涯》2006年第6期。
⑤ 参见赵鼎新:《社会与政治运动讲义》,社会科学文献出版社2006年版。

介,使遍布全球的社会运动(非政府组织、宗教与人道主义群体、人权组织、消费者保护群体、环保积极分子以及各种公益组织)能够结合在一起,形成巨大的地区和国际网络。当事件发生时,这些电子网络具备空前的即时反应能力,能接近并共享信息资源,对相关的各种组织机构施加压力。例如在西雅图发生的反对世界贸易组织的大规模抗议活动,在很大程度上是通过网络组织起来的。

随着互联网的发展,"国际社会运动"的数量稳步增长。从支持取消第三世界债务的全球性抗议,到要求取缔地雷的国际性运动,互联网已经证明了它跨越国家和文化边界来联合活动者的能力。有些人提出,信息时代是权力从民族国家"转移"到新的非政府同盟的时代。在《认同的力量》(*The Power of Identity*)一书中,曼纽尔·卡斯特考察了由于利用信息技术而引起国际范围的注意的三种社会运动。无论是反全球化运动,还是墨西哥的"萨帕塔运动",都运用了大量的传播技术和沟通技巧。美国军方也有报告说:"新一代革命者、激进分子和活动家正开始创造信息时代的意识形态。在这种意识形态中,认同和忠诚可能从民族国家转移到全球性国民社会的跨民族层面上。"①美国兰德公司甚至提出"网络战争"(netwars),即争夺信息和舆论而非领土和资源的大规模国际冲突的概念。对许多政府来说,网络战争是一种令人恐惧的难以控制的威胁。

总之,社会运动、舆论和媒体三者始终处于相互建构、相互影响的关系之中。在这种互动下,社会运动的形式进一步发展,媒体取得想要的宣传资源,舆论在选择与接受的过程中形成并不断改变。

小结

本章着重从社会学角度探讨舆论的社会传播过程。社会化是个人成长和整个社会维持一致性的必由之路,在社会化的过程中,构成社会舆论内核的主流价值观得以普遍传递和维系。莫斯科维奇的社会表征理论虽然相对抽象,但是突出强调了源自日常人际交流中的各种概念、陈述以及解释,类似于传统社会的神话和信仰体系,是当代各种社会共识(common sense)的汇集,以社会表征的形式,为人们理解和评价世界提供帮助。社会分层理论通过探讨社会中实际存在的各类人群的划分,来说明社会意见表达的广泛多样性以及社会舆论中潜在的分化与冲突。早期关于集群行为的研究侧重于揭露匿名者的聚合所可能造成的非理性集体行动的种种问题,而许多对当代社会运动发展的研究,则充分肯定其高度的组织化、对社会资源特别是现代媒介资源的充分利用,以及积极寻求特定

---

① 转引自〔英〕安东尼·吉登斯:《社会学(第4版)》,第420页。

社会变革的群体理性参与的特征。

思考题

1. 社会化与舆论的社会形成有什么关系?
2. 社会表征理论与图式理论有什么区别与联系?
3. 如何理解社会分层对社会舆论的影响?
4. 当代新社会运动具有哪些特征?社会运动、媒体和舆论之间存在着怎样的关系?

推荐阅读

赵鼎新:《社会与政治运动讲义》,社会科学文献出版社2006年版。

第九章 谣言与舆论

  2002年12月底,广东民间出现了关于一种致命怪病的传言,甚至传闻一些医院有病人因此怪病而大批死亡。由于坊间流传蒸醋和喝板蓝根可以预防怪病,因此市面上出现抢购米醋和板蓝根的风潮。不少人由于买不到米醋和板蓝根,转而致电在香港的亲友协助,这使病情得以为外界知悉。当时政府禁止媒体报道有关病情并切断香港电视台的新闻片段。当地政府也要求媒体不要过度渲染该地区的疫情,以免引起民众恐慌。不久,关于这种"非典型肺炎"的疫情开始在互联网流传。随后,所有的论坛对"非典型肺炎"的消息一律消音,当时中国最大的官方论坛之一——人民网强国论坛有数位用户因讨论"非典型肺炎"疫情被管理员封账号。从2003年1月12日起,个别外地危重病人开始被转送到广州地区部分大型医院治疗。2月9日,国家卫生部派出专家组飞抵广州指导防治工作。2月10日,抢购风达到高潮。平时一大包10元以下的板蓝根一下子飙升到三四十元,白醋价格也节节攀升,从10元涨至80元、100元。就在当日,有摄影记者竟然拍到了白醋1000元一瓶的历史照片。

  从狭义上来说,舆论应当是公民意见的公开表达。但是我国很多学者倾向于对舆论作广义上的理解,因此就有了显舆论、潜舆论和行为舆论之分。对谣言的研究主要是从潜舆论的角度展开的。正如奥尔波特等在《谣言心理学》一书中所说:"谣言的欺骗性就在于,尽管它们常常具有评价和煽动的意味,但却往往伪装成正在提供客观事实。因此,它潜在的表达比它所谓的提供消息的功能更为重要。"[1]

  在《中国大百科全书》中,查询"谣言"一词,即转到"流言"一词。流言是"在社会群体中有关某人或社会事件的消息在没有确切的事实根据、来源不明、传播渠道不确定的情况下,不断地在人群中传播的现象"[2]。郭庆光将谣言与流言进行了区分。流言被认为是"集合行为中的主要信息形式","是一种信源不

---

[1] 〔美〕奥尔波特等:《谣言心理学》(刘水平、梁元元、黄鹏译),辽宁教育出版社2003年版,第145页。

[2] 邵道生:"流言",载《中国大百科全书·社会学》,中国大百科全书出版社1991年版,第170页。

明、无法得到确认的消息或言论"。谣言则不同于流言。流言有自然发生的,也有人为制造的,但大多与一定的事实背景相联系;而谣言则是有意凭空捏造的消息或信息。一些别有用心的人,利用人群的昂奋情绪和巨大能量,通过散布谣言来操纵人群,达到某些特定的目的。①陈力丹认为:"从舆论学来看,无论流言是否由个别人故意造谣,重要的是它得到了公众的广泛传布,一旦形成这种态势,流言就成为一种特殊的信息形态的舆论。"②本书中,以"谣言"一词对应英文中的"rumor",不对谣言和流言做严格区分。

第一节 谣言的历史

在古代中国,谣是一种类似于歌的民间表达形式。《诗经·魏风·园有桃》有曰:"心之忧矣,我歌且谣。"汉代《毛诗故训传》中对歌和谣进行了区分:"曲和乐曰歌,徒歌曰谣。"徒歌在汉代许慎《说文解字》里解作"独歌",即没有乐伴奏。"谣言"一词始见于汉代。《后汉书·杜诗传赞》载:"诗守南楚,民作谣言。"这里的谣言有歌谣、赞颂之意。《后汉书·刘焉传》中也有"在政烦忧,谣言远闻"。这里的谣言则有诋毁、诽谤的意思。③汉代还曾经通过"举谣言"来考核地方官吏,包括"采谣""查证核实"和"公卿会奏"三个环节,将谣言作为衡量官吏政绩的重要依据。④《史记·陈涉世家》还记载了陈胜、吴广等人为制造"大楚兴,陈胜王"等谣言事件以"先威众耳",都体现出谣言与舆论的关系。

在《谣言女神》一书中,德国学者汉斯-约阿希姆·诺伊鲍尔生动地阐释了西方社会不同历史时期的谣言现象及人们的反应。古典时期的谣传常常和战争有关,也涉及神谕和神话。《荷马史诗》开头就讲述了希腊人把在各场战役间听到的谣言当成神谕。阿伽门农曾梦见宙斯向他传递战争即将结束的虚假消息,士兵们风闻后,就立刻聚集起来,因此有了文学记载中的第一次露天大会。雅典人还设立了谣言女神的神坛,崇拜其神力。柏拉图的《法律篇》则谈到,一些老人成了流言的神话专家,通过一代代的口头流传,创造并维持着类似集体记忆的东西。著名的古希腊传记作家普鲁塔克(Plutarch,46—120)讲过一个故事:一名理发师听闻希腊军队全军覆灭后,就赶去向雅典人报告,结果却遭到怀疑和迫害,由此反映了谣言作为非正式言谈的社会地位以及雅典人的道德敏感。

古罗马时期的谣言之神名叫法玛(Fama),"法玛"在拉丁语里指名誉、公众

---

① 郭庆光:《传播学教程》,中国人民大学出版社2005年版,第99页。
② 陈力丹:《舆论学——舆论导向研究》,第102页。
③ 姜胜洪:《网络谣言应对与舆情引导》,社会科学文献出版社2013年版,第19—23页。
④ 周裕琼:《当代中国社会的网络谣言研究》,商务印书馆2012年版,第11页。

的看法、声誉、流言蜚语和谣言。好名声和坏名声都叫法玛。它有两层意思：一指消息，就像"消息女士"；二指消息在人心中引起的联想。好名声是众人的褒扬，是道德的证明。坏名声则相反，并且会因此失去别人的尊重。在罗马诗人维吉尔的《埃涅阿斯纪》中，神担心埃涅阿斯在非洲的恋情会影响他最终的伟业，就派法玛女神去阻挠，使这位罗马之父既保全了名誉，又最终完成建立伟大国家的使命。维吉尔描述的这位谣言女神是个可怕的怪物，走得很快，长着翅膀，身上长满羽毛、眼睛、舌头、说着话的嘴和竖起的耳朵。维吉尔的描述，也成为后世众多作家、画家和雕塑家相关作品的原型。在古罗马，从中心广场的演讲台，到大大小小的谈话圈层，谣言女神遍及罗马的公共交流体系。

在文艺复兴时代，谣言和荣誉有了区分。法玛女神也不再是一个怪物，而是与道德结盟，成为荣誉的象征。在一些宗教内容的画中，法玛女神张开的翅膀上仍然有眼睛和耳朵，她手中有两把铜号，其中象征好名声的那把更亮一些，象征谣言的则暗一些，但时刻准备着。后来又出现很多谣言的替代性象征，典型之一就是莎士比亚戏剧中身上绘满舌头、头上长着翅膀的健壮男子卢默（rumor）。这是一个舌头灵活、尖刻、恶毒的多头怪物，象征着听传谣者是一群人，也是骚乱的近亲，因此是统治者要极力控制的。

法国大革命时期，巴黎的新生活为谣言的滋生和传播提供了便利。在报纸、传单、演讲、诗歌、口号等种种形式之外，谣言的听传功能也被充分发挥，成为革命的催化剂。与此同时，各种关于骚乱、暴动和屠杀等过激行为的谣言催生了"流行恐惧症"，成为革命的敌人。谣言的抵制者以基督教中著名的怀疑论者托马斯为原型，创造出一个新的人物：持批判态度的公民。

德国哲学家和心理学家威廉·斯坦恩（William Stern，1871—1938）最早从法庭心理学角度开始了对谣言的科学探索。1902年，他设计了一套谣言的实验程序，以研究证人证词在多大程度上可以作为对客观行为的精确再现。他自己作为A，将一则刑侦故事念给实验员B，B又将自己记住的内容接着念给C听，如此类推。只要比较这一故事的不同版本，就很容易发现谣言的变异，以及其中的虚构合理性。后来其他的科学家模仿斯坦恩的实验程序，以研究不同的记忆参数，比如"性别与叙述忠实性"的关系问题。大部分的早期研究者都采用类似的方法，通过各种实验方法的设计，证明谣言就是错误传递的消息，人们在时间和空间上离原点越远，消息就会越来越错误。

在两次世界大战期间，谣言再次发挥着威力。正如17世纪一幅版画所描述的，在战神马尔斯的长矛上，架着一个小小的、长着翅膀并拿着弓箭的人，即谣言女神。在这两次大战中，不仅有传统的反映战争残酷和受害者恐惧的谣言，更有被专门机构精心制作和散布的"宣传式谣言"。现代传媒的作用得到充分的体现,有的以开办"谣言诊所"专栏的形式对谣言进行无害处理,有的则充当宣传工具,使谣言传播得更广更有效。

第二节 谣言的定义

美国哈佛大学心理学教授奥尔波特,有感于战时谣言问题,在珍珠港事件发生后不久,就开始分析与谣言传播有关的实验,并于1947年出版了《谣言心理学》。作者提出,谣言的散布一直是重大的社会和心理问题,在危机时刻更是如此。事实证明谣言原则被广泛应用。对传播内容进行省略、突出、同化的趋势,存在于所有不受客观事实标准严格限制的人类交流形式中,如传奇故事、法庭证词、社交聊天,甚至历史著作和艺术创作中。尽管如此,该书还是聚焦于那些"未经证实的通常被称为谣言"的主题,将"谣言"界定为"一种通常以口头形式在人们中传播,目前没有可靠证明标准的特殊陈述"。任何谣言总暗含着传播一些真相的意思,传播的媒介通常是口头语言。谣言偶尔也印在报纸或杂志上,或者传播于电波中,但是,负责任的出版者和广播电台正学着控制那些道听途说的报道,尽量避免传播谣言。另一方面,诽谤的小册子和不负责任的出版物是有害谣言的常见载体。它们坚持认为,谣言仅在缺乏"证据的可靠标准"时盛行,"因此,为了判断我们听到的是信息还是谣言,我们必须先判断,描述离它所依据的证据是近还是远"。[①]

奥尔波特的学生纳普(R. H. Knapp)对第二次世界大战期间的一千条谣言进行了分析,并与马萨诸塞州公共安全委员会和最早设立"谣言诊所"专栏的《波士顿先驱报》联合制定了《有关部门制止和控制战时谣言的标准》。他认为,谣言是一种"旨在使人们相信的宣言,它与当前时事有关,在未经官方证实的情况下广泛流传"。在此基础上,1951年,美国学者彼得森(W. Peterson)和吉斯特(N. Gist)在《谣言和舆论》一文中,将谣言定义为"人们私下流传的,对公众感兴趣的事物、事件或问题的未经证实的阐述或诠释"[②]。美国社会学家希布塔尼(T. Shibutani)突出强调了谣言的新闻性,在1966年出版的《即兴新闻:谣言的社会学研究》一书中,他将谣言界定为"人们在议论过程中产生的即兴新闻"。迪方佐和波迪亚(N. DiFonzo & P. Bordia)指出:"谣言是在模糊或危险情境下产生的未经证实却正在流传的工具性的说法,它能够帮助人们弄清事实并控制风险。"[③]

---

① 参见[美]奥尔波特等:《谣言心理学》,原著序。
② [法]卡普费雷:《谣言》(郑若麟、边芹译),上海人民出版社1991年版,第6页。
③ 周裕琼:《当代中国社会的网络谣言研究》,第12—13页。

从以上定义中我们可以确认,**首先,谣言中包含着某种新闻性,容易引起人们的广泛关注**。谣言之所以易于传播,首先是因为其新闻性引发了人们的兴趣。谣言几乎总是叙述一件新近发生的事。即使是陈年旧事,谣言也总是以独家新闻、最新消息的形式去传播。谣言中包含的否定性因素,能有效地增加新闻价值,从而增加传播扩散的可能性。

其次,谣言带有很强的人际说服特征。谣言的传播,既包括传统的口耳相传,也包括借助于微博、微信等社会化媒体的传播形式。较之其他传播形式,人际传播带有很强的意义共享和情感传播特征,也具有很强的劝服性。谣言总是通过熟悉的人传来的,而且总是要强调来源的可靠性,比如"我的朋友亲眼看见"等。热衷于传播流言和谣言的人,可能是因为他本人就倾向于相信其中的内容,或者至少相信该流言有传播的价值,因此在传播过程中会竭力使人信服,而他的传播对象是有选择的,因此也更可能倾向于信服所传播的内容。

最后,谣言具有很强的非官方性。多数有关谣言的定义都强调是"未经证实的",但实际上,强调"未经证实"的标准却带有主观性和反对的偏见。社会生活建立在信任和委托他人去核实的基础上,我们在传播报纸上的一条消息时,传播者也没有显示任何证据证明,但我们会认为它已经被证实了。谣言的出现,仿佛总是来自一个和传播者间接相关的直接证人的叙述,而提供证明的人与我们对他的信任度分不开。因此从表面上看,谣言和其他媒介消息一样,都会被接收者假定已经得到证实了。实际上,谣言之所以令人不安,常常是因为其"真实地"泄密和"曝光",而令权威机构无法控制。因此谣言天然地具有"非官方性",是一种在社会中出现并流传的、未经官方公开证实或者已经被官方所辟谣的消息。谣言或者跑在官方来源之前,或者和官方消息针锋相对,因此谣言既是一种社会现象,也可能是一种政治现象。它揭露秘密,提出假设,迫使当局开口说话。谣言还对当局作为唯一消息来源的地位提出异议。谣言是无人邀请的自发性发言。它经常是反对派的发言;官方的辟谣并不能说服它,就好像官方性与可靠性并不是相辅而行的。谣言对当局质疑,对"谁有权对什么事发言"质疑,是一"反权力"。因此,胡泳认为:"谣言常常作为一种社会抗议而出现。"[1]

总之,谣言之所以引起传播学和舆论研究者的关注,并不在于其内容的普遍虚假或未经证实,而在于其传播之广泛迅速和隐含的具有一定反权威性的意见表达,是一种信息与意见的社会传播现象。

---

[1] 胡泳:《谣言作为一种社会抗议》,《传播与社会学刊》2009 年第 9 期。

第三节 谣言的分类

大多数的流言与谣言都是在预告坏事、灾害、死亡或者背叛。流言与谣言看起来主要是黑色的,而鲜有玫瑰色的谣言。在这些黑色的流言与谣言中也存在不同的分类方法。按照法国学者卡普费雷的总结,早期的研究者认为有三类谣言:一是把欲望当作现实的乐观谣言;二是表达恐惧或忧虑的谣言,如预测灾害的发生;三是攻击群体成员以制造分裂的谣言。另一种方法则是追寻历史,以归纳出不同主题类的谣言。① 国内学者胡钰从造谣者的动机出发区分出牢骚性谣言、攻击性谣言和误解性谣言。② 刘建明先生则按内容区分出政治、军事谣言,经济谣言和伦理谣言。③

实际上,奥尔波特等人很早就分析了谣言中的动机因素,因为"任何人类需求都可能给谣言提供推动力。性兴趣是产生许多流言蜚语与大多数丑闻的原因;焦虑是我们常听到的恐怖威胁性谣言的动力;希望与渴望产生白日梦式的谣言;仇恨产生指责性的谣言与诽谤"④。他们还进一步分析了投射,包括互补投射和直接投射等心理机制的作用。

所谓**投射**是个人意念、欲望等的外化。当一个人的情绪状态反映在他对周围事物的解释中而不自知时,我们称其为投射,其对事物的解释没有用完全客观而公正的证据,如各种白日梦。**互补投射**不是把某人自己的情绪归因于他人,而是假定他人有某种行为,从而为自己的情绪找一个"合理"解释。比如假定文艺圈中的"性交易"是一种普遍的潜规则,从而为自己的不良行为辩护。**直接投射**是克服内疚、避免良心痛苦的自然而不可思议的措施之一。比如战争期间食物短缺时有大量关于军队浪费食物的谣言,而热衷于传谣的人中有很多就违反了相关的食物规定。实验表明,当我们认定别人很坏时,往往是在努力逃避自身的道德过失,如果多责备自己,就会少传播谣言了。因为拒绝面对过失的人会找替罪羊,而认清自己弱点的人似乎不需要替罪羊。所以说,谣言的产生及其在同源的社会媒介中流传,是由于传播者的强烈兴趣造成的。这些人类兴趣的有力影响,使得谣言主要成为一种文过饰非的手段,为正在起作用的情绪做解释、辩解,并提供含义。兴趣和谣言之间的关系如此密切,以至于我们甚至可以把谣言简单概括为一种完全的主观情感状态的投射。

---

① 〔法〕卡普费雷:《谣言》,第135页。
② 胡钰:《新闻与舆论》,中国广播电视出版社2001年版,第131—136页。
③ 刘建明:《社会舆论原理》,第214—218页。
④ 〔美〕奥尔波特等:《谣言心理学》,第19页。

与奥尔波特等人的"动机说"不同,法国学者卡普费雷则认为,应该根据流言对群体的作用而不是流言的具体内容来划分,因此他侧重考察了犯罪谣言、明星谣言、职场谣言、销售谣言、金融谣言和政治谣言等几大类型。

第一,犯罪谣言。

这类谣言非常常见。在大多数司法案件中,都有谣言介乎其中。其中有明显嫁祸于人的恶意诽谤,也有反映社会不安全感的虚假消息。比如当杨佳袭警案发生后,就有很多关于他曾被警察打伤生殖器之类的谣言产生。还有一些关于艾滋病人在街头用注射器扎人以传播疾病的流言等,反映出社会的不安全感和某种社会歧视。

第二,明星谣言。

这是明星制的必然产物。明星是公众在一定时候所期待的一种外貌和个性的结合,明星的诞生意味着他们与观众期待的签约。观众崇拜明星,不是因为其肉体,而是因为明星所产生的心理作用。众多的明星崇拜者需要回报,明星要同时满足他们的窥私欲和神秘感,因此既要管理好秘密,又要巧妙地泄露,以维持大众崇拜。明星的重要性以及笼罩明星的神秘色彩和极度朦胧感,使流言乘虚而入。固定的"追星族"成为明星流言传播的受众环境。明星在公众心目中制造和维持神话。女明星代表典型的情人,因此流言便桩桩件件地诉说层出不穷的爱情故事。男明星不仅是情人,还是英雄,因此流言给男明星的这两个特征添油加醋。明星一旦偏离了观众的既定期待,各种绯闻、犯罪、道德败坏等否定性流言便会滋生蔓延。明星如果不想控制谣言,就会使自己置身于最无法控制的谣言之中。控制谣言需要保持对公众的两个义务:一是一定程度地暴露自己;二是永远保持那些使自己成为明星的美德。

第三,职场谣言。

职场中激烈的竞争、复杂的等级制度和人际关系,是流言与谣言滋生的土壤。尤其当人们感到完全失去了把握自己前途的能力时,流言与谣言便大行其道了。在企业里,领导人的传播媒介是正式的上传下达,公开讲话和文件报告,而低层职工的传播媒介则是各种小道消息。流言能鼓动人,它能轻而易举地调动情绪,甚至激发集体行动,如罢工或集体辞职等。流言能左右人的思想,制造出并维持住人们所希望的气氛。流言还能通过连续不断的激将法,迫使领导人打破沉默,公开应对,从而颠倒劳资关系。企业领导也会利用流言的形式来进行管理。比如在正式决定任命某人之前,先放出非正式的消息,来探测一下下属们的反应。如果职工反应正常,就正式宣布任命。如果反对声音太大,可以公开"澄清谣言"。

谣言数量多寡和内容好坏,是一个组织极好的内部信息交流环境的晴雨表。

既然流言与谣言可能产生于知情不足、过分知情或一无所知,那么应对的策略就是,通过调整情报的公开程度,来铲除流言或谣言产生的条件。

第四,销售谣言。

实际上,口传媒介是销售的主要媒介。人们相互之间有关某类产品、某种品牌以及销售情况的闲聊,给面临选择的消费者提供了宝贵信息。大量研究表明,消费者之间自发的口耳相传对产品销售很有影响。随着网络的发展,大众点评网、口碑网等论坛网站风行一时,进一步证明了人际传播的说服效果。

一般而言,产品关系越复杂,购买越有风险,自发的口传媒介就越兴盛。在服务行业,如餐饮、美容、健身等,口传媒介更为重要。因为就服务产品而言,只有别人的经验才是具有说服力的信息,而在提供服务的过程中,人与人的接触使得一种情感联系得以建立。另外,由于产品制造的标准化,产品质量能保持稳定,但服务水平却变化不定,因此公众对涉及服务行业(理发、餐馆、银行、保险公司)的谣言非常关注。大众传播媒介和广告带来的是信息,口传媒介带来的则是评价。广告告诉人们有某种产品,口传媒介则建议人们是否去尝试。

实际上,面对面的接触也是销售者神不知鬼不觉的传谣机会——使顾客怀疑竞争同业的可靠性。销售者可以随随便便用一种好心好意掏心里话的口吻"传"出一些假情报。当顾客只买一个商人的东西时,风险便产生了。任何一件微不足道的事都可能引发谣言。任何一件事都有被谣言利用去做反宣传的危险。任何牌子都可能成为谣言攻击的目标。商业销售中还比较常见的是舆论引导和推荐策略。以往的引导者或者说"意见领袖",常常被定义为社会精英、知识权威,但今天,意见领袖被认为应当与他周围的人有同样的特征,易于认同和模仿,从而具有说服力。在儿童商品的销售中更常使用口传媒介和舆论引导,产品直销和俱乐部制等新型销售模式也日渐成熟并逐渐扩展。

第五,金融谣言。

一提到"金融"二字,我们立刻就想起股票市场上各种耸人听闻的交易传言。有轰动一时的行情暴跌,也有某人因独家消息而一夜暴富的神话。市场交易本身带有很强的理性色彩,人人精于算计,趋利避害,但金融谣言却在交易者中引进了一个非理性的假设,制造混乱。

金融谣言的存在却是一种正常现象。证券经营者每天忙于利用各种消息,以使他们的收益率处于最佳状态。证券交易的实际风险要比原料市场小,而市场竞争和成交所必需的速度,则加剧了此类交易的危机特征。这种永恒的危机状况带来的刺激和紧张,以及经纪人由此而产生的疲劳和烦躁,为多种谣言的流传铺平了道路。在情况非常不明确的时候,比如官方信息太少、缺乏重大事件或者市场观望气氛浓厚时,谣言对经纪人来说就是一个绝妙的减少风险的方法或者借口。一般情况下谣言产生于信息匮乏,但金融市场上信息过多也会产生谣言。研究表明,潜在的利润越高,投资者对自己能否赚钱的运气估计也就越是偏乐观。事实上投资者在理智地考虑谣言的同时,也将对谣言的估价演化成一场赌博。机遇转瞬即逝,因此永远需要获得信息。谣言部分地满足了人们的信息需要,因此有人试图抓住谣言,甚至制造谣言,以达到操纵市价牟利的目的。1980年9月,华尔街流传着一则有关总统候选人里根心肌梗死的谣言,结果造成股市收盘价格大跌。事后证明这是一个证券经纪人伪造的谣言,以挽救他的500万美元的期货损失。在股票下跌的动荡中,他不仅收回了全部投资,而且获得了一笔可观的利润,这则谣言价值千金。

第六,政治谣言。

谣言的本质在于其非官方性,因此是一种反权力。在角逐权力和经营权力的战场上,谣言层出不穷是必然的。在政治斗争的武器库中,谣言这一武器有很多好处。一是避免身份暴露——谣言让人人知情却没有人负责;二是挑战政治禁忌——谣言能把禁止公开的话题带到公共场所,比如政治家通常很忌讳的健康问题却是谣言的惯常主题;三是无需证据——舆论的根据经常只是印象而不是事实,因此只需指责就行了;四是成本很低——只需少数人的私下酝酿而无须付费。谣言的麻烦之处在于其结果的难以预料。有时谣言也会转而攻击它的散布者。常见的政治谣言有七大主题:一为操纵政权的背后黑手、秘密组织;二为秘密协议;三为黑金授受;四为情色交易;五为领袖健康;六为一语双关式的攻击;七为各种歧视性笑话。

在战争中,以及和平时期激烈的竞选战中,谣言基本来自敌对阵营。但是在通常情况下,针对同盟者的政治谣言往往多于针对公开敌人的谣言。原因在于,同行竞争非常激烈又不便于撕破脸皮,必然需要来去无踪的流言传媒。另外和企业界一样,试探气球也是政治谣言的另一大用途。比如暗示某人有意于某个职位,当流言传开之后,就可以根据反应而决定。比如早在若干年前,关于前美国第一夫人希拉里有意问鼎总统宝座的传闻便四下流传,希拉里本人当然从未表态,但却很容易把握各方意见,以相机行事。有时候,针对某位政治领导人的流言各种各样,但共同点却是攻击甚至破坏该领导人的体面形象。由于政界是各色人等都需要来打探消息的地方,有各种专业"喉舌"在行动,因此谣言能得到最广泛的传播,也随时可以回收和利用。互联网为谣言传播提供了新的条件。

第四节　谣言的产生

谣言是社会环境的投射。奥尔波特和波特曼（W. Allport & Leo Postman）最早提出谣言产生的两个基本条件：一是故事的主题必须对传播者和听众有某种重要性。二是相关事实有一定的模糊性。模糊性产生的原因则在于：新闻太少或者太粗略；新闻自身的矛盾性；人们不相信新闻；某些紧张情绪使个人不能或不愿意接受新闻中所述的事实。

谣言的强度可以用以下公式表达：

$$R \thicksim i \times a$$

其中 R 指谣言（rumor），i 指重要性（importance），a 指歧义模糊性（ambiguity）。语言表达就是：谣言传播广度，随其对相关人员的重要性，以及该主题证据的含糊性的变化而变化，重要性与含糊性之间的关系不是加法而是乘法，因为，如果两者之中有一个为 0，也就没有谣言了。[①]

谣言在缺乏新闻时滋长，在消息太充足时，谣言也会满天飞。在某种条件下，新闻机构越突出某条消息——尤其是突发性消息，该消息便越要承受更多、更严重的谣言歪曲。因为，当重要事件出现时，个人不仅仅是认可这件事，而且会深受影响。在个人的意识中，事件的情感暗示会使人产生各种幻想，个人便寻求解释并想象不着边际的后果。当事件对个人的生活有重要影响，但是又缺乏有关该事件的消息，或者即使有也使人在主观上产生分歧时，谣言便开始流传。造成分歧的原因有很多，有时是报道不清楚，有时是因为听到相互冲突的描述，有时则是因为个人对该消息的理解力有问题。最为重要的是，当人们不相信他们所获的消息时，谣言便会迅速蔓延。

另有学者认为，导致社会谣言滋生蔓延的条件主要有三种[②]：一是信息如果实际上或主观上被认定为权威机构所严格控制时，流言强度增大。比如关于 2008 年拉萨"3·14"事件，西方媒体主观上就认定中国政府严格控制消息，因此对各种非官方消息都很感兴趣，甚至不惜利用明显错误的消息。但如果对新闻的控制并非短暂而是持续进行时，那么社会谣言就会常规化，成为日常生活的核心内容。这种葡萄藤式的"小道消息"常见于独裁政体，军事组织和被奴役的种族、民族和社会阶级中。

二是当一些事情的发生威胁到人们对正常生活的理解时，谣言就会滋生蔓

---

① [美]奥尔波特等：《谣言心理学》，第 17 页。
② *The New Encyclopaedia Britannica*, Vol. 16 (Encyclopaedia Britannica, Inc.), p.557.

延。比如当发生重大的自然灾难,如海啸、地震,或者出现重大丑闻,比如陈水扁家族将巨额资金汇到海外等,都可能威胁到普通人对正常生活的理解,因此可能造成种种谣言。在社会生活中,如果在潜在的对立冲突群体之间发生任何非常规的变化,就可能造成大量谣言。比如,以各种名义强制拆迁,就可能造成流言四起;关于升学制度的种种改革也可能导致各种社会流言。

三是当一种强烈的共同行为动机受到某种阻碍,或者仅仅是缺乏行动的机会时,谣言便会发生。在社会集体行动中,在参与者处于疲惫厌倦的状态下,谣言会因小事而起,然后扩大为令人兴奋的集体行动。

除了以上所讨论的谣言产生的条件外,人们还会关心谣言的始作俑者。大量研究表明,一些别有用心的,特别是有攻击性的,关于军事、政治以及商业和金融的流言与谣言,来自所谓的"专家"。"专家"善于捕捉征兆、作出判断并发出预言。而他们的周围常常围绕着一批等待者,即那些信奉"专家"的人和以报道为己任的记者。"专家"要想使谣言散布出去,当然不能靠组织一次会议,"召集"一些"提供消息的人",而是相反,必须与这些人进行连续不断和无关痛痒的讨论,但不向他们点明希望他们做什么事。在各种私房话和隐隐约约的暗示中,通过拼凑和想象,谣言机器便开始运转了。在互联网时代,也有一些人利用社交媒体传播的便利性,通过低成本的谣言传播来获取流量关注,以求牟利。

谣言的来源问题,从根本上看,其实并不重要。对谣言的追踪可以将谣言简化成一个纯粹个人的问题,即找到一个造谣者,就能使轻信了"虚假"谣言的公众得以自我辩解。真正必须解释和理解的,是谣言传播过程中人群的参加与动员。就算存在一个始作俑者,谣言的基础还是在于人,在于听到谣言并且传播谣言的人。在谣言中,最引人入胜的并非其渊源问题,而是公众对它的所作所为。

美国社会学家希布塔尼认为,谣言是在一群人的议论过程中产生的即兴新闻。谣言起源于一桩重要而扑朔迷离的事件。因为有人相信这确是一则真实的消息,并认为这个消息很重要,于是便与周围的人进行交谈。在真相不明的情况下,谣言既是一种信息的扩散过程,同时又是一种解释和评论的过程。在相互传播事件并加以评论时,一群人逐步得到了一个或两个解释。因此谣言是一种集体行动,是"一群人的智慧汇总的结果,以求对事件得出一个满意的答案"①。许多商品大做广告也引不起公众议论的兴趣,但涉及某些大众产品有毒的谣言,却总是一传百应。由此可见,谣言的能量与其真实与否无关。谣言内容的演变,也并非源于记忆的失真,而是源于整个传播过程中的描述演变和添油加醋的评论。

谣言常常和某人某事有关。然而事实的存在是含混不清的,只有对事实的

---

① T. Shibutani, *Improvised News: A Sociological Study of Rumor* (Indianapolis, Bobbs Merrill, 1966).

见证和叙述,即所谓看到和听到的事实。李普曼在《舆论》一书中谈到一个著名的心理实验,来证明人类经验之不可靠。在一次心理学会议进行中,会议厅大门突然被人撞开,一个小丑冲进来,一个持枪的黑人在后面狂追。他们在大厅中部停下并厮打;小丑倒下了,黑人扑上去开了一枪,然后两人一起冲出了大厅。整个过程发生在不到20秒里。随后会议主席要求在场的人当即写出一则报告。令人惊奇的是,上交的40篇报告中,有10篇可以被认定为虚构内容,24篇是半虚构的,只有6篇可以被视作有证据价值的材料。①这个人为的实验证明,一个绝对准确的见证是罕见的,即使在事实面前,人的感觉能力也是有限的。换句话说,谣言更多是从感觉出发,而不是从事实出发。

还有一些谣言并非从某一事件开始,而是没有任何事实根据,其本身就制造了事件。如果谣言仅仅是因为有人相信而流传,而没有任何存在的理由,那就是一种集体发疯行为。这就给人一种谣言是社会精神病的印象。对谣言的精神病学分析的好处在于,它准许咒骂一切与自己想法不同的人,或者那些不接受"官方事实"的人。如果他们不相信的话,是他们神经错乱。而事实上,虚假信息的传播并非由于集体幻觉,而是完全遵循着社会生活的规则。

实际上,谣言常常没有一个最初的真实。它是一个构筑过程。面对含糊不清的事实,群体成员集中集体智慧,以求一个令人满意的答案。开始时通过注入细节以构成连贯可信的情节,随后出现滚雪球式的积累,然后开始出现遗忘效应。再往后是中转站的介入,增强说服性和增加相互讨论。支配信息变化的,不是遗忘,而是交流的欲望,是分享信息和说服他人的欲望,因此既有对因果关系的简单化,又有对细节的添油加醋。有时谣言内容在传播过程中能保持惊人的原文忠实,这是因为原先的内容简短而严密,也可能因为公众在理智或情感上卷入信息的程度较深。

我们不愿意承认自己思想狭隘,有偏见或自私。因此,假如我们公开指责我们敌视的某些人群涉嫌自私自利,我们就能转移内心对这些人的偏见,同时也忽略了自身存在的自私。指出别人的缺点,有助于我们维护自尊。因此,诽谤性谣言存在于听者的内心。

第五节　谣言的传播

谣言是一种行为。在一个特定的时期,一小群人被动员起来,围绕某个见证、某个信息或某个事件,出现了一种传染行为,即议论纷纷。并非所有故事都

---

① 〔美〕沃尔特·李普曼:《舆论》,第67—68页。

会产生谣言。那么为什么我们传播某类消息而不传播另一类消息？哪些信息值得我们去传递？我们为什么希望将这些信息传播给他人？

一、谣言传播的基础

首先是谣言本身的新闻性质。"新闻，就是使人议论的东西。"一件鸡毛蒜皮的小事，只要稍微脱离一点常规，就可能成为新闻。构成新闻的，并非其内在的重要性。例如"狗咬人"所产生的后果当然要比"人咬狗"严重得多，但只有后者才构成新闻，因为其荒诞、罕见和异乎寻常，会使人吃惊、感兴趣或激动，并急于记住并传播它。

公众自发地重复那些包含着信息的谣言。但是信息必须是人们期待中的，能迎合人们或是盼望或是恐惧的心理，或者符合人们多多少少的预感。对群体来说，信息同时又必须是出乎预料并会带来严重后果。在能够孕育谣言的信息中，尤以扰乱事物秩序、具有直接现实意义的新闻为最，如各种关于自然灾害的传言。还有涉及一些多少比较遥远的明星人物、公众偶像祸福的谣言流传最快。很快，简单的重复变成了解释，并牵出方方面面。它注重的不是事实本身，而是对事实应有的看法；从交织着情感、假定和事实的争论中，诞生出某种一致的意见——**人们所谓的舆论**——这种一致意见对正在被议论的事件提出某种诠释。因为流言和谣言是自发和自由的，所以它是观察正在形成之中的深层舆论的一个理想工具，是舆论的侦察兵。"谣言"既和"集群""团体""公众"等集体名词相联系，又与"市井流言""江湖传说"等让人捉摸不清的词语相联系，而"众口铄金""三人成虎"则可能体现为谣言的效果。

其次，谣言总是在相关人群中传播。只有相当多的人对谣言感兴趣并加以传播，谣言才是一个可感觉到的实在东西。因此谣言既要提供消息，又要起暗示作用。流言与谣言的传播参与者往往隶属于同一个群体，有同样的视角、同样的价值观和同样的态度，也有同样的心理需求。比如知识分子群体需要谣言，以和大众传媒的公开报道拉开距离，通过和官方消息做比较，证明自己的与众不同。相应的心理需求使得人们对谣言的可信性不那么吹毛求疵。我们的直觉、感情和见解所需要的某种求证，使得不大可信的谣言同样能取得某种成功。

最后，谣言是一种集体建构过程。研究表明，群体一致对个人的观点有很大影响。谣言总是来自亲朋好友中的消息灵通人士或权威人士，谣言表面所强调的单纯转述，谣言所采用的貌似中性的词汇和利他立场，使得拒绝谣言就是拒绝传播者本人，而相信一个谣言即表明效忠于一个集体。通过谣言中的共同指认，群体获得一个估算成员和表达自己的机会。参与谣言就是参与群体行动，以进行社会交往，建立社会联系和显示个人才能。在每次关于谣言的谈话中，我们都会通过在讨论过程中掺入一些细节、假设以及添油加醋来制造出一个一致意见。谣言不是在鼓动人们的理智,而是在鼓动人们的情感认同。谣言成为群体协调一致的有效媒介。因此我们需要关注,个人的社会地位和能力在传播或阻止谣言传播方面所起的作用。

二、谣言传播的过程

流言与谣言以社会传播的形式存在。各不相同的流言与谣言却遵循同样的规律:一开始不知从哪儿钻出来,似乎始于青蘋之末,然后开始繁殖和流传,很快形成燎原之势,愈演愈烈,达到顶点,然后开始冷却,变成点点火花,四处流窜,最后渐渐熄灭,偃旗息鼓,归于死寂。

一种普遍的看法是,人们仅传递他们相信的谣言,一旦谣言不可信,就不会传播。但事实表明,人们无论相信与否,都可能传递谣言。谣言利用现有的社会关系网络迅速传递于朋友、熟人以及同事之间。特定的流言与谣言,常常以最快的速度到达某个群体,然后以更快的速度到达相关个人或特别关注者。谣言的传播速度之所以快,在于其与新闻时效性等同的信息价值。谣言因揭露秘密而有价值,但信息的价值却不可避免地会逐步贬值。现代媒介的参与,扩大了谣言的传播范围和参与的人群,但也迅速加快了谣言失效的过程。网络时代谣言传播的性质更为典型。借助于网络媒介,各种谣言大量生成,广为传播,也迅速消亡。

三、谣言传播的渠道

谣言的传播,有赖于传播渠道的发达和流言与谣言在传播中的大量循环再生。借助于发达的传播渠道,谣言在不断转述中发生内容的改变,荡涤最不可能和不可靠的内容,而达到高度的简练和准确,以求能被更好地理解和接受。而当人们再次听到该谣言时,对它的信任度会增加,这就是奇特的谣言的回流现象。传统的口耳相传方式使流言与谣言的扩散和回流十分缓慢,但在媒介高度渗透于人际关系的今天,谣言的扩散速度和回流速度都大大加快了。

谣言既然是非官方的,它就必然通过非正式渠道传播。如果一则非官方新闻仅仅通过人际传播媒介进行传递,且这一过程带有连续性和迅速蔓延的特征,那么其就有了"纯流言"或"谣言"特征,但如果其他传播媒介继续传递这一新闻,而没有揭露其社会流言性质,那么就使之戴上了"信息"这一贵族桂冠,因此不再单纯化,而是"信息化""传播化"和贵族化了。比如曾有一则关于"世纪婴儿享受联合国特别待遇"的愚人节消息被各大媒体广为报道。

由于网络消息发布的低门槛,网络传播的私人性和非正式的特点,很多网络消息带有谣言的性质,比如最初有关美国克林顿总统的"德吉拉报告"。而传统大众媒介的介入则很可能给谣言正名,即便它可以自称是对谣言的客观报道,实际上也可能有传播"虚假新闻"的嫌疑。在2008年拉萨"3·14"事件中,西方很多主流媒体,最为热衷的是各种非中国官方消息,实际起到的是传播"虚假新闻"的作用。在网络传播时代,传统新闻与谣言的界限模糊了。网络不仅传递新闻,也传递各种谣言,以及对消息的各种非官方的看法。不仅如此,网络传播的广泛迅速和匿名特征,还极大地克服了以往谣言传播的空间和时间障碍,使谣言能最为广泛和迅速地传递,而网络中的群体聚合和群体极化特点,更便利了谣言的传播和谣言效力的发挥。

四、谣言传播者

在谣言的传播过程中会出现各种角色——制造者、代言人、舆论引导者、普及者、推进者、机会主义者、调节者、消极中转站、抵抗谣言者等。很多流言与谣言在刚开始流传时并不广泛。流言与谣言具有娱乐功能,能用于聊天,消愁解闷,因为其内容的刺激、令人吃惊和游戏性可以供人消遣。但是流言与谣言经常会提供一个恰恰证实了我们隐隐约约感觉到或希望听到的信息,也就是与我们的内心想法协调一致的信息,因此在自然选择过程中,流言与谣言通过我们的信任而获得可信性。比如某种食品之所以味道鲜美,是因为其中添入了某种神秘而有害的物质。随着听众的增加,谣言慢慢获得可信度,因此谣言流传越广,就越易使人相信。谣言之夸大其词,是信息交流本身的一个合乎逻辑的结果。谣言之被接受则在于接受者本身的紧张状态。谣言是某种背景的见证,背景的变化会使谣言失去合理性。

五、谣言传播的偏离

无论如何,谣言不应被看成是怪物,也不应被看成是在有意识的社会行为中奇特但无价值的一种传播偏离。相反,谣言在回忆、忘却、想象及文饰作用方面典型的歪曲过程,与一般交流形式中发现的歪曲过程非常一致。在传奇故事、法庭证词以及向朋友的描述中,在俏皮话和自传中,在谚语、格言和传记中,甚至在历史著作和艺术创作中,都存在着与一般谣言歪曲中相同的重要原则。对个人和文本内容进行省略、突出、同化的趋势,存在于所有不受客观事实标准严格限制的人类交流形式中。

奥尔波特和波斯曼曾做过有趣的实验,让一个人面对一张描绘日常生活场景的照片或一幅画,凝视二十秒,然后让其将所见转诉给第二者,第二者再转诉给第三者,最后共有七至十人加入其中。实验结果揭示,在最初的那幅照片和第八个人所叙述的内容之间,仅有一丝微弱的联系。实验者从所有传递的环节中,鉴别出三种演变过程:删减、强调和同化。也就是说,从第一阶段开始,大部分细节就被忽视了,信息被删减成固定的长度和形式。与此同时,某些细节被强调了,它们在删减后的信息中非常鲜明而重要,并且常常被夸大。在信息演变过程中,所有细节都融入一个情节:这个情节将各种说法同化、纳入和演变为高度吻合的一体,赋予散乱的情节以某种含义。在这一过程中,谣言获得一个非常简洁的形式,能够抗拒遗忘,并且与流传其中的群体所持的态度、偏见和老一套观念丝丝入扣地结合在一起。

第六节 谣言应对

所有的流言与谣言都是注定要消亡的。流言和谣言具有一定的娱乐和社交功能,当它们并没有涉及我们自己的生活时,在实现其娱乐和社交功能之时,不知不觉中,它们就自行消散了。因为和社会新闻一样,谣言有个兴趣周期。人们不是不相信,而是不关心。很多谣言被接受,是因为接受者处于紧张状态。当紧张状态渐渐缓和下来以后,我们便会重新找回我们的某些判断机制,觉察到谣言不堪一击的特点。谣言是某种背景的见证,如果背景发生变化,谣言也就失去了合理性和存在的理由,因此立即停止流传。但是有时候,谣言的受害者却不得不正视和应对谣言。

1980年,宝洁公司面对有关它属于"月亮教派"、和魔鬼有协议的谣传时,曾直截了当地公布公司资金的构成和公司标志的来源,用事实回击。但是一年之后,同样的谣传再次席卷而来,公司于是决定采取新的对策。一是给予销售商们更大的优惠,二是给四万多宗教组织及其领导人分寄解释性的档案材料,后来又以发表新闻公报、接受电视访谈等形式诉诸大众传播媒介。在此之后,公司还向六人提出造谣罪的法律起诉,其中两人,被发现是一家与宝洁竞争的公司的销售商。公司还经常性地设立15名左右的电话接线员,不断答复询问谣传的电话。然而,在被谣言纠缠了四年、收到几万封匿名信和几十万次电话后,宝洁公司在1985年4月终于决定,取消全部产品的企业标志。

这一事件可以用来说明,阻止谣言有时候是多么困难。首先,辟谣报告中所蕴含的新闻价值要远远小于谣言中的新闻价值,不易引起关注。比起"检测证明某补钙产品不会引起中毒"这样的报告来说,"注意,某产品可能有毒"显然更具有新闻的轰动效应。其次,谣言的力量在于不断重复,而辟谣活动却可能限于数量而难有真正的渗透性。最后,谣言传播是针对有接受倾向的人的简单化告知和相关讨论,传播者与接受者一拍即合。而辟谣活动则是针对人们既定态度的说服,态度转变特别是情绪化的态度转变必定会遭遇更大的阻力,其中最难以逾越的首先是人们的选择性机制,包括人们的媒介选择、信息选择、接受选择和记忆选择。所有的辟谣活动其实都存在两种可能:一是试图影响得知谣言的人,二是使未听说谣言的人得知谣言。因此有时候辟谣反而会起反作用,因为它实际上在人们头脑中加强了谣言对象和谣言内容之间的联系。由此得出的一大经验是:辟谣时不要重复谣言内容。

  谣言止于事实吗?所有谣言都是把一种特征与一个人或一件事联系起来的命题。有一些谣言很轻易就能被事实拆穿,比如关于某领导人病重或病故的谣传,只要让该领导人重新露面就行了。关于某地某时将发生地震的传言也可以等待真相大白。但是还有许多谣言是无法用事实击破的。更为深层的原因是,它存在于我们自己的内在情感中,并且源于我们大多数人都具有而没有意识到的一种情绪。比如有关食品有毒的各种传闻不断,它源于我们内心的恐惧,有时客观存在的证据也无能为力,我们需要的是审视自己的内在倾向性。

  谣言的扩散在许多情况下经常显示出一种对官方渠道消息的不信任,甚至对政府本身缺乏信任。谣言盛行时,什么样的官方公报可以终结谣言呢?答案也许是,让官方消息重新找回可信性。更为简便的办法却是,使一则精心选出来的谣言失去信誉,并通过这则谣言,使人不再相信那些已经传出来的和将要传出来的谣言。也就是说,要改变谣言的形象。

  在第二次世界大战中,面对各种动摇军心民心的谣言,盟军采取的策略就是,明确地给传播谣言甚至谈论谣言定一个不爱国的性质;把它当成一种背叛行为,一种与敌人勾结的行为,使传谣行为为社会所不容。他们甚至设立了"谣言诊所",不仅定期揭露各种谣言,而且借助于心理学家的帮助,解释一则谣言迷惑人的原因,达到了较好的效果。

  一些谣言受害者还经常以起诉方式向谣言发起攻击,如上文中宝洁公司对六个人的直接起诉。但实际上,大部分谣言都查不出根源,诉讼的结果也非常不肯定。但是诉讼却可以改变认为谣言无害的看法。诉讼假设,谣言的源头是存在的,并归罪于一个人或一个群体,并将谣言归结到商业竞争或者政治斗争等让人易于理解的原因上,从而转移公众的视线,让谣言本身失效。

  应对谣言的另一个重要办法是防患于未然。在第二次世界大战中,当伦敦遭到德国飞机狂轰滥炸的时候,丘吉尔向全国如实地汇报蒙受的损失,哪怕损失极其严重。2003年"非典"期间,中国政府每日通报感染人数和死亡人数,从而使谣言偃旗息鼓。由此可见,迅速反应,通过增加透明度来表达诚意,对防止谣言是必不可少的。

  互联网时代,网络谣言激增并迅速蔓延,有些甚至导致网络群体性事件,危及社会稳定、国家安全甚至政府公信力,网络谣言治理成为重大课题。腾讯公司凭借技术优势,推出"微信辟谣小助手",及时进行谣言拦截和公众提醒。但是如果回到舆论学对意见表达现象的研究,我们依然应该重视谣言特别是抗议性谣言中的意见表达,以求得社会善治。

小结

很多有关舆论的研究都将谣言与流言作为其中重要的内容。在本章中,通过比较各方观点,认为从舆论研究的角度来说,谣言与流言没有所谓虚假与真实的区分,都代表一种非官方的消息和意见的传递,因此具有舆论的性质。在谣言的分类上,本章强调不应从动机出发,也不应从谣言的具体主题出发,而应当从谣言发生的传播效果出发来进行分类,从而进一步将谣言研究纳入舆论传播的研究范畴。随后,本章着重考察了谣言产生的条件和起源、谣言传播过程以及终结过程,并对谣言治理提出相应看法。

思考题

1. 谣言一定是虚假的吗,如何理解谣言的未经证实性?
2. 试举出几例谣言,分析其动机根源和作用。
3. 谣言的产生和社会环境有什么关系?
4. 互联网谣言传播具有什么特点?
5. 如何从舆论学角度研究谣言治理?

推荐阅读

〔美〕孔飞力:《叫魂:1768年中国妖术大恐慌》(陈兼、刘昶译),上海三联书店2014年版。

第十章　现代传媒对舆论的影响

　　2005年11月,针对老百姓看病难、看病贵等现实问题,中央电视台《新闻调查》栏目播出了一期题为《天价住院费》的节目,通过记者跟踪调查,反映患者翁家与哈尔滨医科大学第二附属医院号称550万的天价医疗费纠纷,并着重反映了医院过度收费、管理混乱等问题。此片一出,全国舆论大哗,各地媒体争相报道,卫生部、国务院纠风办发出通报,对哈医大二院及相关人员进行了严肃处理,对整个医疗卫生系统进行整顿,医患关系也趋于紧张。半年之后,《财经》杂志记者发表了题为《"天价医疗费"背后的真相》一文。基于更多的事实真相调查,该文认为,这起罕见的"天价医疗费"事件极为复杂,虽然暴露了有关医院管理诸方面的重大弊端,但也昭显了病人家属以"钱权之势"影响和主导医疗过程之严重后果;特别是大量动用宝贵的医疗资源抢救处于终末期的绝症患者,更涉及医学伦理问题。此文从另一个方向推动舆论,也产生了很大的社会影响。

　　关于媒介与舆论关系的观点主要有两种:第一种是反映论,认为媒介提供了舆论形成的空间并成为传达舆论的渠道,即媒介反映了舆论;第二种可称为影响论,认为媒介不仅传递了社会信息,而且影响着舆论的形成。第一种观点无可否认,因为媒介作为公共领域的物质实体向来被人们所重视。哈贝马斯在对资产阶级公共领域的分析中指出,文艺批评杂志是文学公共领域的共生物,而报刊检查制度的废除则成为政治公共领域形成的标志之一,因为自此以后,报刊就成为舆论的汇聚地。[1]但是第二种观点更为强调对媒介影响的研究。正如哈贝马斯所说:"如果说过去报刊业只是传播和扩散私人公众的批判的媒介,那么现在这种批判反过来从一开始就是大众传媒的产物。"[2] 如果认为媒介仅仅是公民的传声筒,媒介的研究价值就大打折扣了。因此媒介影响论的前提假设是,媒介介入了舆论的形成,而我们要研究的,正是媒介以何种方式影响舆论,媒介对舆论

---

[1] 〔德〕哈贝马斯:《公共领域的结构转型》,第45—47、69页。
[2] 同上书,第225页。

的影响产生了何种效果。随着互联网等新传播技术的发展,社会生活发生了很大的改变,研究现代传媒参与社会、新媒介对社会舆论的影响更有重要意义。本章着重回顾媒介研究中最为重要的理论观点,以便为理解现代传媒与社会舆论的关系提供理论基础。

第一节 媒介技术的发展

加拿大多伦多传播学派的创始人伊尼斯(Harold Innis,1894—1952)最早关注媒介技术对社会和人类文明的影响。[1]他认为,每一种文明都会因其传播媒介的性质而产生或空间或时间的偏向,比如受尼罗河特性的影响,古埃及的君主统治表现出对万世千秋也就是时间的关注。固定的宗教节日、金字塔和木乃伊所体现的永生观念加强了君主的地位,但王权却受到掌握文字和思想的僧侣阶层的挑战。最后,难以书写的象形文字和容易破碎的纸莎草纸,终不敌因程式化而简便的楔形文字和字母表,以及刻在石头上的法典,埃及文明终于寿终正寝。希腊人曾积累了强有力的口头传统。口头传统的重大意义,表现为广场集会、论辩修辞、戏剧的繁荣和民主的兴起。对史诗的反复吟唱使抒情诗勃兴,字母表的改进促进了散文的发展并最终促进了成文法典的确立。与政治自由伴生的是经济自由,表现为公元前700年时金属货币的大量使用。用法国大革命时期米拉波(comte de Mirabeau)的话说:"人脑最伟大的两种发明是文字和货币——这是思想的共同语言和自身利益的共同语言。"

现代媒介技术的本质特征,是利用先进的传播技术尽可能地实现远距离的公开传播,但媒介的功能却不仅限于此。拉斯韦尔和施拉姆等人都从传播学的角度,对媒介功能做出了种种界定,而如果从舆论学的角度来看,与媒介技术的发展相伴随的,是少数当权者传播控制权的不断流失。互联网的发展极大地推动了媒介传播技术的个人化和社会化,当前网络舆论成为最值得关注的舆论现象,网络传播更便捷更迅速,也更具开放性、多样性和个人选择性,因此我们需要重新思考现代传媒对社会舆论的影响。

印刷术是第一项现代传媒技术。中国最早发明了印刷术,唐代雕版印刷术的使用就十分流行,北宋庆历年间毕昇发明了泥活字印刷,而直到约四百年之后的1456年,德国人古登堡才发明了金属活版印刷,并很快流传到欧洲各国,史称"古登堡革命"。在印刷术发明之前,书籍在西方并不是用来传阅的,而是要被安全地

---

[1] 参见〔加〕哈罗德·伊尼斯:《帝国与传播》(何道宽译),中国人民大学出版社2003年版;〔加〕英尼斯:《传播的偏向》(何道宽译),中国人民大学出版社2003年版。

储存,由特定的人在公共讲台上大声诵读,以保证思想的一致。古登堡首批印制两百册《圣经》,是宗教改革运动发展的一种表现,顺应了信仰自由的需求。从此以后,印刷术在欧洲各大城市逐渐发展,大众图书业开始兴盛,培养了一批具有理性批判精神的"阅读公众"(reading public),成为真正的大众启蒙的工具。

报纸源自 17 世纪初与国际贸易和商业有关的新闻信(newsletter),其特性之一就是不与任何单一的信息来源挂钩,而由印刷商—出版商汇编而成。因此它不是某些当权者的宣传工具,而是为匿名的、不特定的读者服务。它的讲求效用、世俗和适用,满足了新兴的以城市为基础的商业和专业人士的需要,并在一开始就成为现有权力真正的和潜在的敌手。① 在西方资本主义民主发展时期,近代报刊曾作为"舆论的阵地""民主的号角"而发挥了积极的作用。在当时以及后来发展出的**政党报刊**(包括列宁领导的《火星报》),其独特性在于独立于国家的控制而通过党派的联系来吸引读者。19 世纪后半期所产生的**严肃报纸**(prestige press)或**精英报纸**(elite press)独立于国家与一己利益,而作为政治和社会生活的主要机构(特别是作为一个自主的意见形成者和"公共利益"的代言人),体现出高度的社会与道德责任感,并致力于新闻专业主义的发展。严肃报纸的发展,也成为后来批评政党报刊的倾向性以及商业报刊追求"感官刺激"的基础。直到 20 世纪,报纸才真正演变成能到达大多数人手中的"大众"媒介。尽管许多报刊仍然强调其注重政治经济和时事要闻报道的"高级"地位,但媒介商业化和垄断化的发展趋势带来了整个报业不可逆转的"小报化"趋势。

随着 20 世纪二三十年代**广播**的出现,以及五六十年代**电视**的日渐普及,电子媒介所介入的政治景观在许多重要方面发生了改变。在电子时代,读写能力的必要性大大削弱了,出现了新的政治讯息和政治家风格。比如在美国传统政治选举中,两大党派总是在各自政党支持的报纸上进行辩论,意见领袖对选民的影响很大。但是在现今的政治选举中,广播电视上的辩论直播逐渐替代了政治候选人的全国巡回演讲,政治明星的电视广告也司空见惯,竞选班子中的公关专家必不可少。广播电视跨越了读写能力和迁徙障碍,成为分散的大众受众日常信息和社会化的首要共同来源。电子媒介不仅进一步扩大了人们对外部世界的感知范围,引发了更多共同的话题和争论,而且其特有的"现场感"和"即时性"也影响了公共舆论的表达。

自 20 世纪 80 年代以来,以互联网为代表的新电子媒介技术的发展,极大地促进了信息传递、信息存储和检索、个人发表和出版的发展。如果说以往媒介技

---

① 〔英〕丹尼斯·麦奎尔:《麦奎尔大众传播理论(第四版)》(崔保国、李琨译),清华大学出版社 2006 年版,第 17—18 页。

术的发展,增强了媒介的权力,而使少数社会当权者对传播的控制权不断流失的话,那么新媒体技术所带来的传播革命,则普遍地将"传播权力"从媒介的一方转移到受众的一方,从而使受众有更多的媒介选择和信息来源,并且能更加主动地使用媒介。与网络信息海量、快速传递相伴随的,是意见表达的多样、舆论的快速形成以及舆论力量的进一步显现,而与此同时,网络舆论也经常被网络水军以及大型机构和利益集团所操纵,甚至产生了新的社会控制形式。

新闻跟帖是一种常见的网络意见表达方式。网民们在浏览新闻后,可以针对新闻中的内容发表个人的看法。新闻跟帖的发言人不必注册,除发言时显示的 IP 地址外,没有其他明显的身份标识,因此相对于论坛和博客,发言者受身份的限制最小,隐蔽性最好。在 2007 年山西"黑砖窑"事件中,作为受害人家属之一的辛艳华在求助于传统媒体反响寥寥甚至一无所获的情况下,转而求助于网络。她选用"中原老皮"的网名,没有在自己的家里或单位发帖,而是借用了朋友公司的一台电脑,采用跟帖留言的方式,最初希望发在新华网上,但"因为涉及敏感内容,帖子被拒绝发布",后来还是以跟帖的形式,顺利在大河网上发布。该帖被大河网特约评论员高度关注,特意附加河南电视台都市频道的报道图片,并以专帖形式置顶。随着该帖子被转贴到天涯论坛,并被更多网站再三转载,很快引起了全国乃至世界的关注。[1]一般而言,网络跟帖只能针对网站事先提供的新闻议题有感而发,管理员有权通过开放或者关闭网友评论以及删除内容的方式,对新闻跟帖进行管理,因此管理员对意见的把关控制较严。

网络社区论坛曾经是网络舆论的集散地,著名的如天涯社区、强国论坛、猫扑网以及北大未名 BBS 等。网民可以在论坛中针对自己感兴趣的话题发表主帖或跟帖。一些资深网民会充当意见领袖的角色,他们的帖子往往一经发表就引起论坛社区成员的关注和讨论,是论坛形成热门话题的重要来源。论坛中的版主负责管理各自所辖栏目,维护论坛公共秩序、选取精华文章、组织论坛活动等。有的版主是虚拟社区的工作人员,但大部分版主都从网友中产生,义务为大家服务,在自己所负责的论坛当中有相当的权力和权威。除各版版主外,网络社区论坛还设有专门的社区管理员,一般由社区工作人员负责,承担社区栏目的设置、版主的选择、将网友的文章在论坛内或者向论坛外更大的范围内推荐、对论坛中的公共秩序进行仲裁等职责。社区论坛具有一定的结构化的群体特征,消息传递迅速、群体动员范围广、舆论的强度能很快得到体现,因此受到各方关注。其中,一方面,有论坛经营者从商业角度出发,为吸引"眼球"而雇用网络"推

---

[1] 许静:《新媒体环境下公共领域的建构——从黑砖窑事件谈起》,载彭兰主编:《中国新媒体传播学研究前沿》,中国人民大学出版社 2010 年版,第 177—188 页。

手",借助种种暗中策划,为网络舆论推波助澜。另一方面,一些政治力量也会有意识地利用各种方法来引导舆论。例如在 2007 年山西"黑砖窑"事件中,山西日报报业集团副总编辑亲自挂帅,由山西日报理论评论部和山西新闻网评论管理组联合组成了网评组,对重点网站、虚拟社区和博客进行 24 小时全天候监控,每天采集最新媒体报道、网民意见以及其他相关信息,综合分析后将监控结果呈报相关部门,供决策者参考。同时充分利用平面媒体和网络媒体联动的合作优势,在新华网、人民网、山西新闻网等重点新闻网站以新闻评论、网友留言等形式,发表各类评论百余条,以引导舆论。在对"黑砖窑事件"犯罪嫌疑人审判时,网评组在得知有网友对司法审判过程和审判结果提出各种疑问的信息后,立即向省委宣传部反馈。省委宣传部得知这一舆情后,及时组织专家接受媒体采访,召开新闻发布会释疑解惑,让有疑惑的网民了解司法程序的公正。在"黑砖窑"事件的网络报道和舆情监控过程中,山西日报理论评论部和山西新闻网评论管理小组坚持明确分工、加强协作,积极抢占网络舆论宣传的制高点,主动引导和影响舆论,将社会的不协调因素消灭在萌芽状态。这一次报网联动的成功实践,不仅是"黑砖窑"事件危机公关报道的成功尝试,而且为平面媒体和网络媒体的舆情收集监控和新闻宣传报道提供了新的合作模式。①

博客(Blog)又名网络日志。网民可以自己建立博客,并发表文章,因此带有一定的私人性。由于它可以被公开阅读和评论,因此又具有一定的公共性。在 2008 年"三三七七"事件中,当事人在博客中发牢骚,攻击丈夫的前妻,结果引起了网民的关注,不仅遭遇网络"人肉搜索",个人隐私被揭露,还被部分网民电话骚扰甚至机场围堵,这反映出公与私的界限变得模糊了。

一般而言,普通博客作为个人表达媒介的影响力较小,但当某个博客或者某篇博文被网友集中关注和评论时,就会形成巨大的舆论影响。最为著名的是汶川地震中万科老总王石遭遇的"捐款门"事件。作为名人博客,王石的博客虽然相对更受关注,但一般情况下的浏览者有明确的阅读目的,对博主常持支持态度,即认同度较高。王石在 2008 年 5 月 15 日凌晨 1:49 发表《毕竟,生命是第一位的(答网友 56)》一文后,截至当日 11:05,浏览其博客并发表的头 150 条评论当中,表示反对王石说法的内容 37 条,表示支持和无所谓的 113 条,也就是说反对者并不占多数。由于浏览王石博客的人主要是固定用户,对王石和万科公司的认可度较高,因此当时对王石批评的内容比例只占评论总数量的

---

① 许静:《新媒体环境下公共领域的建构——从黑砖窑事件谈起》,载彭兰主编:《中国新媒体传播学研究前沿》,第 187 页。

25%。① 但随着该文被焦点网转载，很多媒体迅速跟进报道，大批网民通过各种媒体途径了解到王石博客后，开始集中登录其博客，对其有关地震捐款的言论发表反对意见。在5月15日11:05到12:57的不到两个小时的时间内，网民评论数量达到200条，其中支持王石的评论占78条，反对的评论占122条。反对的言论占总发言数量的比例由最初的25%上升到61%，支持的言论的比例由75%下降到39%。该事件被定性为"王石捐款门"事件，成为地震期间除了抗震救灾新闻外的一个重要新闻热点。此后，虽然王石对有关万科公司捐款的问题仍然坚持自己的看法，并连续发表多篇相关文章进行说明，但由于媒体对"捐款门"的负面集中报道和网民批评舆论场的形成，王石失去了原先博客中与支持性网民的互动环境，5月21日在接受搜房网记者采访的时候，王石不得不就自己有关万科捐款的言论正式道歉，并表示万科集团将捐款额从200万元增加到一亿元。

2009年新浪微博测试版推出。相比于博客，微博表达更注重时效性和随意性，因此更能表达出每时每刻的思想和最新动态。从2010年记者邓飞微博直播"宜黄"事件，到2011年"郭美美"事件、"7·23"温州动车事故，直到2017年的红黄蓝幼儿园性侵事件，"微博反腐""微博公益""微博营销"等各类舆论事件层出不穷，成为重要的网络舆论阵地。腾讯公司2011年推出的微信，迅速成为用户数量最多、增长最快的社会化媒体。现在大部分新闻机构都拥有"两微一端"，即微博、微信和新闻客户端，很多政府部门、企业和其他民间机构也纷纷入驻"两微"，开设自己的微博账号和微信公众号，自主发声。除此之外，百度贴吧、知乎网站，以及微信朋友圈等，都爆出很多舆论事件，网络舆论的产生和表现形态日渐繁多，构成了复杂的网络舆论生态环境。

总结起来，媒介技术对人类社会信息的获取、传递和意见表达有很大的影响，而技术特性的发挥又深受其所处社会环境的影响，因此存在着一个媒介技术社会化发展的过程。媒介技术社会化发展的过程在持续，新媒介不断增加，将旧有的媒介及社会传播网络不断扩展为新的媒介环境和社会传播网络，因此必定对社会舆论有很大的影响。

第二节 媒介中介论

一、中介还是工具？

媒介中介观不同于传统上的媒介工具论。工具论的前提假设是媒介稀缺。

---

① 许静、夏少昂、李彤：《网络传播中场域性互动对社会舆论的影响》，载杜骏飞主编：《中国网络传播研究第三辑（2009）》，浙江大学出版社2009年版，第63页。

从媒介发展的历史来看,无论是口语时代、文字时代、印刷时代还是早期的电子媒介时代,媒介始终是稀缺资源,因此只能为少数精英所掌握,成为社会控制的工具。媒介稀缺与媒介神威并存,因此才有原始时期的神职人员掌握着神秘的祭祀咒语,封建时代的知识贵族掌握着复杂难懂的文字,革命家办报宣传各自的主张,发动政变者往往要抢先占领各主要电台和电视台。但是今天,媒介资源日渐丰富。现代传媒可以使普通的个人,以相对自主和非常多样的方式,进入到最广义的信息、形象与观念的制作和传播活动中,媒介因此真正成为人与世界相联系的中介。工具论还暗示出一种主从关系,一种领导与被领导、统治与被统治、中心与边缘的关系,但是现代传媒的发展打破了人与人之间时间和空间的隔绝,多元化和去中心化渐成趋势,因此媒介中介观暗示出传播中的主从关系弱化,个人通过中介的互动和准互动来获取信息与符号内容,变得越来越有可能。

二、媒介中介的概念

"中介"的概念只是一种比喻,它暗示出媒介将我们与其他事物联系起来的不同作用。从不带色彩的单向告知,到符号互动和关系协调,直至有意的操纵和控制,所有这些活动都通过不同的媒介活动过程得以实现,反映出媒介的不同功能。

"媒介中介"的概念首先意味着人类认知体验的改变。借助于媒介,我们对那些过去无法直接亲自观察的事物和情况有了一定的理解。对许多人来说,媒介不仅是我们了解自然奥秘的工具,也是我们了解过去和现在社会情况的主要来源。媒介在很大程度上构建了我们对社会的认知和定义,也告知我们社会生活的标准和规范。借助于媒介所进行的间接认知方式,已经成为现时代的人们最主要的认知方式。然而要记住的是,不同媒介介入我们感官的程度不同,因此我们基于不同媒介所产生的对事物的认知和体验也有所不同,媒介特性对个人认知的影响是显在的。对于这一点,麦克卢汉很早就有精彩的论述。他认为,从口语转向书面语和印刷,视觉被突出强调,并且从整体感觉中分离出来。它影响了我们的观察,如注重细节等,也影响了我们的思考,使思想变成单一线性的、连续的、规则的、重复的和逻辑的。印刷媒介带来专业和技术的分化,同时也造成了疏离感和个人主义。就社会层面看,印刷媒介使国家产生,并导致民族主义的高涨。以电视为代表的电子媒介却扭转了视觉空间的感觉分裂,人类重新部落化,个人与环境合为一体。[①]

其次,"媒介中介"的概念也意味着某种关系的建立。施拉姆很早就提出了

[①] 参见〔加〕马歇尔·麦克卢汉:《理解媒介——论人的延伸》(何道宽译),商务印书馆2000年版。

"传播关系"这个概念。他说:"发生传播的关系看来是简单的;两个人(或两个以上的人)由于一些他们共同感兴趣的信息符号聚集在一起。"①汤普森则认为:"大众传播涉及一种社会状况,在这种社会状况中,个人通过传播以及符号交换的过程产生联系。"②他区分出两种与面对面互动并行的互动类型,即"中介式互动"和"中介式准互动"。中介式互动是借助于媒介而进行的人际沟通,比如书信、固定电话和移动电话,以及基于互联网的电子邮件往来和网络论坛等。相对于面对面的直接沟通,中介式互动所提供的情境性暗示可能较少,甚至参与者可能并不具有共同的时空参考体系,即非同步式交流。"中介式准互动"是指并非面对特定个人,而是为范围不定的潜在接受者生产制作、带有单向流动性质、难有即时反馈的大众传播。这种"中介式准互动"虽然常常是独白式(而非对话式),但却建立了一种新形态的"符号环境"和公共领域,而且其潜在范围是全球性的。

值得注意的是,有关公共领域的思想倾向于认为,在公共领域与私人领域之间存在着一个明显分界,但传播技术的发展却逐渐动摇了这种简单的观点。一方面大众媒介迅速发展,从广播电视的全频道、无间断播出,到各种户外大屏幕、楼宇电视、公交数字电视,再到互联网和移动电话,媒介发展渗透到人们的生活和社会关系中,公共空间不断侵入个人空间。另一方面,媒介运用的便利性,使个人很容易加入社会传播活动中,一些个人性的话题往往引起社会关注,成为社会公开话题。在新媒体时代,个人空间和公共空间之间的界限变得模糊,并可能相互渗透,彼此融合,传播的领域不断扩大。

传统上,特定的价值取向和思想观念,会以教会、学校、家庭、民间团体等社会机构为中介,传递给我们,这一点在儿童社会化的过程中体现得尤为明显。但现在,大众传媒作为一种新的中介加入其中,不仅参与竞争,而且能延伸、替代甚至抵消其他社会机构的种种努力。借助于大众媒介,教育者、广告商、政府官员、各路专家以及各种其他社会力量,进行注意力和影响力竞争。

媒介不仅具有技术特性,而且具有组织特性。作为生产性组织,媒介机构有自己的目标、规则、惯例及控制机制。媒介目标不一定与社会的主要目标相一致,这就使得媒介在传递信息时,可能存在把关或过滤现象,可能会选择部分事实以引起特别关注,同时有意无意地封锁其他观点和意见。韦斯特利和麦克

---

① 〔美〕威尔伯·施拉姆、威廉·波特:《传播学概论》(陈亮等译),新华出版社1984年版,第45页。
② 〔英〕丹尼斯·麦奎尔:《麦奎尔大众传播理论(第四版)》,第55页。

莱恩的把关模式很好地说明了这一点。参见图 10-1①。

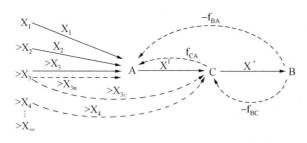

图 10-1　韦斯特利和麦克莱恩的大众传播把关模式图

这个模式显示,大众传播中的把关是进行选择的若干阶段,包括由专家或"鼓吹者"(A)在环境的各个侧面作出的选择;由大众传播者(C)在各种鼓吹者中作出的选择;由大众传播者在现实世界的事件或事物中作出的选择;由受众成员(B)在传播者所传递的讯息中作出的选择。另外要强调的是,单独一个 C 不可能对受众成员 B 的信息获得实行垄断。B 可能与 A 有其他直接的联系,也可能直接经历 X,如物价上涨、天气变化等。

针对大众传播者 C 作为一个连接现实、鼓吹者和受众的中介,后来的研究者提出一系列的问题:那些扮演 C 角色的大众传播者具有什么相关特性?各个 C 之间相互独立的程度如何? C 在针对 X 和 A 时运用了什么样的选择标准?受众 B 的需求得到了怎样充分的解释?有关 X 的讯息在通过传播链的 C 位置时,会以什么样的方式发生变化?也就是说报道的事实与实际发生的事实之间有什么样的差距?诸如此类的问题都是关于传播的根本性问题。

三、知识沟假说与舆论

公众如何被告知以及如何成为知晓型公众,成为舆论研究的核心问题。公众的信息水平和知识储备影响了公众的思想、讨论,而关于大众传播提供信息和知识的研究远少于对态度和行为转变的研究。

最初,公民通过人际传播和一些机构,如学校、政府和政治组织等来获取信息。但现在,人们通过各种媒介很快获知最近发生的各种大事。大多数人出于不同目的使用各种媒介,很难把某一媒介看成是主导性的。对那些只使用一种媒体的人,电视可能是唯一的选择。随着网络等新媒体的发展,人们获知新闻的

---

①　[英]丹尼斯·麦奎尔、[瑞典]斯文·温德尔:《大众传播模式论》(祝建华、武伟译),上海译文出版社 1987 年版,第 39 页。

渠道在增加，而对新闻质量的争论也不断增加，媒介的商业追求压倒了专业主义，煽情主义盛行，热衷于报道名人轶事，却在重大事件面前集体失语。对媒介的批评经常上升到对社会整体价值观的反思。

同一社会中人们对信息特别是政治信息的把握程度是不一样的，其中有选择性接触的原因，但更多是由于社会体制，包括社会分层和教育不平等等因素所造成的信息获取的不平等。**知识沟(Knowledge Gap)** 理论的核心观点是，随着社会系统中信息流动的速度加快，处于更高社会经济地位的群体能以更快的速度获取信息，不同社会经济地位之间的人群的知识沟在扩大。关于知识沟产生的原因，该假说的提出者蒂奇诺等人提出如下五种理由。

(1) 传播技能上的差异。获得关于公共事物和科学的知识，需要一定程度的阅读和理解能力，而经济状况较好的人与经济状况较差的人之间的传播技能差异通常和文化程度差异相关。

(2) 已有知识储量的差异。知识储备越多，对新事物、新知识的理解和掌握越快。经济状况好的人基于其所受的教育，可能对某个问题早有了解，或者通过以往的媒介接触而获得更多背景知识，因此能更多更快地把握新知识。

(3) 社交范围的差异。社交范围越广人际交流越活跃，获得知识的过程越能加速。经济状况好的人可能有更多相关的社会关系。比如说，他们可能与同样了解公共事务和科技新闻的人有交往，并可能就此类问题讨论过。因此他们更有可能获得新知。

(4) 信息的选择性接触、理解和记忆机制。经济状况较差的人，可能找不到与他们的价值观和态度相协调的涉及公共事务或科技新闻的信息，于是他们对此类信息兴味索然。

(5) 大众传播媒介的性质。大众传播的媒介讯息系统本身可能是有偏向的，传播有一定深度的关于公共事务和科学知识的主要是印刷媒介，其受众主要集中于高学历阶层。媒介内容可能就是以较高社会阶层的人的兴趣和口味为取向。

在上述几方面中，社会经济地位高的阶层都处于有利地位，这是造成"知识沟"不断扩大的根本原因。

知识沟假说对于我们理解知识在社会中的流动和分布非常重要，因此对舆论也非常重要。以往假定信息流动的增加会提高整个社会的知识水平，减少知识富裕者和知识贫困者之间的差别，大众媒介成为教育普及的工具。但知识沟假设却认为，在总体知识水平提高的情况下，知识富裕者和知识贫困者之间的差距却拉大了。

研究表明，人们越了解政治事务，就越关心时事新闻。因此，存在着"新闻受众",就是那些最了解时事、最多使用媒介,并且从媒介使用中获取最多的人。这些人具有最多的信息储备,在相关的人际讨论中会形成自己的立场,对于反面观点抵抗力最强。而通过电视获取信息的观众却最容易根据所见所闻随意改变意见。

四、培养分析

与知识沟假说相对应,培养分析(Cultivation Analysis)强调电视长期的、潜移默化的以及多方面的影响。培养论的一个积极观点是,电视会克服人和人之间的社会文化差距。电视为社会提供一致和重复的信息和形象,这种整合性的内容穿越了社会各层,培养出共享的观点和现实感。共享电视节目的人可以共享世界观,这一现象叫"主流化"。越常看电视的人,在政治和社会信念上越趋于中庸,因为电视节目总是取中间立场,平衡不同意见,避免冲突。从1967年开始的对电视内容的分析证明,电视在不同节目中确实描述了美国生活方式和价值观的一致性。研究还证明,电视内容和美国的社会及政治生活的现实并不一致。比如新闻和娱乐节目中的犯罪率远高于实际水平。和前面强调电视内容的不真实不同,研究者强调,越常看电视的人,越认同电视的表达,其对现实的感受和电视观点越一致。

但是在新媒体时代,媒介资源丰富,个人获取信息的方式多样,社会全体"共同收看"同一媒介内容的景象已成历史,受众围绕媒介聚合而成一些亚文化群体(如各种"粉丝"群)的现象比比皆是,这就要求我们有新的受众观。

五、新的受众观

舆论的主体是社会公众,因此现代传媒对社会舆论的影响,就首先体现在对舆论的主体——社会公众的影响上。在传播学研究中,我们把受媒介影响的人称为受众。早期的研究常常将受众理解为大众传播线性模式中的接收者或者大众受众,但实际上,随着媒介技术的发展和传播研究的深入,对"受众"这一概念的理解应当有所改变。

与"受众"一词相对应的英文词是"audience",实际起源于古希腊或古罗马城市中在公共剧院或竞技场观看大规模表演活动的人群。这些受众关注公共事务、参与公共活动,并有不同的参与体验(认知或情感),因此它比单纯的"受传者"的概念更为丰富和生动,也更接近人类社会生活的现实。

传播技术的发展使受传者的数量更加庞大、更为分散、更加个性化和私人化,因此出现了"大众受众"(mass audience)的概念。但是大众受众这一概念不仅仅强调受众人数的庞大,而且加入了早期社会学关于大众社会的偏激看法,把庞大的受众群体看成是现代社会中的原子化的个人的聚合体。所谓现代社会与传统社会的区别,可以简单说成是契约化社会与礼俗化社会的区别。礼俗社会通过长期共同生活所形成的礼俗将人们固定在特定的社会关系中,而契约化社会则是通过专业分工和契约将彼此陌生的人联系起来,是工业化、城市化的一种后果表现。所谓原子化个人,是指现代社会中的人们,彼此孤立、缺乏与他人的联系(如传统社区中的血缘或地缘关系),四处分散,并缺乏任何自我认同。所谓聚合是指受众的组成是异质化的、无秩序和无组织的,彼此之间缺乏参与和依附,因此容易受权威影响。更具贬义的看法将大众受众等同于"乌合之众",认为大众中个体的匿名性和无身份,导致了大众群体的非理性化、缺乏文化品位和判断力、更易被操纵,并导致社会文化或道德标准的普遍式微。

这种对大众受众的颇具否定性的看法,也许更适合描述注重娱乐的商业性广播电视的迅速发展。在这一领域,作为"市场"的受众观更为流行。将受众视为一种"市场"的观点,不可避免地要从媒介,尤其是媒介的所有者和媒介产品商业化生产的角度来看问题。媒介企业以盈利为主要目标,其手段之一是培养受众,提高收视率,以争取更高的广告收益。按照加拿大学者达拉斯·斯迈思(Dallas Smythe)的新颖观点,受众付出闲暇时间来观赏媒介产品,实际上是为广告主(也是最终的压制者)而"工作",然后媒介将这些"劳力"以一种"新产品"的形式,打包出售给广告主。整个商业传媒系统,就是依靠剥削受众来榨取剩余价值。与此同时,受众还要为广告商品的广告成本而额外付费。[1]由此看来,媒介对受众的需求实际上超过了受众对媒介的需求。受众范围越大,意味着媒介生产的利润率就越高。因此传播者与受众之间的传播关系,就变成一种可计算的金钱关系。受众研究的焦点,在于媒介产品的"消费",而非"意义的交流与共享",研究的目的是密切控制和管理(或曰操纵)受众。

上述受众大众观和受众市场观的偏颇之处,都在于忽视了受众彼此之间的关系,也就是受众的群体特征。群体(group)之不同于集群(crowd),就在于它们彼此之间存在一定程度的互动和结构关系。古代希腊、罗马时期观看公共表演的受众,具有一定的群体特征。印刷术发明之初,围绕着当时并不普及的书籍报刊,也出现了各种"读者群",他们为共同的媒介内容所吸引,彼此之间具有一定的心理认同和社会联系。在哈贝马斯的研究中,早期的"阅读公众",正是通过在英国的咖啡馆、法国的沙龙和德国的读书会中的集体讨论而逐渐形成的。在

---

[1] D. W. Smythe, "Communications: Blindspot of Western Marxism," *Canadian Journal of Political and Social Theory*, Vol.1, No. 3, 1977, pp. 1–27.

人类社会生活中,各种类型的社会群体,也正是围绕着教会、学校、家庭,以及各种政党或社会团体等中介机构而形成,而大众传播媒介也逐渐具有这种中介机构的性质。

围绕着媒介中介,各种社会群体逐渐形成。在今天,媒介中介可能是一份报纸、一个电视栏目,也可能是一个网络QQ群组、聊吧,一个论坛或一个包含诸多论坛的网络社区以及各种微信群。媒介群体可能是各种"粉丝"群("玉米""盒饭""凉粉""钢丝")、各种媒介迷(韩剧迷或美剧迷),也可能是关心不同的政治与社会问题的网络群体。之所以称之为群体,是因为他们不是彼此毫无联系地独自观看或接收,而是积极主动地参与传播过程。网络等新媒体传播技术,最大限度地便利了个人参与社会传播。借助于现代传媒,个人可以借由信息的传递、意见的表达和对意义的理解阐释,而与最广泛的潜在他人发生联系。在广泛的意义交流中,人们彼此认同,超越时空障碍,结成具有一定共同性的互动群体,甚至采取共同行动。这种新的传播活动,正如麦克卢汉所说,是以"使用者为媒"。这种经由现代传媒而形成的媒介受众,并非被动的,也不是单纯的信息接收者,而可能是积极的社会行动者。从引起争议的"人肉搜索""网络通缉令"到"周老虎事件",从奥运圣火传递时中国青年对西方反对力量的集体抗议,到汶川地震后广泛的社会救助,我们听到越来越多的舆论表达,也看到越来越多的社会集体行动,而这些都是以现代传媒为中介。

现代传媒究竟是促进了社会整合还是加剧了社会分化与冲突?媒介究竟是提供了对社会现实不同的观察视角,有利于各种舆论的表达,还是只是强化了社会主导权力和影响?对这样的问题也许一时难有一致的看法,但作为社会中介的现代传媒,对社会舆论的影响是重要的,值得深入研究。

第三节 媒介社会建构论

20世纪70年代后期,关于媒介文本(尤其是新闻)、受众和媒介组织的研究,突破了媒介效果研究的一般框架,形成所谓社会建构学派。实际上,建构主义作为一种认识论范式或思维方法,其踪影几乎遍布一切社会科学领域,并延伸到部分人文学科。

以笛卡儿为代表的传统认识论认为,在人们的心灵之外存在着真实的物质世界,我们心灵中存在的印象、知识和意见都是对外在世界的反映。按照这种反映论的思路,真理就是心对物的符合。但是康德的"建构主义"打破了这个区分。他认为人是以先天的认识结构(包括时空形式和知性范畴)为自己构造出世界,因此世界必然只能以我们构造它的方式存在和显现。福柯认为,话语

(discourse)本来就是社会的建构,其背后是权力关系的主导。萨义德(Said)在《东方学》一书中,分析了英、法、美帝国主义者如何在两三个世纪间对中东建构了各种符合它们利益的想象和偏见,从而使"东方主义"成为西方列强在中东建立文化霸权的工具。

作为建构主义的一种,社会建构论(Social Constructionism)于1966年产生于科学知识社会学(Sociology of Science Knowledge, SSK),其标志是伯格(Berger)和卢克曼(Luckmann)的著作《现实的社会建构》(*The Social Construction of Reality*)。科学知识社会学主要以"知识"为研究对象。从柏拉图开始,知识与意见之间就有一道鸿沟,但当"知识"也被认为是文化建构的产物时,它与意见之间就不再有明确的分野。在科学知识社会学中,由于研究对象是人类意识范围内普遍受到认可的"知识",因此在"个体—社会"向度上,一般认为知识是社会建构的(即使不是以全人类为单位的社会,也是某个具体文化实体)而不是个人建构的。不同程度的社会建构论都比较一致地否认有所谓超越人类社会的客观"现实"存在,而认为社会现实具有建构性,于是,社会意识就是我们所能面对的唯一"现实",而个体的认知则以社会意识为背景并被它所建构。其中,强建构主义认为,个体认知相对独立于社会意识,对社会意识具有较强的抵抗力,但个体认知也交互性地建构着社会意识;而弱建构主义则认为,个体难以超越社会意识,完全臣服于众意,个体认知的建构是被动的。①

1984年,耶路撒冷希伯来大学传播研究所的阿多妮(H. Adoni)和马内(S. Mane)在《传播研究》(*Communication Research*)杂志上发表了一篇题为《媒介和社会真实建构——面向理论与研究的综合》的论文,采用伯格和卢克曼及舒茨(Schutz)等人的观点,对大众传播理论进行了详细的分类,并提出了一个以客观真实(objective reality)、符号真实(symbolic reality)和主观真实(subjective reality)为支撑点的理论框架,囊括了"议程设置""知沟",以及文化批判学派与真实建构有关的实证与批判的研究,提供了一个"完整的"(holistic)理论基础,来探讨媒体在真实建构过程中扮演的角色。参见图10-2。

在此,客观真实是指不容置疑的真理,无须验证,也无法验证;符号真实是以符号来描述的真实,例如以文学、艺术或媒介来表达所呈现的真实,也就是站在传播者的角度来看待的真实;主观真实则是个人对真实的了解与信仰,多半来自因社会情景及媒介的建构而形成的个人"脑中图景",也就是从受众的角度来看待真实。图10-2中的"近"(close)指的是个人日常生活经验,可以由面对面互

---

① 杨莉萍:《社会建构论心理学》,上海教育出版社2006年版,第36页。

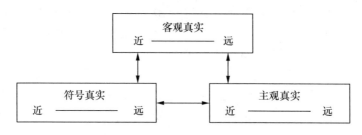

图 10-2　社会真实建构图示①

动而得的事项。所谓"远"(remote),则指的是抽象不可触的因素,如社会秩序、舆论道德等。作者指出,在人和外在物质世界之间存在着一个符号世界,人的主观真实对社会真实的认知受到艺术、文学及媒介等符号真实的左右,越是远的大社会事项,人们就越依赖于符号真实的建构。

媒介建构论认为,媒介以一种可预测和模式化的方式,通过对真实的形象进行架构(包括虚构故事和新闻)来建构意义并产生影响。媒介包含了语言,媒介也可以被视作广义的语言(作为符号),因此媒介内容具有符号结构,即使是新闻报道和现场照片,也都在运用符号结构。按照萨丕尔—沃尔夫假说,语言不是意义既定的表达工具,而是先在地规定了思维方式,因此对媒介文本的研究应当关注话语分析。

另一方面,媒介建构通过系统的方式提供给受众。在这一过程中,媒介文本意义以某种协商的形式,与个人的既有认知结构相结合,由接收者本身来建构出新的意义。一个社会要作为一个共同体延续下去,必须基于某种共同的认知,而媒体则是形成这种共同认知,或者说意义的社会建构的重要手段。因此,我们在进行媒介建构的实证分析时,应当充分考虑到诸如政治体制、社会经济状况、社会结构和个人在群体中的身份等社会环境因素对讯息接收者的强大影响。

媒介话语的建构,以及受众借助于媒介文本所进行的意义的社会建构这两组关系,在大众传播研究中就表现为:**媒介与事实的关系、媒介与个人意见和公众舆论的关系**。社会意识与"现实"的关系对应于媒介与事实的关系。传统媒介伦理认为,媒介应当忠实反映现实情况,这是媒介在民主社会中功能与尊严的根基。但是建构主义的媒介观,却不同程度地否认媒介对所谓现实的可能反映。无论是报告性的新闻、观点犀利的社论,还是广告和肥皂剧,都是社会建构的过程。

我们常常将媒介内容看作舆论,而实际上,舆论只有在显现为媒介内容时才

---

① H. Adoni and S. Mane, "Media and the Social Construction of Reality: Toward an Integration of Theory and Research," *Communication Research*, Vol.11, No.3, 1984, p.327.

被实体化,否则只是隐性的民众心理活动或半隐性的流言蜚语。一些观点认为,现代社会的个人面对社会舆论,没有多少自主的空间,多数情况下只能被动接受媒介传播的观点;另外一些人则认为,个人在接受媒介观点的时候并非全盘接受,个人内心的既有认知以及个人的心理生理特点,将影响他们对媒介意义接受的程度。也就是说,个体差异会导致刺激反应的差异,因此针对离散化个人的微观研究无法导出对公共舆论的结论,舆论并非个人认知的简单相加。

社会学家塔奇曼基于十年间在新闻编辑部的一系列亲身参与观察和对新闻从业人员的调查,出版了《做新闻》(*Making News*)一书。他指出:"新闻就是一种社会资源,它的建构限制了对当代生活的分析性理解。新闻通过网络传播、通过类型化报道方式、通过对新闻工作者的专业主义要求、通过事实和消息源之间的相互建构、通过新闻叙事的表现方式、通过对宪法第一修正案关于私人财产权和专业主义权力的声明——通过所有这些现象,新闻,作为客观化了的限制或者资源,使社会现状合法化。"[①]

第四节 媒介议程设置与框定

李普曼在《舆论》一书中指出,媒介为我们制造了拟态环境,深深地影响着我们脑中的世界图景,解释着我们对世界反应的方式。我们也可以说,媒介参与建构了舆论环境,即舆论所面对和置身其中的世界图景。这个图景对舆论能产生多大的影响力呢?

议程设置理论以李普曼的拟态环境论为基础,是20世纪60年代以后大众传播效果研究中最重要的内容。它指出,以往的直接效果理论主要研究媒介对个体的影响,这对于舆论研究来说是不够的。舆论是个人意见之间的交汇反应,而非机械的个体意见的简单相加。有限效果论还使人们意识到,媒介直接改变个人的观点没有想象中那么容易,公众很难形成同质化的见解,但是,从操作实践上来看,媒介提供的新闻是有选择性的。媒介组织内外各种政治、经济、文化和社会等把关因素的存在,都影响着媒介选择什么样的新闻、如何突出强调和解释,以及用什么样的方式来表达等。通过日复一日的新闻选择和展示,编辑、记者们促使公众将注意力转向某些特定的话题。媒介帮助一些组织和重要人物树立公众形象,媒介还不断披露某些人与事,暗示公众应当去了解它,认识它。可以说,我们头脑中对外部世界的图画是由新闻记者们以故事的方式而形成和修改的。这样一种信息流不对接受它的人产生影响是不可思议的。

[①] 〔美〕盖伊·塔奇曼:《做新闻》(麻争旗、刘笑盈、徐扬译),华夏出版社2008年版,第199页。

虽然认为新闻媒介强有力地控制着人们的态度、信念和行为的观点也许有失偏颇,但很明显,媒介有可能框定中心议题,为人们提供一个特定的话题议程,让人们作出反应。简而言之,媒介对舆论的影响机制主要不是通过影响人们的观念,而是影响人们关注的话题,也就是说,大众传媒即使不能决定人们应该怎么想,但至少可以决定人们想什么,这就是媒介的议程设置效果。

议程设置假设包含两个方面:一是突出的事件或话题从媒介议题向公众议题的传递;二是新闻媒体对在公众头脑中构筑这些话题和事件的角色。而围绕议程设置假设所发表的第一项系统研究成果,是1972年美国学者麦库姆斯和肖在《舆论季刊》上发表的《大众传播的议程设置功能》一文。

一、夏贝尔山调查

拉扎斯菲尔德(Lazasfield)等人从1940年伊里县调查中得出的有限效果论曾经认为,选民的投票决定主要依赖人际关系和他们的既有立场,媒介只是巩固和加强了他们的倾向性。但是麦库姆斯等人却认为,长年累月,新闻媒体中的主要话题会成为公众的主要话题,并影响他们的行为。为证明他们的观点,1968年,他们在北卡罗来纳州的夏贝尔山,抽样调查了100名对投票尚犹豫不决的选民,因为犹豫不决的选民最容易受到媒介影响。研究人员要求受访者回答,竞选中什么问题是关键问题,而不考虑他们提到的是哪位候选人。受访者的反馈被分成15个种类,涵盖了主要的社会问题和其他选举新闻。在访问选民的同时,他们对当地五家报纸、两家新闻杂志以及两家电视网的晚间新闻报道进行内容分析。研究者仔细界定了媒介报道的"重"和"轻",比如电视的"重头"报道必须至少45秒甚至更长,或者位于一次新闻播报的前三条;而报纸的重头报道则被规定为出现在头版,或者在三栏大标题下的新闻,并且这条新闻至少要有1/3(不少于五段)涉及政治新闻;对于新闻杂志来说,一则"重头"报道就是超过一栏,或者在杂志的新闻内容部分居于头条;其他一些在时间、空间或显著性上不如"重头"报道的政治性报道则属于分量较轻的报道。

研究发现,即使在重头报道中,关于总统竞选的许多新闻都与竞选议题不太相关。大多数的报道都是关于竞选者本人以及猜测谁将获胜的。尽管如此,还是有丰富的与竞选议题有关的新闻。研究者将这些意图按相对重要性进行排序,如外交政策、法律秩序、财政政策、公共福利、公民权利等。当把媒介议题与选民调查结果进行比照时,发现了惊人的高度相关性。事实上,在竞选议题的重要性问题上,媒介的强调程度与选民的看法之间相关系数达到+0.967。在社会研究中,很少能发现如此高的相关性。麦库姆斯和肖据此得出结论:"简而言之,数据显示,媒介对于不同的竞选议题给予的不同程度的强调(很大程度上反映了不同候选人的强调重点),和选民对于竞选议题的相对重要性的判断之间,存在非常强的联系。"①

在这一研究中他们突出了两点。一是避免假定媒介效果,比如不能假定有人看了电视暴力节目就会表现出暴力行为,只有考察了媒介内容和公众的反应才能确定这种关系存在;二是不仅仅考察受众对媒介的关注,当然也不是考察特定的媒介内容,而是把新闻内容的议题设定同公众议题设定联系起来。把内容分析与公众调查结合起来,为研究议题设定开辟了方法论的新途径。

二、扩展研究

后来的学者又做了多次类似和扩展的研究。如美国学者芬克豪泽(Funkhouser)将研究的重点对准了20世纪60年代的美国社会。他采用了盖洛普民意测验的结果,又通过统计每一年中三家周刊(《时代》《新闻周刊》《美国新闻和世界报道》)上出现的各种事件的次数,来确定媒介报道的重点。最后,他根据《美国统计摘要》及其他信息来源,估计一个事件在实际生活中重要程度的高低。研究结果表明,在公众对重要事件的排序榜上,列位最前的事件,同时也是大众媒介报道多的事件。但是媒介报道并不能与事件的真实很好地吻合。比如对于越战、校园骚乱、城市暴乱等事件,媒介报道高峰要比事件的真实高潮早一到两年。有关毒品和通货膨胀的报道基本与事实进程相一致,而涉及种族、犯罪、贫困和环境污染等问题的报道,则与实际情况大相径庭。因此他认为,在20世纪60年代,美国的新闻媒介并没能全面地告诉公众美国社会所发生的事情。

耶鲁大学艾英戈等人把电视网的新闻节目制成录像带,移花接木地对其内容进行调整,比如强调报道中的某些事件,而弱化其他一些事件。研究人员让被试者在不同的实验环境下收看这些改动过的新闻节目,然后要求他们按重要程度,对各个新闻事件进行排序。结果证明,收看电视新闻可以显著影响观众对什么问题是国内最重大问题的感知,也就是说新闻报道是以显著性(salience)的方式影响公众议程。

还有研究将美国总统国情咨文与咨文发表前后的媒介报道相联系进行研究,以判定究竟是总统设置了媒介议程,还是媒介设置了总统的议程。研究结论不一,说明有必要将许多偶然因素考虑在内,比如领导方式的差异,所处理议题的数量及性质等,都可能影响议程设置效果。

此外还有许多研究证明,媒介议程的设置取决于媒介形式、报道方式、个人

---

① 〔美〕希伦·A. 洛厄里、梅尔文·L. 德弗勒:《大众传播效果研究的里程碑》(刘海龙译),中国人民大学出版社2004年版,第245页。

的兴趣和需要以及人际传播效果等。媒介对地方事物的设定功能弱于对全国事物的设定功能，因为就地方事物而言，大量的人际传播和人际观察可能减弱了媒介的议程设置功能。就议题而言，具体的议题一般比抽象的议题更容易产生议程设置的效果，比如对能源问题，媒介议程与公众议程之间显著相关。但是对抽象的问题，如核竞赛，则难以看到两者之间的相关性。

三、时滞

另一个关于议程设置的问题是时滞问题。研究者关心议程设置的效果需要花费多长时间才能在受众身上体现出来。相关的研究表明，时滞问题既取决于议题的重要性，又取决于媒介性质，比如全美无线电视（ABC）新闻节目的设置效果在报道后第 4 天出现，并保持最佳效果，但是在效果出现 6 天后就开始消退。地方电视台是在第 6 天出现效果，第 11 天开始消退；而地方报纸是在第 8 天显示议程设置效果，并且能维持一个相当长的时间，可以到 85 天后才消退。时滞问题对于媒介从业人员来说是一个非常重要的问题。公共关系人员如果知道一个议题进入公众意识需要多长时间，就可能对公关活动进行相应的议程管理，从而将工作策划得更好。有关时滞的研究也说明，议程设置效果不会立竿见影，但也不会千呼万唤不出来。

四、议程设置机制

随着相关研究的不断展开，关于媒介"议程设置"的相关概念也不断趋于明确化和细致化，主要表现在以下几个方面。

（1）媒介议程设置主要体现为三种机制：一是"0/1"效果或称"知觉模式"，也就是说，媒介报道或不报道某个"议题"，会影响到公众对该议题的感知；二是"0/1/2"效果或称"显著性模式"，即对少数议题的突出强调，会引起公众对这些议题的突出重视；三是"0/1/2……N"效果或"优先顺序模式"，即传媒对一系列议题按照一定的优先顺序所给予的不同程度的报道，会影响公众对这些议题的重要性的顺序判断。

（2）议题的几种类型。韦弗曾经总结说，公众的"议题"在本质上受到传媒"议题"的影响，但公众议题也可以分成不同的类型，如个人议题——个人私下认为重要的问题；谈话议题——在与别人交谈、议论之后受到重视的问题；公共议题——在自己感觉中认为社会上多数人都重视的问题。相比较而言，媒介对后两者的影响更大一些。三种议题的含义和作用各不相同，但在传播过程中有融为一体的可能性。比如他在 1976 年的调查中发现，在历时一年的竞选宣传中，个人议题和谈话议题始终一致，而公共议题在初期与前两者相差甚远，但到后期,三者则不断接近至融为一体。

（3）不同媒体议程设置的不同特点。早期的"议程设置"研究是将报刊、广播、电视作为一个总体来考察的,但后来的研究则对不同的媒介加以区分。例如韦弗等人在调查中发现,报纸的议程设置对较长期的议题的"重要性顺序排列"影响较大,而电视的"热点化效果"(spot-lighting effect)比较突出。报纸的新闻报道形成议程的基本框架,而电视新闻报道则突出若干最主要议题予以强调;电视主要提供"谈话议题",而报纸则可以进一步对个人议题产生较大影响。

五、谁设置了媒介的议程

后来的研究问题从"谁确定了公共议题?"转为"谁设置了媒介议题?"有一种研究认为,在某些情况下,压力集团或特殊利益集团可以人为地将一个议题纳入媒介议程。比如20世纪60年代,美国学生非暴力协调委员会在将种族歧视纳入公众议程方面起了作用。70年代,美国妇女团体则将妇女问题纳入公众议程。80年代关于非法毒品的问题则是由知识分子所"发现"的,后来发生的全美篮球明星的死亡激起了读者的关心,但也只是加强了原有议程。

另一种研究则认为,影响媒介议程的一支重要力量来自媒介内部。研究表明地方报纸的报道深受通讯社消息的影响,其他一些主要的媒介机构如《纽约时报》和《华盛顿邮报》等,也对新闻议题的设定起作用。这种媒介之间的影响可以发生在各媒介组织之间以及新闻从业人员之间,如果有异于其他报道的报道,他们相互依赖并证实其新闻判断。这被称为"打包新闻"(pack journalism)。例如美国1985—1986年期间,毒品问题在许多媒介上都异常突出,但实际上这期间毒品的实际用量并没有显著上升。媒介报道的高潮迭起,其实是媒介间互设议程、相互炒作的结果。在今天,互联网常常起着为其他媒介设置议程的作用。当消息从网上扩散到印刷媒体特别是电子媒体之后,就很容易形成一种媒介"攻势"(media campaign)。

总而言之,对主流媒体的报道内容的粗略分析表明,绝大部分信息都来自政府、大公司、院外游说集团以及其他机制的议程和影响策略。政治候选人会对媒体议程发挥重大影响,总统更有权力影响媒介,特别是当其受到公众欢迎时。还有一些政府官员和社会精英分子更容易接近媒介。一旦事情发生,他们就被咨询意见,从而为媒介报道提供框架或者背景,使记者强调事情的某些方面而忽视另一些方面。这有可能导致对政治问题某些方面的夸大,而对问题的解决方案则偏向于某些政治偏见或者道德判断。比如冷战时期,对发展中国家的战争都被置于美苏冷战的背景之下进行判断。各种势力使得媒体偏离独立、客观、公正的立场,媒体成为被社会控制的工具。媒体既回应这些力量同时也被这些力量所限制。而媒体对社会冲突的报道并不总能使当权者满意,而是要以此换取社会公信力。

媒介和其他社会机制有一种有力的关系,它们不会在某人某机构行为不当时还总表示支持,而是要保持权力关系。它们揭露权力结构内部的冲突,但却避免对权力结构本身的批评。它们积极参与礼仪性的争论,如竞选宣传,却避免对政治体制本身的反对。目前的媒介被批评为更像一个商品自由市场而不是意见的自由市场,不愿检讨一些使经济或政治偏离现状太远的问题。

但是,媒介影响舆论有其有限性。至今仍不清楚,媒介能影响多少受众议程,或者有多少受众有意地利用媒介帮助他们确定各类问题的轻重。在许多情况下,个人非常清楚他要依靠媒介了解外部大事,而实际上,如果他认为没有得到所需,就常常反抗。民意调查中询问媒介是否对某些事情关注太多,如辛普森案等,很多被访者表示同意。还有研究表明,很生动、戏剧化的煽情的新闻报道难以加强议程设置效果。另外,那些很有政治倾向的人比较容易受媒介议程影响,而人际讨论则会减少媒介影响。人们越关心某些话题,就越会受媒介影响。

第五节 沉默的螺旋

这一理论是由德国女学者伊丽莎白·诺尔-诺依曼1974年提出的有关舆论和媒介强效果的理论。她认为大众媒介对公众舆论具有很强的影响力,但是这种影响力被低估了或者因为研究的有限性而没有被发现。

一、雪崩现象

诺依曼在研究德国1965年大选时注意到了"沉默的螺旋"现象。在这一年的议会选举中,竞选双方的支持率始终不相上下,但是在最后投票之际却发生了"雪崩现象"——一方以压倒优势战胜了另一方。当时担任阿伦斯巴赫舆论研究所所长的诺依曼,对选举期间全部追踪调查的数据进行了重新分析,以探明原因。结果发现,民意测验的结果和其他资料预测谁会赢得选举的结果并不一致,民意测验并不能预测选举结果。其中,媒介意见显示的情况和绝大多数属于沉默的意见是相反的。但媒介却提供了误导性的意见共识,最终影响了选举结果。经过大量研究,诺依曼1974年发表了相关论文,并于1980年发表专著《沉默的螺旋:舆论——我们的社会皮肤》,全面论述了她的理论。

二、三个基本假设

"沉默的螺旋"包括三个基本假设。第一,就个人来说,从小群体的一致性理论基础出发,人天生具有对社会孤立的恐惧。穿一件不过时的衣服或者发表不被社会接受的观点,就有陷于孤立或招致社会惩罚的危险。出于这种恐惧,个人会运用其"准统计器官"不断地探测环境,寻求被许多人或其他人所共享的感受、意见和知识。个人常常需要在公开的场合清楚地表明自己的意见,因此舆论被理解为"对有争议的问题,在没有孤立危险的前提下可以公开表明的意见"或者"为使自己不陷于孤立而必须公开表明的意见"。前者主要围绕时事性问题,而后者则侧重于社会传统、道德和行为规范。也就是说"public opinion"是指个人的公开表达的意见,而不是一群人的意见。

第二,舆论的形成是一个螺旋式的社会传播过程。人们在预计受到鼓励时以一种方式说话或行动,而预计受到有敌意或忽视时则会保持沉默或另外采取行动。和主导意见不一致的人会保持沉默,因为害怕不能被周围的人所赞同。结果,一方的"沉默"造成了另一方意见的增势,使"优势"意见显得更加强大,这种强大反过来又迫使更多的持不同意见者转向"沉默"。如此循环,便形成一个"一方越来越大声疾呼,而另一方越来越沉默下去的螺旋式的过程"。诺依曼认为,任何"多数意见"、流行趋势的背后,都存在着"沉默的螺旋"机制,社会生活中的"舆论一边倒"或关键时刻的雪崩现象,正是这一机制起作用的结果。

第三,大众媒介通过营造"意见环境"来影响和制约舆论。舆论不是社会公众"理性讨论"的结果,而是"意见环境"的压力作用于人们害怕孤立的心理,强制人们对"优势意见"采取趋同行动这一非理性过程的产物。在现代社会,人们用于判断意见分布状况的意见环境主要有两个:一是所处的社会群体,二是大众传媒。而在超出人们直接感知范围的问题上,大众传播的影响尤其强大。参见图10-3。

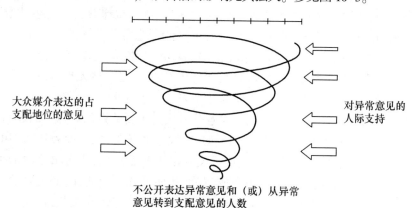

图10-3 沉默的螺旋①

---

① 〔英〕丹尼斯·麦奎尔、〔瑞典〕斯文·温德尔:《大众传播模式论》,第92页。

三、媒介影响

传播媒介对人们的环境认知活动产生影响的因素有三个：一是多数传媒的报道内容具有高度的类似性，产生"共鸣效果"（consonance）；二是同类信息的传达活动在时间上具有持续性和重复性，产生"累积效果"（cumulating）；三是媒介信息的抵达范围具有空前的广泛性，产生"遍在效果"（ubiquity）。在"沉默的螺旋"过程中，大众传媒又以三种方式对公众产生影响：一是对何为主导意见形成印象；二是对何种意见正在增长形成印象；三是对何种意见可以公开发表而不会遭受孤立形成印象。

在以电视高度普及为特点的现代信息社会，媒介的无可逃避性是一个潜在的问题。而无处不在和长期一致的媒介体系形成了特定的媒介环境，塑造了一个力量强大的"气候"，笼罩了社会中的大多数个人，使个人沉浸并依赖于媒介环境。经媒介提示的意见由于具有公开性和传播的广泛性，容易被当成"多数"或"优势"意见，从而对个人意见的表达产生很大影响。

四、新的舆论观与效果观

"沉默的螺旋"理论在两个方面有自己的特点：一是它的舆论观；二是它的效果观。传统的政治学理论强调，舆论是民主政治下，知晓型公众经过充分的民主讨论所形成"公意"，是集体理性的体现。但是诺依曼却从社会心理学的角度，把舆论看成是社会控制的机制，揭示了舆论的非理性特征。

这一舆论理论有两个含义，一是静态的，另一是动态的。从静态结果来看，如果个人认识到他的意见为大多数人所共享，他就很愿意公开地表达意见；而如果他的意见仅仅代表极少数的观点，他可能不愿意公开表达。其中也可能存在两种例外：一是当个人发现，虽然他的意见是少数，但是却有可行性并且将来有可能为大多数人所共享时，他会愿意公开表达；二是一些人也可以不受社会反对的影响，但实际上这样的强硬派为数不多。

从动态的角度看，如果没什么人愿意公开表达不受欢迎的观点，那么随着时间的推移，"大多数人"的观点会更加普遍，被表达的频率更高，而表达频率的不均衡最终导致少数观点的沉默。决策者或者出于缺乏责任，或者出于政治生存的需要，会把频繁表达的社会意识变成政策，从而导致社会变迁，而沉默的思想则没有任何影响。在诺依曼看来，舆论包含社会常规、习俗和规范，代表一种社会力量。它要求同意或至少强迫沉默，或放弃对立。舆论对那些反对常规的人施行制裁——这就是社会控制过程。舆论在双重意义上是"我们的社会皮肤"：它是个人感知社会"意见气候"变化、调整自己的环境适应行为的"皮肤"；同时又作为包裹社会"身体"的"皮肤",维持社会整合,防止由于意见过度分裂而引起社会解体。

"沉默的螺旋"所强调的舆论观,与其说是"舆论",不如说是"公开的意见"。那些能够在公开场合公开表明的意见才能成为显性舆论。这个观点有助于我们分析进入媒介的意见和未进入媒介的意见之间的差别和联系,两者之间虽然处于相互动态建构的过程,但是进入了媒介的意见获得了不对称的强势力量——被公共性的标签放大了的影响力,从而使舆论逐渐向公开的意见倾斜。一旦意见进入舆论,它就被赋予公共性,从而被放大并对个人产生强制力——公开与之唱反调可能陷入孤立状态或面临社会"制裁"的危险。

诺依曼的贡献还在于,把社会控制的概念和大众传媒以及人际传播过程相结合。媒介的强大影响已经不止于认知阶段,而是包括了"认知——判断——行动"的全过程。"沉默的螺旋"假说的一个重要观点是,传播媒介提示的"意见环境"未必是社会上意见分布状况的如实反映,而一般社会成员对这种意见分布又处于"多元无知"状态。因此,媒介中所暗示或强调的即便是少数人的意见也会被人们当作"多数意见"来认知,其结果也会引起社会传播的螺旋化过程。因此可以说,传播媒介具有"创造社会现实"的巨大力量。

五、相关争议

诺依曼的理论一经提出,就引起很多争议。有人认为,"沉默的螺旋理论与其说是对公众舆论的研究,不如说是对纳粹历史的注解"。毫无疑问,在特殊的政治条件下,由于公开表达对统治性政治意见的反对可能带来危险,人们会把沉默当成一种可行的防卫。还有一些美国学者则用大规模社会调查的方式来证明或者证伪。争议的焦点主要集中在以下几点。

一是个人对社会孤立的恐惧导致的趋同行为究竟是绝对的还是受条件制约的? 20 世纪 50 年代关于群体压力的种种实验证明,个人对自己意见的确信度越高,人格越独立,趋同行为的概率就越低。群体中个人发生趋同行为的概率受到支持者人数的影响,只要当场有一个支持者,趋同行为的概率便会大大降低。

二是"多数意见"的压力会针对所有问题,还是会依问题的性质而有所不同? 有人认为,在有关社会伦理道德或行为规范的争议上,多数意见会产生巨大的社会压力,而在一些技术性、程序性问题上,压力未必有效。同时,争议性问题与自己是否有直接利害关系,也决定了人们对多数意见是服从还是抵制。

三是"多数意见"的压力是否与社会文化传统和社会发展阶段相关? 例如在单一民族的国家,在传统、保守的社会,在社会秩序安定的时期,"多数意见"的压力会很大,而在多民族、开放型社会以及社会秩序变动时期,多数意见未必能左右人们的行动。

四是媒介效果是否还取决于其他活跃的社会群体。如果舆论形成过程中出现一个强硬的"少数派",它严密的组织性、意志的坚定性、主张的一贯性和表明态度的强烈性,也可能形成重要的舆论,甚至可能对多数派产生有力影响,改变社会舆论。

虽然有以上甚至更多争议,但"沉默的螺旋"极力强调媒介的强效果,认为对媒介的效果研究不能在无菌的人为的实验室条件下进行研究,否则必然会低估长期作用的媒介效力。它带动了后来"社会建构论"的一系列研究。

六、框架

由于媒介研究的价值本身就依赖于对媒介建构功能的承认,如果不加限定,历史上所有涉及媒介与舆论的理论(主要包含在媒介效果论中)都是建构主义的。但是,对媒介社会建构如此宽泛的理解,如何能在理解既有理论的同时,又做出新的理论贡献呢?在20世纪70年代后,自觉运用社会建构论的媒介框架(Framing)理论产生了。该理论的主要贡献在于:一方面引入社会建构论的研究范式(paradigm),另一方面则提出媒介建构舆论的方法或模式,解释了"如何建构"的问题。

"框架"概念源自贝特森(Bateson),由戈夫曼(Goffman)引入文化社会学,后来再被引入大众传播研究。框架理论中"框架"(frame)一词在英文中有两个含义,一是可以用作相框的"框架",二是可以用于建筑结构中的"结构"。"框架"表示限定意义,说明媒介对原始材料有选择地使用,这是媒介自身的限制性(时间、空间)所规定的。新闻的选择性限定了人们探知外部世界的范围。"结构"则说明媒介在组织原始材料时不是零散和无意识的,而是使媒介内容结构性地传递某种特定意义。媒介内容的意义框架是隐性的,我们要通过对文本符号的定性分析揭示出这个框架。媒介内容的建构力量表面上是记者和编辑的职业选择,实际上主要是各种组织,如媒体组织、社会运动组织、政党等相互斗争和协商,最终形成认同并反映在媒介内容中,即社会主导意识形态的反映。受众本身具有关于社会现实和自身地位的内在想象性建构,这种建构与媒介文本发生互动,通过媒介使用来实现意义的社会建构。

与此前的理论相比,框架理论有一些特点。首先,它抛弃了行为主义的舆论测量方法。行为主义假设有一种客观存在的舆论,理想情况下在确定的时间和地域内可以通过定量测定得到。在议程设置研究中,通过考察民意调查内容和媒介内容的契合程度,就能看出媒介究竟多大程度上影响了舆论,这在相当程度上仍然是一种"个人—社会"的二分法,并认为舆论是个人意见的简单相加。框架理论否认通过民意测验所反映的公众未表达出的内心意见有直接的重要社会意义,所以虽然框架理论也认为人们在对媒介内容进行解码时,并非完全被动地接受意义框架,但它较少考察个人的内心世界,而是把重心放在分析文本框架上,将媒介内容作为研究的主要材料。

其次,框架理论具有效果主义的倾向。一般认为社会上存在着有待反映的舆论,因此理想情况下媒介应当全面客观地反映出舆论,从而连接起民主社会的执政者和普通公民,保证民主的合法性。但是人们又普遍担心媒介处在部分人(政治经济精英或流行偏见持有者)的操控之下,他们所建构的媒介内容没有忠实反映公众舆论,这就使得人们对媒介的效果(不论是弱是强)持有负面或至少是警惕的心理。而框架理论认为,真正的社会现实是不同群体之间的力量对比,媒介本身就是社会力量竞技场,这些力量角逐的结果体现在媒介内容的框架中。研究者可以通过分析媒介框架的变革,评价不同社会力量的进退,而这便是媒体客观性所在。这种分析方法的可行之处与西方社会运动的发展有关。过去对离散化原子个人的假定被经验研究和社会发展所质疑,多元主义民主社会中的个体处于多种不同层次的组织中,个体在团体之中才可能有效地参与舆论的建构。普通民众并非消极被动地为大众媒介所左右,控制媒介的不只是强势的利益集团,我们还可以看到改革派或少数派对媒介积极主动的运用,这些行动最终可能导致框架的变革。因此框架理论能够既不针对个人心理分析,同时又体现出公众的能动建构力量。媒介内容分析为少数派提供了一个评价运动进展的指标,媒介框架的变革本身也是他们的成果之一。因此框架理论也可以被看作是一个社会改良理论。

有学者研究了"水门事件"期间报纸与民意之间的关系。[1] 他们建议将议程设置改为议程建构。处于关注焦点的事件或活动必须被加以"构造"或给予一定范围的意义,从而便于人们的理解。媒介使用的话语能影响人们对议题重要程度的感受。"水门事件"最初被定义为"恶作剧"(caper),这个词被沿用了数月之久,后来改用"丑闻"(scandal)一词,才提升了它的重要性。一开始"水门事件"被定性为党派之争,这就使人们很难从另一不同性质的构造角度——比如政治腐败的象征——来理解。而当媒介报道把该事件与政治图景中易于辨认的次级象征相联系时,如"找出事实真相""对政府的信心"以及"总统是否诚实(honesty)",媒介报道就可以帮助人们确立立场了。

另一个重要问题是,媒介如何形成报道框架,其报道框架对受众有什么样的影响?电视新闻被批评太强调故事情节,以至于新闻播报像插话,没有足够的上

---

[1] 〔美〕沃纳·赛福林、小詹姆斯·坦卡德:《传播理论:起源、方法与应用(第四版)》,第261页。

下文或解释。而主题式的报道尽管涉及面广,对事物的复杂性揭示多,却依然被认为是干巴巴的。这两种电视报道对人们对事物的解读有影响。

艾英戈等人通过对 1981—1987 年电视新闻的研究发现,89% 的关于犯罪的新闻报道都关注特定的犯罪者、受害者或犯罪行为。同一时期,作者还发现有近 2000 件关于恐怖主义的新闻报道。其中 74% 是关于特定的恐怖活动、恐怖集团、受害人或事件的现场报道,而另外 26% 的报道则把恐怖主义当成一个一般政治问题来讨论。作者认为话题如何被"框架化"对责任的归结非常重要。主题式框架的报道常常使观看者倾向于把全国性议题归结为社会因素——文化价值观、经济情况、政府官员的动机和行为等。相反,如果以插话的方式报道,责任就不会被归结为社会因素,而是一些私下的个别动机。以犯罪报道为例,看电视的人会归因于实施犯罪者的个人动机而不是政治或社会因素。因此,电视对全国性问题的框架性报道既可以保护官员,也可以把他们暴露在公众的责任归结中。在那些典型的主题报道之后,官员很容易被认为有责任,而相反,插话式报道后,观众却不会要政治家负责。

比如对 20 世纪 80 年代的"伊朗门"事件,有些观众收看的是故事报道,有些则收看主题报道,结果前者把责任更多归于个人,而后者则更多归于社会或政策因素。对贫穷问题的报道也是如此,当报道集中表现个人的悲惨生活时,人们会认为个人要负责,而当报道集中于导致贫困现象增加的经济以及削减联邦财政时,很多人就把贫穷归于社会条件。关于失业问题,则无论什么报道形式,都会导致人们对现状的批评。总起来说,故事性报道导致人们把责任归于个人的较多。

还有学者研究了电视如何影响人们的观点,结果证明电视讲话最能影响人们的态度,而电视中评论员、专家的讲话比政治官员的讲话更有影响力。研究中不能忽视的一点是人们在收看之前也有自己的框架,这影响了他们的观察和对事物的分析判断。[①]

框架理论并未替换早期的媒介效果理论,而是利用了许多传统理论的思想,比如"拟态环境""刻板印象""议程设置"等。它综合并提升了既有理论,并且不是停留在假设层面上,而是将理论直接与经验应用相连接,极具实践意义。国内外已有许多对该理论的成功应用。框架理论主要被用来分析媒介如何报道重要的新闻事件和社会运动,个案涉及环境、和平、妇女和少数族群等问题。

---

① 以上参见〔美〕仙托·艾英戈、唐纳德·R.金德:《至关重要的新闻:电视与美国民意》(刘海龙译),新华出版社 2004 年版。

七、铺垫

媒介和舆论之间更直接的联系,在于媒介的"铺垫"(priming)功能。媒介报道用什么样的暗示来使受众考虑某些问题呢?艾英戈和金德用"铺垫"的概念来解释。铺垫效果指的是改变人们用来进行政治评价的标准。在评价政治、总统、政策或候选人的好坏时,人们可以运用许多标准。而媒介新闻报道用提供更多背景资料的方法指点读者更关注问题的某些方面而忽视另一些方面,从而影响了观众的评价标准。例如,在1990—1991年布什政府后期,当美国致力于建立国家联盟以阻止萨达姆和领导海湾战争时,媒介强调了布什对形势的处理,此时他的支持率达到最高。几个月后,媒介质疑他对经济的领导,几个星期之内,对总统的支持率从历史最高下降到历史最低。按照铺垫假设,从强调外交成功转为强调内政失败,清楚地改变了对布什政府最终评判的标准。①

小结

本章首先用媒介中介论的观点替代传统的媒介工具论,强调媒介技术作为一种中介,不仅使人们对于无法亲身观察的事物有所体验,而且加强了与他人及其他社会机构的联系。对外部世界的体验因为媒介性质的不同而有所不同,与社会其他力量的联系使媒介加入传统的教会、学校、家庭及其他社会中介,并可能有所延伸和被替代。媒介的技术特性和组织特性培养出新的受众行为,从而影响社会舆论。

在效果研究的后期,媒介建构的思想逐渐流行,其中又突出强调了媒介的框架化和铺垫功能。人们确信媒介的议程设定功能,并以"沉默的螺旋"理论来直接论述媒介在社会舆论中的作用。但令人疑惑的是:研究者对媒介影响舆论的总体评价很高;而当问到关乎媒介的具体问题时,效果评价很低。总之,对媒介,特别是新媒介技术对社会舆论的影响仍有待探索。

思考题

1. 媒介技术有哪些发展趋势,对舆论研究有什么意义?
2. 从"工具论"到"中介论",媒介在舆论中的功能和作用发生了什么样的

---

① 参见〔美〕仙托·艾英戈、唐纳德·R.金德:《至关重要的新闻:电视与美国民意》(刘海龙译),新华出版社2004年版。

变化?

3. 媒介建构论侧重于从什么角度考察媒介对社会舆论的影响?

4. 传统的"议程设置"理论强调了媒介议程对公众议程的影响,那么在互联网快速发展的今天,议程设置有了什么样的转变?

5. "沉默的螺旋"理论对于我们理解新媒体环境下的舆论生成有哪些帮助?

推荐阅读

〔美〕迈克尔·舒德森:《好公民:美国公共生活史》(郑一卉译),北京大学出版社2014年版。

刘海龙:《宣传:观念、话语及其正当化》,中国大百科全书出版社2013年版。

第十一章　舆论监督

　　2003年3月17日晚上，任职于广州某公司的湖北武汉科技学院的毕业生孙志刚，在前往网吧的路上，被当地警察拦截盘问，并被作为"三无"人员（无身份证、无暂居证、无用工证明的外来人员）带至派出所，后被送往收容站，再被送往收容人员救治站，三天后在该救治站殒命。孙去世的消息最先出现在互联网的校友通讯录上。校友们在网上议论纷纷，为他的家人募款，并通过网络寻求更多帮助，如获得尸检证明、提供司法救济等。在一个多月的时间里，越来越多的人上网关注"非典"信息的同时，也关注孙志刚事件，但所有的讨论都限于网上。4月25日，《南方都市报》发表《被收容者孙志刚之死》，立刻激起海内外舆论的强烈反响。各路媒体包括《人民日报》都积极参与报道，不仅推动了此案的依法审理，而且在社会上掀起了对收容遣送制度的大讨论。先后有8名法学家上书全国人大，要求就此对收容遣送制度进行违宪审查。6月5日，广州当地法院开庭审理孙志刚案，使真相曝光，凶手被惩处。6月20日，《城市生活无着的流浪乞讨人员救助管理办法》公布，自2003年8月1日起施行，1982年5月12日国务院发布的《城市流浪乞讨人员收容遣送办法》同时废止。"孙志刚事件"堪称中国当代舆论研究第一案例，2003年也被称为中国舆论监督元年。

　　2010年7月23日上午，陈先生的妻子在深圳一家医院顺产生下一个男婴。晚上9点多时，产妇开始喊肛门疼。陈先生查看时发现妻子的肛门肿成了鸡蛋大小，有凸出物，而且凸出物上面一圈是线，因此自认为是助产士由于红包金额不够而产生报复心理，缝合了产妇的肛门，于是向新闻媒体爆料。随后，他的这一判断被媒体报道渲染，"缝肛门事件"迅速传遍全国。后经深圳市卫计委调查，认定助产士只是为产妇做了痔疮出血点缝合手术，不存在缝合肛门的事实。一年半之后，央视《新闻调查》播出相关节目，暗示这是一起记者采访不深入导致的虚假新闻，《南方周末》记者柴会群则因"缝肛门""走廊医生"等一系列涉医报道，被中国医师协会向中国记协投诉，中国记协组织报道专题评议后对其通报批评。该事件成为反映医患关系紧张和媒体虚假报道的典型。

"舆论监督"一词,最早出现在 1987 年 10 月召开的中国共产党第十三次全国代表大会的会议报告中,这是第一次在党的正式文件中使用"舆论监督"概念,由此推动了国内学术界对舆论监督的研究。

第一节 对舆论监督的界定

多年来,众多学者对舆论监督进行了定义。1993 年中国人民大学甘惜分教授主编的《新闻学大辞典》对"舆论监督"给出了两种定义:(1)舆论监督是指公众在了解情况的基础上,通过一定的组织形式和传播媒介,行使法律赋予的监督权利,表达舆论、影响公共决策的一种社会现象。舆论监督的对象是一切社会权力,其重点是权力组织和决策人物。对前者的监督包括对决策过程的监督和对决策效果的监督;对后者的监督包括对决策人物产生的监督和对决策人物行为的监督。舆论监督是社会民主的重要环节,实行舆论监督是一个制度化的过程。舆论监督制度应保证社会舆论通过一定的立法程序,转化为行政措施。(2)舆论监督特指新闻媒介对社会不良现象的批评,以及对于政府和政党的批评,促使其修正错误。①

这两种定义体现了对"舆论监督"概念的广义和狭义的理解。从广义上来说,舆论监督的主体是公众,社会公众通过意见表达来监督广义上的一切社会权力是一种公民权利的体现。意见表达的工具可以是传统新闻媒介,也可以是其他各种不断发展的媒介工具。舆论监督的发展应当是一种制度化的建设发展过程,因此拓展出巨大的理论探讨和实践发展的空间。但是从狭义上来说,在特定的社会历史条件下,舆论监督就特指新闻媒介的批评性报道,新闻媒介的批评性报道也成为一段时期以来舆论监督研究的重点。

从舆论监督概念在我国的发展语境来看,舆论监督主要是指新闻舆论的监督。自中共十三大以来党的历次代表大会文件中所提到的舆论监督,都是指新闻媒介的批评性稿件。2004 年发布的《中国共产党党内监督条例(试行)》对舆论监督有专节论述,其中将舆论监督明确规定为新闻媒体的工作,把新闻媒体发挥舆论监督作用纳入党内监督的轨道,强调新闻舆论监督必须在"党的领导下","坚持党性原则",遵守有关规定和程序,从而与西方媒体的所谓"第四权"彻底划清了界限。

按照王强华、魏永征等人的解释,舆论也有广义、狭义之分。广义的舆论是指通过各种方式传播的众人的议论、意见。大众媒体是当代社会中能产生广泛

---

① 参见甘惜分主编:《新闻学大辞典》,河南人民出版社 1993 年版。

影响的基本传播方式,因此狭义的舆论就是新闻舆论的简称。所以,"舆论监督是公民通过新闻媒介对国家机关、国家机关工作人员和公众人物的与公共利益有关的事务的批评、建议,是公民言论自由权利的体现,是人民参政议政的一种形式"①。

展江也曾明确指出:"舆论监督是指新闻媒介代表公众(公民)对权力运作尤其是权力滥用导致的腐败进行的监督。应当指出,'舆论监督'并不是一个严谨的概念,因为它实际上是媒体监督,所谓代表公众则是一种习惯,并非正式授权和约定。"②

由以上定义我们可以看出,从本质上说,舆论监督的主体是人民大众。人民是国家的主人,舆论监督是宪法规定的公民言论自由的具体化,是人民群众行使社会主义民主权利的一种方式。人民的意见和愿望通过新闻媒介反映出来,形成舆论,受到社会相关部门的重视和考虑,就是舆论监督。但是从法律操作意义上说,新闻媒介常常是享有舆论监督权利和承担由此引起的义务(责任)的主体。新闻媒介既有作为人民大众代言人的历史使命和社会责任,同时也要准备对舆论监督所产生的后果承担法律责任。

舆论监督的对象从广义上来说,应当是背离、妨碍甚至损害现行社会制度和法律所保护的社会关系的一切现象和行为,但最主要的应当是国家机关及其工作人员和其他公众人物与社会公共利益相关的活动和行为,其中最为核心的是公共权力的运作,尤其是权力的滥用。作为一种社会历史现象,舆论监督在不同时期有不同的内容和重点,在一般情况下,它由不同历史阶段与党和国家不同时期的基本任务所决定,也受到经济、政治、文化条件的制约。

需要强调的是,对舆论监督的狭义定义与广义理解并不冲突。经过二十多年的发展,舆论监督的宪法权利定位已经成为共识。关于舆论监督的保障和制约,普遍认为应加快立法和制度建设,从而将舆论监督纳入法治轨道。从法律意义上来说,主体应当是能够享有权利和承担义务(责任)的自然人和法人,"人民大众"是一个抽象的群体概念,"传播者"才是法律意义上的主体。强调新闻媒介是法律意义上的主体,有利于媒介增强法律意识和责任意识。而将政府和政党行为等公权力作为舆论监督的主要客体,则使舆论监督的方向更为明确,也更有利于社会的民主化建设和协调发展。

舆论监督是一种权利还是权力?对这一问题也有很多争论。从对舆论监督的广义理解来看,舆论监督应当是一项宪法权利。《中华人民共和国宪法》第35

---

① 王强华、魏永征主编:《舆论监督与新闻纠纷》,复旦大学出版社 2000 年版,第 27 页。
② 展江:《舆论监督与民主政治》,载展江、白贵主编:《中国舆论监督年度报告(2003—2004)》,社会科学文献出版社 2006 年版,前言第 2 页。

条规定:"中华人民共和国公民有言论、出版、集会、结社、游行、示威的自由。"第41条规定:"中华人民共和国公民对于任何国家机关和国家工作人员,有提出批评和建议的权利;对于任何国家机关和国家工作人员的违法失职行为,有向有关国家机关提出申诉、控告或者检举的权利,但是不得捏造或者歪曲事实进行诬告陷害。"王强华等人也认为,新闻舆论监督具体地说,就是新闻机构通过某种载体监视社会上的不当作为和不良现象,披露并督促其朝好的方向变化的行为。这种行为在法律上的表现就是一种权利。从法理上讲,拥有清晰、明确的权利是媒体行使舆论监督的前提,如果我们不在法律上对此做出明确的界定,媒体舆论监督就失去了坚实的基础。①围绕舆论监督的宪法权利,很多学者特别是法律学者发表了大量相关研究成果。

但是从新闻舆论监督的实践来看,长期以来,"喉舌论"和"工具论"构成了中国新闻理论的核心。新闻媒介是党的舆论宣传工具,新闻媒介的批评性报道也成为党指导工作的一种方式,因此现实中的新闻舆论监督常常更多体现了行政权力的延伸。曾有学者分析了"中国质量万里行"等舆论监督事件,认为本该由政府部门主导的"打假"却成了媒介活动,舆论监督的"行政权力化"表现得非常明显。②还有学者归纳出舆论监督的两种实践模式:一是以《焦点访谈》和山西长治为代表的党政主导模式;二是以《南方周末》为代表的跨区域监督模式。他们指出,前者在本质上还是人治而不是法治,不具有推广价值③;后者则存在"灯下黑"的弊病,专门监督外乡人,一定程度上浪费了媒介资源④。

舆论监督的主体是公众和新闻媒介,而不是带有强制性的行政权力或其他权力。舆论监督的法律基础是公众的知情权、表达权和议政权,以及新闻媒体的采访权、报道权和评论权。舆论监督主体的意见不是国家权力机构的意志表达,不具有司法监督所具有的强制力和约束力,也不像党内监督、行政监督那样特定化、具体化,而是一种软监督。但是这种"软"并不意味着弱,而是其发挥作用的方式不同。舆论监督的力量在于公开,通过揭露事实、曝光问题、公开意见而引起社会广泛关注,呼吁、督促有效行动。舆论监督的"软"还在于其话题的广泛性和多样性,或者也可以说它没有特定的话题和形式,只要是在政策法律及

---

① 王强华、王荣泰、徐华西编著:《新闻舆论监督理论与实践》,复旦大学出版社2007年版,第184页。
② 罗宇凡:《从"权利"到"权力"——浅析我国舆论监督当中媒介的越权行为》,《声屏世界》2006年第1期。
③ 郑保卫:《"人治"—法治—长治——从长治经验看我国新闻舆论监督发展之路》,《新闻记者》2002年第10期。
④ 苏成雪:《"异地监督":舆论监督向法治的过渡》,《武汉大学学报(哲学社会科学版)》2005年第6期。

社会所允许的空间,都可以表达。舆论监督的关键不在于表达的主体和主题,而在于是否引起关注,以形成某种集体性的压力,实现监督的可能。所以说,舆论监督在我国的监督体系中具有别的监督手段不可替代的作用,发挥着独特的功能。我国的监督体系是一个有机的整体,而舆论监督作为这一有机整体的一部分,既和其他监督手段一起制约权力、发挥作用,也受到其他权力的制约。

鉴于我国特定的国情和体制特征,新闻媒体的舆论监督还需要考虑以下两方面的因素:一是处理与党的领导的关系。作为新时代中国特色社会主义国家,新闻工作必须坚持党的领导。作为党和政府创办的新闻机构,它的一切活动,包括采访、编辑、发表乃至经营活动,都要受到党的领导,而新闻媒体的舆论监督工作当然也不例外。按照目前的理解,党不应具体干涉新闻机构的每一次舆论监督,要给新闻机构一定的独立性,但是党要从组织上、思想上、政治方向上予以领导。党组织和党的干部要接受新闻机构的舆论监督,但是新闻机构对党组织和党员个人的监督应当是善意的、建设性的而不是破坏性的。

二是处理舆论监督与法制的关系,具体包括:处理好舆论监督与公权,如保守国家秘密和政府信息公开的关系;处理好舆论监督与保护公民私人权利,如名誉权、隐私权的关系;处理好舆论监督与司法审判的关系,把舆论监督纳入国家法治化管理的轨道。对舆论监督的法治化管理,不仅强调他律,也尤其强调媒介自律。

第二节 舆论监督的历史发展

虽然"舆论监督"一词在 20 世纪 80 年代才开始流行,但是利用新闻媒介进行揭露和批评却有着很长的发展历程。中国共产党从成立之初创办第一份政治报刊《向导》周报开始,就不断地以新闻媒介为武器,针砭时弊,开展社会批判。党的报刊无情揭露帝国主义、封建军阀的本质,对孙中山及其领导的国民党则鼓励其进步,批评其错误。

在 1942 年延安整风运动中,《中共中央宣传部为改造党报的通知》明确指出:党报要成为战斗性的党报,要有适当的正确的自我批评,表扬工作中的优点,批评工作中的错误,经过报纸来指导各方面的工作。由此确定了党报批评的工作方向。

在中华人民共和国成立初期的 1950 年 4 月,中共中央发出《关于在报纸刊物上展开批评和自我批评的决定》,强调:"吸引人民群众在报纸刊物上公开地批评我们工作中的缺点和错误,并教育党员,特别是党的干部在报纸刊物上作关于这些缺点和错误的自我批评,在今天是更加突出地重要起来了。"这一决定体现了党的宗旨和原则,规定了在报刊上开展批评和自我批评的原则、目的和具体方法,为中华人民共和国成立后出现的第一个批评报道高潮奠定了基础。据有关资料统计,从1949年到1956年,《人民日报》发表的批评报道和批评稿件达7499篇之多,其中1951年到1953年间,平均每天刊登的批评稿件达四篇多。①这一时期报纸集中揭发和批评了一批大案和要案,如天津市委书记刘青山、专员张子善案等,大量批评报道还对"三反""五反"运动中发现的干部贪污受贿行为、整党整风运动中严重的官僚主义和各种违法乱纪行为进行了公开揭露。

内参制是我国的一项特殊的新闻制度。新华社的前身是红色中华通讯社,从1931年成立时起,该社就抄收国民党中央社和其他电台播发的消息,编成参考材料,专供苏区中央局高级领导决策参考。这种制度一直延续到中华人民共和国成立后,以刊登国际新闻为主的《参考消息》和以国内情况为主的《内部参考》最为典型,简称"内参制"。1952年,新华社向内参读者发出征求意见表。毛泽东表示此种内部参考材料有益。在中共中央1953年7月作出的《关于新华社记者采写内部参考资料的规定》中,明确要求他们要写党的政策执行中的困难、偏向、错误和缺点,各阶层人民对领导机关的意见,各地自然灾害的详细情况以及其他种种不宜公开发表的情况。党还要求对各种工作中缺点、偏差等不应只是消极地揭发,而应积极地追查纠正,要负责地帮助中央追查并及时提供改进的情况。直至今日,内参制仍然在政治决策中起到重要作用。2001年10月,中央财经大学研究员刘姝威在《金融内参》发表题为《应立即停止对蓝田股份发放贷款》的几百字短文,率先质疑"蓝田神话"是靠贷款支撑起来的。"蓝田股份造假"由此案发,最终导致蓝田股份的法定代表人及原董事长瞿兆玉因犯提供虚假财务报告和提供虚假注册资本罪而被判处有期徒刑两年,与瞿兆玉同时落马的还有蓝田案涉及的原洪湖市委副书记韩从银等人。

1954年7月,中共中央又作出《关于改进报纸工作的决议》,指出目前报纸上的批评和自我批评还没有经常地充分地开展,部分批评不严肃不正确。决议提出,报纸必须开展批评,把报纸是否充分地开展批评、批评是否正确和干部是否热烈欢迎并坚决保护劳动人民自下而上的批评,作为衡量报纸党性、衡量党内民主生活和党委领导强弱的尺度。决议还明确提出,必须在党委领导下,正确开展批评。各级党委应协助、支持报纸开展批评和自我批评,并保证它的实际效果。但是自1957年夏开始,在"反右"斗争扩大化、"大跃进"和"文化大革命"中,党的"实事求是"的原则被破坏,新闻媒介只有破坏性的"大批判",而没有正常的批评报道。

---

① 王强华、魏永征主编:《舆论监督与新闻纠纷》,第4页。

1978年党的十一届三中全会以后,新闻媒介开展批评与自我批评的传统逐渐恢复。最为典型的是1980年《工人日报》披露"渤海二号"沉船事件,推动了有关部门的查处。1981年,《中共中央关于当前报刊新闻广播宣传方针的决定》指出:"近年来,许多报纸刊物重视反映群众的意见和呼声,积极地开展批评和自我批评,增强了党和人民群众的联系,也提高了报刊和党的声誉。今后还要坚持这样做。各级党委要善于运用报刊开展批评,推动工作。"该决定增加了1951年的决定文件和1954年的决定文件中都没有的内容,要求"批评……要事先听取党的有关部门的意见和被批评者本人的意见"。

1987年10月召开的中国共产党第十三次全国代表大会,第一次在报告即党的正式文件中使用了"舆论监督"的概念,并赋予其广泛的意义。报告提出:"要通过各种现代化的新闻和宣传工具,增加对政务和党务活动的报道,发挥舆论监督的作用,支持群众批评工作中的缺点错误,反对官僚主义,同各种不正之风作斗争。"从此,新闻媒介开展舆论监督有了政策上的依据,媒介舆论监督的功能也有所扩大:一是有关政务活动的内容报道扩大;二是出现了一批有影响的批评报道,如对大兴安岭火灾的报道,揭露了一些领导人的官僚主义问题。

1988年4月,经党中央同意,中央办公厅转发了《新闻改革座谈会纪要》。该纪要再次明确,新闻单位要"正确开展批评,发挥舆论监督作用",强调"实行公开批评,是反对官僚主义,纠正各种不正之风,发扬社会主义民主,密切联系群众所必需的"。在1981年《中共中央关于当前报刊新闻广播宣传方针的决定》中"批评要事先听取党的有关部门的意见和被批评者本人的意见"的规定基础上,增加了"特别重要的批评稿"这一条件,言外之意,不是特别重要的批评稿不必经过这一程序。同时还增加了一个限制,就是要求"受征询的组织和个人应尽快在合理期限内作出明确答复"。此外,该纪要还从党的政策和纪律角度,对新闻媒介的批评性报道作出了一定的规范。

从批评性报道到舆论监督,不仅是提法的改变,也标志着观念的巨大进步。

一是对新闻媒介功能的认识提升了。以往所谓的批评性报道,主要是把新闻报道作为一种指导工作的方式来运用。最为典型的是在1958年"大跃进"运动中,新闻界实现党的领导高度具体化,紧密围绕各个时期的运动目标,大张旗鼓地开展各种表扬和批评,插红旗、拔白旗,以树立落后典型和对立面、开展论战和思想大批判的方式,进行运动宣传。其结果既可能达到了政策宣传的目的,也可能放大了政策的偏向和错误,使党和人民的利益受到损害。[①]

舆论监督的说法,最为强调的不是上级领导对下级工作的督察,而是支持群

---

① 许静:《大跃进运动中的政治传播》,第270—304页。

众批评工作中的缺点和错误,将监督的权利还给了人民。新闻媒介的功能,则从以往所强调的党利用媒介来宣传教育人民,扩展为促进群众利用媒介反映呼声,正确批评。从内涵和外延上看,舆论监督的范围也比批评报道更广泛。它不仅包括指名道姓的公开批评,也包括对各种社会现象的公开报道、评论、公开讨论以及各种不指名的批评。

　　二是对公开性原则的强调。党的十三大报告还突出强调了"重大情况让人民知道,重大问题经人民讨论"这一原则。本着这一精神,新闻媒介开始有领导、有计划地对重大决策的出台过程进行公开报道。对一些与群众关系密切、群众普遍关心的问题,媒介还可以有选择、有步骤地组织讨论。对国家政治、经济和社会生活中存在的各种问题,给予不指名的、非特定性的评述,分析原因,寻找解决办法。这些也都是舆论监督的作用体现。从单纯的批评性报道扩展到对党务、政务等一系列行政事务的公开性报道,舆论监督实际朝着扩大百姓知晓权的方向努力。

　　从20世纪80年代后期开始,新闻媒体的舆论监督报道逐渐增多,范围逐步扩大,舆论监督逐渐成为新闻媒介的一项经常性的工作。1989年《人民日报》《光明日报》等新闻媒体共同揭露晋江假药案,产生了巨大的社会反响。

　　90年代,舆论监督逐步走向常规化和法制化。1990年12月,新闻出版署发布《报纸管理暂行规定》,其中,第7条把"发挥新闻舆论的监督作用"列为报纸的职能之一,标志着"舆论监督"一词开始载入法律法规文件。1992年党的十四大报告重申:"强化法律监督机关和行政监察机关的职能,重视传播媒介的舆论监督,逐步完善监督机制,使各级国家机关及其工作人员置于有效的监督之下。"1992年,首都十几家新闻单位组织"中国质量万里行"活动,其中的批评报道也产生了很大的社会影响。1993年10月,第八届全国人民代表大会常务委员会第四次会次通过的《中华人民共和国消费者权益保护法》第6条规定:"大众传播媒介应当做好维护消费者合法权益的宣传,对损害消费者合法权益的行为进行舆论监督。"1994年中央电视台开播《焦点访谈》节目,在每晚黄金时段播出。由于《焦点访谈》以批评性报道为主,针砭时弊,因此受到群众的欢迎,最高收视时每晚观众可达三亿人。而自栏目创办以来,《焦点访谈》所披露的重大事件中,大多数都引起了中央和省委领导的重视,不少陈案、积案、疑难案、常见案等,也都在中央领导的直接过问下得到解决。《焦点访谈》选题涉及的诸多问题如农民负担、形式主义、公路三乱、地方保护、药品造假、国储粮造假、棉花掺杂使假、环境资源破坏、挪用贪污等,都是从节目调查揭露问题开始,最后经行政和法律手段得以解决。2002年,国务院办公厅正式设立了《焦点访谈》督察情况反馈机制。在当年《焦点访谈》报道的事件中,有41起被纳入国务院督察反馈机制。

从中共十三大开始,党的历次全国代表大会的政治报告连续提到舆论监督,可见党对于舆论监督的重视。1996年10月中共十四届六中全会通过的《中共中央关于加强社会主义精神文明建设若干重要问题的决议》也强调新闻媒介"要加强热点问题引导和舆论监督"。1997年党的十五大报告提出"把党内监督、法律监督、群众监督结合起来,发挥舆论监督的作用",明确将舆论监督纳入了体制。2002年党的十六大报告再提"加强组织监督和民主监督,发挥舆论监督的作用"。2004年,《中国共产党党内监督条例(试行)》发布,其中专设一节"舆论监督",体现了党对舆论监督作用的突出强调和倚重。2007年党的十七大报告又一次提出"落实党内监督条例,加强民主监督,发挥好舆论监督作用,增强监督合力和实效"。党的十七大报告更为明确地提出:坚持国家一切权力属于人民,从各个层次、各个领域扩大公民有序政治参与,最广泛地动员和组织人民依法管理国家事务和社会事务、管理经济和文化事业;坚持依法治国基本方略,树立社会主义法治理念,实现国家各项工作法治化,保障公民合法权益。要扩大人民民主,保证人民当家作主;要健全民主制度,丰富民主形式,拓宽民主渠道,依法实行民主选举、民主决策、民主管理、民主监督,保障人民的知情权、参与权、表达权、监督权。这进一步为舆论监督奠定了理论基础,指明了发展方向。

在习近平总书记所作的党的十九大报告中,继续使用"舆论监督"的概念提出:"构建党统一指挥、全面覆盖、权威高效的监督体系,把党内监督同国家机关监督、民主监督、司法监督、群众监督、舆论监督贯通起来,增强监督合力。"这是对"健全党和国家监督体系"任务的概括。而舆论监督属于"从严治党"的一部分,不再仅是简单的媒体(包括网络)自身职能。舆论监督的对象是党各方面的工作,目的是提高党的执政能力和领导水平。在这个意义上,舆论监督成为党和国家监督体系的重要组成部分。

第三节 舆论监督的法治环境

一、舆论监督的法律依据

宪法是国家的根本大法。各国都把宪法相关内容作为媒介法的重要渊源。近代以来,表达自由被列为基本人权之一。公民的言论、出版、新闻以及表达自由等权利都由宪法加以规定,属于宪法权利。据荷兰宪法学家马尔赛文等人统计，在世界142部宪法中，有124部宪法规定了表达意见的自由。①《中华人民共和国宪法》第35条明确规定："中华人民共和国公民有言论、出版、集会、结社、游行、示威的自由。"除此以外，第27条还规定："一切国家机关和国家工作人员必须依靠人民的支持，经常保持同人民的密切联系，倾听人民的意见和建议，接受人民的监督，努力为人民服务。"第41条又规定："中华人民共和国公民对于任何国家机关和国家工作人员，有提出批评和建议的权利；对于任何国家机关和国家工作人员的违法失职行为，有向有关国家机关提出申诉、控告或者检举的权利，但是不得捏造或者歪曲事实进行诬告陷害。对于公民的申诉、控告或者检举，有关国家机关必须查清事实，负责处理。任何人不得压制和打击报复。"这些条款体现了对公民的表达权、知情权和批评建议权的宪法保障，是舆论监督的权利来源。此外，《中华人民共和国法官法》《中华人民共和国检察官法》《中华人民共和国人民警察法》《中华人民共和国公务员法》等也都对接受群众监督作出了相关规定。舆论监督作为群众监督的一部分，已经包含在国家工作人员的职责范围中。

新闻工作者不仅作为公民而一般性地享有以上公民权利，而且因其职业特征而享有特殊权利。1990年发布施行的《报纸管理暂行规定》第7条把"发挥新闻舆论的监督作用"列为报纸的职能之一。1993年发布的《中华人民共和国消费者权益保护法》第6条规定："大众传播媒介应当做好维护消费者合法权益的宣传，对损害消费者合法权益的行为进行舆论监督。"1997年公布的《中华人民共和国价格法》第37条规定："新闻单位有权进行价格舆论监督。"还有一些地方性法规有较为明确的规定，如2002年公布的《安徽省预防职务犯罪工作条例》第20条规定："教育、司法行政、文化、新闻出版广电、互联网宣传管理等部门应当采取多种形式，开展预防职务犯罪宣传教育活动。"2004年12月公布的《深圳市预防职务犯罪条例》和2006年公布的《郑州市预防职务犯罪条例》中也有类似规定。这些法律法规将舆论监督无论是作为新闻单位的职能还是义务与权利，都在法律上予以确认。

1951年国际新闻学会（International Press Institute）曾提出，新闻工作者具有自由采访、自由传播、自由出版和自由表达四个方面的权利。我国新闻界关于新闻媒体权利的论述多数从新闻职业的角度展开，归纳为获知和表达两项权利。对媒体工作者来说，获知权主要是采访权，表达权主要是报道权和批评权。

关于采访权，早在1949年12月中华人民共和国成立初期中央人民政府政

---

① 魏永征、张咏华、林琳：《西方传媒的法制、管理和自律》，中国人民大学出版社2003年版，第10页。

务院发布的《关于统一发布中央人民政府及其所属各机关重要新闻的暂行办法》就规定,除了那些经由中央人民政府委员会通过或同意发布的公告由国家通讯社统一发布外,政府及所属各机关对国家的政策、计划、决议、法令的执行情况,政府各机关及所辖的工厂、公司等业务机关的工作情况、工作中的问题,机关工作人员的日常工作、学习和生活情况,除有特殊情况(如属于国家的军事机密等)外,均可采访报道。

目前我国的立法中对采访权没有正面的明确规定,只存在一些限制性规定,主要反映在最高人民法院1993年通过、2016年修正的《中华人民共和国人民法院法庭规则》和1999年发布的《关于严格执行公开审判制度的若干规定》中。与1979年通过的《中华人民共和国人民法院法庭规则(试行)》相比,《中华人民共和国人民法院法庭规则》取消了原先试行规则中的"采访"字眼,这意味着取消了"采访证"的关卡,扩大了采访权利和范围,但也意味着取消了采访证的特权,体现了司法审判的公开和平等原则。

根据庭审公开的原则,人民法院审理案件,除法律规定的几种情况(涉及国家秘密或个人隐私和未成年人犯罪等)外,一律公开进行。按照梁书文大法官的解释,这是世界各国的通例,有些国家的规定甚至更严。[①] 2016年发布的《中华人民共和国人民法院法庭规则》第9条规定:"公开的庭审活动,公民可以旁听。旁听席位不能满足需要时,人民法院可以根据申请的先后顺序或者通过抽签、摇号等方式发放旁听证",这就意味着那种认为只要有记者证就可以随意进入法庭旁听的观点不完全符合此项规定。第17条规定:"全体人员在庭审活动中应当服从审判长或独任审判员的指挥,尊重司法礼仪,遵守法庭纪律",媒体记者经许可实施对庭审活动进行录音、录像、拍照或使用移动通信工具等传播庭审活动的行为,"应当在指定的时间及区域进行,不得影响或干扰庭审活动"。新闻记者不仅要遵守本条规定,而且要遵守规则中其他相关规定。如该文件第19条规定:"审判长或独任审判员对违反法庭纪律的人员应当予以警告;对不听警告的,予以训诫;对训诫无效的,责令其退出法庭;对拒不退出法庭的,指令司法警察将其强行带出法庭。"第20条规定:"行为人实施下列行为之一,危及法庭安全或扰乱法庭秩序的,根据相关法律规定,予以罚款、拘留;构成犯罪的,依法追究其刑事责任",其中包括:"哄闹、冲击法庭";"侮辱、诽谤、威胁、殴打司法工作人员或诉讼参与人";"毁坏法庭设施,抢夺、损毁诉讼文书、证据";"其他危害法庭安全或扰乱法庭秩序的行为"。

[①] 徐迅:《我们怎样进入法庭?——〈人民法院法庭规则〉修订及出台内幕》,载徐迅:《中国新闻侵权纠纷的第四次浪潮——一名记者眼中的新闻法治与道德》,中国海关出版社2002年版,第222—227页。

采访权有公权和私权之分。按照有关政府信息公开的法律规定,记者有权采访各机关,在没有正当理由的情况下,机关不得拒绝采访。但是对于公民个人来说,受私权法律的限制,民事主体有权提出各种理由拒绝接受采访。

关于采访权问题,还有一类引起很大争议的是隐性采访。在目前偷拍、偷录等非常规采访方式使用日益频繁的情况下,国家立法对于隐性采访没有成文规定。这既可能导致新闻采访故意侵害公民权利的行为不受法律约束,也可能导致进行舆论监督的记者因偷拍、偷录导致新闻纠纷时得不到法律保护。

针对隐性采访,著名法制记者徐迅提出,实际上,在中国,记者有无秘密采访的权利,应当按照"有法律依法律,没有法律依政策,没有政策依习惯"的原则来认识。①根据我国现有法律,概括起来记者采访有五大禁区,即涉及国家机密、涉及未成年人犯罪、涉及阴私、涉及个人隐私和涉及商业秘密。而根据政策,原有规定是批评性报道公开前,要事先同被批评者见面。近年来为避免假记者和有偿新闻,要求记者采访时要出示证件,公开身份。2019年修订的《中国新闻工作者职业道德准则》中规定,要"通过合法途径和方式获取新闻素材",并"尊重采访报道对象的正当要求"。这些都可以被理解成,无论政府还是新闻界本身对秘密采访都不提倡。但是鉴于目前偷拍、偷录式采访的现实普遍性,应当在"公共利益"的原则下规范其可操作性。公共利益原则可以进一步具体化为"三公原则",即公共场所、公务人员及公务活动。三者兼备,就构成了"公共利益"的完整内涵。②实际上任何采访的实施都有一定的范围,采访权只能有限地行使,因此《公民权利和政治权利国际公约》将此权利归入"可克减的权利和自由"。

报道权是采访权的继续和延伸,新闻媒体和新闻记者有权在法律范围内将采集到的新闻信息通过一定的加工、制作后,在报刊、广播、电视和网络上做出报道和评述。对于报道权的讨论,不应仅仅停留在是否享有报道权的讨论层面,而应进入到媒体如何行使报道权的操作层面。媒介报道如何满足公众的知晓权,如何维护公共利益和公民合法权益,如何在国家法律和社会公德的合理空间开展活动,都是值得讨论的重大问题。新闻媒体的批评权本质上是公民的批评权和建议权通过新闻媒体而实现,是舆论监督的基础和重要表现。从外延上看,舆论监督包含的内容更为广泛,不仅包括批评性报道和评论,而且包括对各种党务、政务和重大情况的报道。鉴于新闻媒介在我国政治制度中特殊的地位和性质,新闻媒介的批评必须坚持党性原则,有一定的范围界定,要正确处理

---

① 徐迅:《中国新闻侵权纠纷的第四次浪潮——一名记者眼中的新闻法治与道德》,第251、247页。
② 同上书,第247、251、264页。

一些重要的关系。

二、信息公开与保守国家机密

1987年中共十三大召开,不仅第一次在党的正式文件中使用了"舆论监督"的概念,还同时提出"提高领导机关活动的开放程度,重大情况让人民知道,重大问题经人民讨论"的原则,从而赋予舆论监督更广泛的意义。这是以执政党的名义正式确认人民的知情权,并对政务信息公开做出的重要承诺。自此以后,政务公开、党务公开、司法公开等原则渐成共识,并进入实际推广阶段。1996年中共中央纪委检查委员会明确提出要实行政务公开制度。2000年12月中共中央办公厅、国务院办公厅印发《关于在全国乡镇政权机关全面推行政务公开制度的通知》,对乡(镇)政务公开作出部署,对县(市)以上政务公开提出要求。2004年3月国务院印发实施《全面推进依法行政实施纲要》,把行政决策、行政管理和政府信息的公开作为推进依法行政的重要依据。2005年1月中共中央印发《建立健全教育、制度、监督并重的惩治和预防腐败体系实施纲要》,明确提出"健全政务公开、厂务公开、村务公开制度"。这期间,政府采取许多措施推动信息公开,如建立各级政府和政府部门新闻发言人制度;发起"政府上网工程",至2005年,全国所有省级政府都开设有自己的网站,80%以上的县级以上政府和政府所属部门也都建立了网站。2006年1月中央人民政府网正式开通。此外,还设立了各种形式的服务中心。2006年全国综合性服务中心已有2100多家。到2003年,我国规定单项信息公开的法律有60多件,行政法规有220多件,其中规定政务信息公开的法律17件,行政法规67件。① 2007年,国务院总理温家宝签署国务院令第492号,公布了《中华人民共和国政府信息公开条例》(以下简称《政府信息公开条例》),该条例于2008年9月1日起正式施行,标志着我国政务信息公开制度进入到一个新的阶段。2019年国务院总理李克强签署国务院令第711号,公布了修订后的《政府信息公开条例》,于2019年5月15日起施行。

"政府信息"一般指"行政机关在履行行政管理职能过程中制作或者获取的,以一定形式记录、保存的信息"。而"政务信息"则意义较广,不仅包括行政部门,还包括其他公共事业、公共服务部门的事务。政务信息公开,一是指国家权力运作的过程和结果向社会和公众公开;二是指国家机关拥有和掌握的信息向社会和公众公开。具体包括:立法公开,即法律公开和制定法律的过程公开;司法公开,即审判公开和检查事务公开;行政行为公开,即行政处罚公开和行政

---

① 周汉华主编:《我国政务公开的实践与探索》,中国法制出版社2003年版,第308页。

许可公开以及行政机关在履行职务中产生、收集、编制的信息公开。①国际上公开代议活动和公开审判活动都有很长的历史,但行政机关长期受行政特权的庇护,直到半个多世纪前西方各国才开始明确政府信息公开立法。在一些国家,政务信息公开也被称为"信息自由",是公民知情权的体现。

虽然各国政务信息公开的法律内容差别很大,但以下原则得到国际社会的公认。

第一,以信息自由为准则,保密为例外。这一原则提出的基本立场是,政府公开信息是对公众知情权承担的普遍性义务而非行使行政职权,所以只有出于保护公共利益或者他人利益的需要,才可以对信息公开做出限制。

第二,民众对政府公开信息有申请权。知情权可以分为消极的知情权和积极的知情权。前者体现为权利主体不被干涉地接受义务主体所提供的信息,而后者则体现权利主体向义务主体主动寻求与自己利益相关的信息的自由。我国《政府信息公开条例》实施后,湖南汝城县退休职工向县政府申请公开有关政府部门的调查资料遭到拒绝,因此决定将县政府告上法庭,成为第一起控告"政府信息不公开"诉讼案。该诉讼所依据的正是《政府信息公开条例》关于民众申请权的相关规定。

第三,政府若拒绝提供信息,应承担举证责任。以往公民若要查阅政府部门持有的文献、资料,必须证明自己具有正当的理由,而政府部门轻易就可以说不。而按照新的以公开为常态、不公开为例外的立场,政府必须证明自己不履行信息公开义务的合法性,承担举证责任。如果举证不能,就必须履行义务或承担相应的法律责任。

第四,对信息公开争议的司法救济。也就是说公民与政府之间的争议,要通过司法裁决。我国《政府信息公开条例》第47条规定:"公民、法人或者其他组织认为行政机关未按照要求主动公开政府信息或者对政府信息公开申请不依法答复处理的,可以向政府信息公开工作主管部门提出。政府信息公开主管部门查证属实的,应当予以督促整改或者通报批评。"第51条规定:"公民、法人或者其他组织认为行政机关在政府信息公开工作中侵犯其合法权益的,可以向上一级行政机关或者政府信息公开主管部门投诉举报,也可以依法申请行政复议或者提起行政诉讼。"

第五,政府信息面前人人平等。无论什么人都应当平等享有政府信息,所以信息公开的对象是所有人。美、澳、新等国家还明文规定申请公开的权利人不仅

---

① 魏永征、张鸿霞主编:《大众传播法学》,法律出版社2007年版,第19—31页。

包括本国公民,还包括在本国的外国人。①

　　保守国家机密是信息公开制度的主要限制,保密法也是国际通行的以保护国家安全为由限制表达自由的主要形式。我国法制对保守国家机密有着十分系统的规范,有着庞大而完整的体系。《中华人民共和国保密法全书》共搜集保密法律、法规、规章和其他规范性文件二百五十余件,约六十万字。②《中华人民共和国宪法》规定公民有保守国家机密的义务。1951年中央人民政府政务院公布的《保守国家机密暂行条例》实施三十多年,直到1988年全国人大常委会通过《中华人民共和国保守国家秘密法》(以下简称《保密法》)后才予以废止。1979年颁布的《中华人民共和国刑法》规定了泄露国家重要机密罪,1997年改为泄露国家秘密罪,并增列了向境外非法提供国家秘密罪,还规定了非法获取国家秘密罪、非法持有国家秘密罪以及有关窃取、非法提供和泄露国家军事秘密罪的条款。所有这些相关的法律都对大众传播活动具有约束力,而其中还有特别针对大众传播媒介的相关条款或单独文件,如《保密法》第27条和2015年修订的《科学技术保密规定》中第30条,1992年由国家保密局、中央对外宣传小组、新闻出版署、广播电影电视部印发的《新闻出版保密规定》和2000年国家保密局制定的《计算机信息系统国际联网保密管理规定》等的相关条例。在《新闻出版保密规定》中还特别规定了新闻出版保密审查制、内部途径反映的"内参制"、涉密采访批准制和涉密新闻发布制等具体办法。

　　我国的保密制度形成于战争时期,在阶级斗争和计划经济的年代长期实施,当时只讲保密没有公开的做法可以想象。而在市场经济、知情权和政务信息公开等新观念面前,现行保密制度就有明显不足。根据一些专家的看法,现行保密制度对国家秘密的定义过于宽泛,有些不可公开的信息的性质并不属于国家秘密,虽然不宜公开,但也不应按国家秘密对待。比如国有公司的秘密虽然与国家利益有关,但很多应属公司商业秘密,而不应按国家秘密对待。对何为国家秘密,应按照《保密法》的规定,依照法律规定的一定程序加以确定,而不应由任何个人或组织任意确定。但现实中,各级国家机关、单位对国家秘密的确定有很大的自由裁量权。很多材料一进档案馆即列入保密范围,不设解密期限。1995年科学技术部对各地申报的科技秘密进行评审,其中确定为国家科技秘密的仅占5%。2002年广州市保密局对2001年年底前的十余万项国家秘密进行清理解

---

　　① 以上概括参见方向主编:《信息公开立法》,中国方正出版社2003年版。转引自魏永征、张鸿霞主编:《大众传播法学》,第25—26页。
　　② 李志东、檀文祥主编:《中华人民共和国保密法全书》,吉林人民出版社1999年版。转引自魏永征、张鸿霞主编:《大众传播法学》,第48页。

密,解密率达到 97.2%。①另外,对保密行政权力缺乏监督,公民对保密事项提出异议时不能提请行政诉讼,缺乏司法救济。这就容易导致自己确定秘密、自己裁定对秘密的争议,只有泄密和疏于保密的法律责任,而将不该保密的事项保密起来则不会受到法律追究,这使得有权确立国家秘密的部门很容易把对自己不利的事情定为国家秘密,甚至确定国家秘密本身也是国家秘密。②

总之,信息公开与保守国家机密之间应当保持适当的平衡。政务信息公开是为了更有效地保护公民的知情权,而保守国家机密作为信息公开的例外,最终目的不是为了维护和保守政府秘密,而是为了保障社会公众利益和社会整体的安全。

三、舆论监督与新闻侵权

在我国,舆论监督的法律基础之一是言论表达自由。国际公认,表达自由是一种可以限制的权利。人们行使表达自由的权利必须同时承担义务和责任。从法律上来说,对表达自由的限制主要涉及两个方面。一是言论自由与社会公共利益的保护,如国家安全、社会公共秩序等。二是言论自由与人格权保护。人格权是法律赋予公民、法人及其他组织的不具有直接财产内容的排他性专有权。舆论监督经常以公开报道特别是批评性报道的方式来体现,因此容易发生侵犯名誉权、隐私权、肖像权等问题。自 1987 年我国《民法通则》实施以来,新闻侵权纠纷日益增多并渐成常态,体现出表达自由与人格权保护在实践中的不断发展。

1949 年到 1980 年《中华人民共和国刑法》实施以前,我国没有出现新闻诉讼案件。所有的新闻纠纷都通过行政手段或个人私下解决。1980 年著名歌星苏晓明状告一家报纸报道侵犯其名誉权时,法院以没有新闻法为由裁定不予受理。但 1981 年北京市中级人民法院却受理了河北安次县南辛庄制香厂诉《北京晚报》侵犯名誉权案,并判决《北京晚报》败诉。③ 1980 年《中华人民共和国刑法》正式施行到 1987 年 1 月 1 日《中华人民共和国民法通则》正式施行,全国曾发生过几起公民以刑事自诉诽谤来保护自己名誉权的诉讼案,最为著名的如 1985 年的"二十年'疯女'之谜"案和 1986 年的"太姥山妖氛"案等,涉案被告记者和作者都受到刑事处罚。④

1987 年正式实施的《中华人民共和国民法通则》第一次将"名誉权"作为

---

① 转引自李志东、檀文祥主编:《中华人民共和国保密法全书》,第 47 页。
② 侯健:《民主与信息——中国保密法制评述》,《中国传媒报告》2004 年第 5 期。
③ 王强华、魏永征主编:《舆论监督与新闻纠纷》,第 46 页。
④ 同上书,第 61—69、214—218 页。

一种民事权利规定在法律中,以后出现了若干次新闻侵权案的高潮。法制记者徐迅对此进行了总结。

第一次新闻纠纷高潮出现在1988年,主要表现为普通人告大报。其中一多半确认新闻机构构成侵权,如内容失实、使用侮辱性语言等。这些案件大都以新闻机构刊登更正、向被害人赔礼道歉而结案。最为典型的当属新疆喀什建设管理局工会干部奚弘状告《人民日报》及记者侵害名誉权案,历时八年。该案的进步意义在于,将多年来一直以党政机关代言人的形象出现的新闻机构,置于与普通公民和法人完全平等的法律地位上,证明新闻界的行为有待规范。

第二次新闻纠纷高潮出现在1992年,主要体现为名人告小报。最有代表性的如李谷一诉记者汤生午及《声屏周报》社侵害名誉权案。其他诸多侵权案还分别涉及刘晓庆、陈凯歌、崔健、杨沫等。各种名人官司的此起彼伏,是在中国媒介市场化改革的大背景下发生的。在自负盈亏、自主经营的运作模式下,众多媒体的新闻理念、运营目标和手段都发生了深刻的变化。媒体为吸引眼球进行商业炒作,不惜以牺牲名人权益为代价。

第三次新闻名誉纠纷浪潮出现在1993年,主要是工商法人状告媒体,请求法庭维护其产品声誉和企业商誉。此类诉讼的目的是保护经济利益,作为被告的记者和新闻机构很可能成为企业间不正当竞争的牺牲品,一旦被判侵权,常常付出高昂代价。

从1993年之后,以官方机构和官方人员为原告的第四次浪潮开始涌起。它为中国法制建设提出新的课题,如:如何保障公民对国家机关及国家工作人员的批评权,公众人物的概念能否进入中国民法,有无必要或能否制定中国的《藐视法庭法》等。①

互联网普及后,又陆续发生网上侵害名誉权、姓名权、肖像权、隐私权等案,以及网络侵害著作权、注册商标专用权、信息网络传播权及不正当竞争等案件。新闻侵权的主体不限于人格权,还包括著作人身权、商标权等。

魏永征教授指出,我国现行审理媒介侵权的法律规范已经相当完备,现行诽谤法也体现出对舆论的保护:

一是我国法律把虚假作为诽谤的构成要件而不是以真实作为抗辩手段,也就是说对诽谤的确认比一般普通法和若干大陆法国家要严格得多,并且我国法律把判断真假的责任归于法官的调查和裁量,而回避了"谁主张,谁举证"的悖论,因此有利于保护舆论。

---

① 以上参见徐迅:《中国新闻侵权纠纷的第四次浪潮——一名记者眼中的新闻法治与道德》,中国海关出版社2002年版,第34—40、19—28页。

二是新闻失实只有达到"严重"或"基本"的程度方构成侵权,并且确定意见分歧或者过激的、错误的意见不构成侵权。

三是授予新闻媒介免于诽谤指控的特许权,如内参报道不受诽谤法约束,新闻单位根据国家机关依职权制作的公开的文书和实施的公开的职权行为所作的报道,不应被认定为侵害他人名誉权等,有利于广开言路。最著名的案例有蓝田股份诉刘姝威案,法院最终以刘姝威发表的是内参文章为由不予受理。

四是把法人和自然人名誉损害加以区分,对法人或其他组织以人格权受侵害为由请求精神损害赔偿的,法院不予受理。

因此魏永征教授认为,在新闻侵权案中出现的种种损害正常舆论的状况,主要不是无法可依,而是有法不依。其中最主要的原因是,法官素质有待提高,地方保护主义尚未抑止,言论出版自由缺乏法律直接保护和道义优势。①

在新闻侵权研究中讨论较多的是有关"公众人物"(public figure)名誉权保护的问题。"公众人物"是舶来的法理概念,尚未进入我国的现行法律,但也不仅仅限于学术讨论,而是进入到我国的司法实践中。2002年范志毅诉上海《东方体育日报》侵犯名誉权案、2003年余秋雨诉《北京文学》杂志社编辑肖夏林侵犯名誉权案等,法院在判决中都引入了"公众人物"的概念。根据学理解释:"公众人物"包括三种人:一是政治人物,因掌握公共权力而丧失部分隐私;二是文化、体育明星,因满足公众兴趣而丧失部分隐私;三是自愿或不自愿地卷入公共事务的人。②

美国1964年"沙利文案件"之后,美国对于官员和公众人物起诉新闻媒介诽谤案确立了这样的原则:原告即政府官员及其他公众人物负有举证责任,不仅要证明普通法要求的有关内容已经发表,给自己造成了损害,而且要证明被告具有"实际上的恶意"(actual malice,有意或不顾及后果地),方有可能胜诉。这意味着在美国确立了一种新的宪法性的诽谤法,从此媒介在报道和评论官员和公众人物时被赋予了宪法特许权(constitutional privilege)。按照英国诽谤法,为公共利益而发表的言论属于相对特许权(qualified privilege)。受相对特许权保护的言论的重要条件是不含有恶意(malice),恶意既指故意,也包括诋毁、谩骂等表现。

公众人物对媒体舆论监督所可能造成的轻微损害应当予以容忍和理解,这就是"法律保护普通人和公众人物名誉的力度应有所不同"③的观念。因为公众

---

① 魏永征:《中国现行诽谤法对舆论的保护》,载展江主编:《舆论监督紫皮书》,南方日报出版社2004年版,第141—148页。
② 王强华、魏永征主编:《舆论监督与新闻纠纷》,第380—383页。
③ 王强华、王荣泰、徐华西编著:《新闻舆论监督理论与实践》,第203页。

人物比普通人享有更多的社会关注,他们的言谈举止对于整个国家的安全或整个社会道德风范的形成都有着比普通人更重大的影响,所以理所应当地要承受比普通人更多的监督。中国人民大学杨立新教授认为,公众人物与其他自然人一样享有全部的民事权利,但是涉及两个问题:一是如果他们的行为关系到国家利益或者公共利益,那么无论多么隐私,也一定要让人民知道,让人民监督。另一个就是满足公众知情权的问题。不论前者还是后者,都是为了满足或者实现更大的利益,而牺牲作为极少数的公众人物的某些权利中的利益,是法律在利益冲突面前不得不作出的一种权衡和选择。涉及公众人物权利限制的,其实就是隐私权和肖像权,并不包括其他权利,如名誉权、姓名权、人身自由权、生命权、健康权、身体权等人格权。受到限制的隐私权和肖像权,也仅仅是涉及国家利益、公共利益以及公众知情权的那些隐私利益和肖像利益,比如因为新闻性而使用他们的肖像不具有违法性。对于公众人物的其他隐私利益和肖像利益,则同样受到法律保护。[1]

  隐私权保护是有关新闻侵权的又一讨论热点。通常认为"隐私权"(right to privacy)的概念诞生于美国。1890年美国哈佛大学法学教授布兰代斯(Brandeis)和沃伦(Warren)共同发表于《哈佛法学评论》的《论隐私权》一文,标志着隐私权理论的诞生。时至今日,保护隐私权已经形成国际共识。我国的各类法律文件虽然对隐私权的内容有不同程度的涉及,但"隐私权"一词明确写入法律文件则是非常晚近的事。1987年开始实行的《中华人民共和国民法通则》并没有关于隐私权的规定。直到1993年最高人民法院发表《关于审理名誉权案件若干问题的解答》才确定了对隐私权的直接保护。但司法解释把公布、宣扬他人隐私作为侵权的条件,这就使受害人无法对那些非法刺探、搜集他人隐私却未向社会公开的行为主张自己的权利。在2005年修订的《中华人民共和国妇女权益保障法》中,第42条明确提出:"妇女的名誉权、荣誉权、隐私权、肖像权等人格权受法律保护。"这是我国法律首次正式使用了"隐私权"一词,并在操作层面上将隐私权作为一项独立的人格权进行保护。

  作为一项独立的人格权,隐私权与名誉权有很大不同。从保护客体看,名誉权保护的是社会对个人的正常评价,而隐私权则是个人不受干扰的权利;从保护范围看,名誉权反映了应当受到社会公正评价的个人真实社会表现,而隐私与社会公共利益无关,不需要也不应当由社会来评价。如果把保护隐私权纳入名誉权保护范畴,必然使一部分与名誉无关的行为得不到法律保护;从侵权要件来看,侵害名誉权的特征是散布虚假事实,只要符合事实的报道和评论,无论当事

---

[1]　王强华、王荣泰、徐华西编著:《新闻舆论监督理论与实践》,第204—205页。

人主观愿望如何,都不构成侵权。但隐私恰恰是真实、客观的事实,是否披露应由当事人自己决定,不经当事人同意,披露隐私无论褒贬都构成侵权。

1999年《兰州晨报》记者因为一篇有关变性人的报道而遭侵权起诉,最终法院判决其侵权成立,要公开赔礼道歉,并赔偿包括肖像权、名誉权和隐私权等侵权损失40万元,赔偿精神损失15万元。该案表明,即使报道完全客观真实,也仍然可能构成侵权。

目前媒介侵犯隐私最严重的表现是,披露未成年人隐私和披露报道对象的医疗秘密。而大众传播侵害隐私权的一种表现是,记者在采访中未经许可而强制侵入或秘密侵入他人私生活区域,进行窥探、偷听、监视,或未经许可地摄影、录音和录像等,甚至包括骚扰。

所谓私人区域,除了一般所指的私人住宅外,还包括公共场所中的一些私人区域,如商场试衣间、旅馆客房、餐馆包间以及私人约会、打电话、存取钱款等种种私人场合,都不应成为媒体记者强制或秘密涉及的对象。此外,包括媒体和媒体记者在内的任何非法律意义上的机关和个人,都不得以任何理由窃听私人电话和偷拆私人信件。2000年颁布、2016年修订的《中华人民共和国电信条例》也明文规定了电信用户依法使用电信的自由和通信秘密受法律保护,而互联网用户的信息也被纳入通信秘密的范围,不得被私自侵入、获取或进行篡改、增删等骚扰活动。

四、舆论监督与司法独立

1995年7月,四川省技术监督局查封了夹江县彩印厂印制的一批假冒商标,并对该厂及其厂长作出了行政处罚决定。然而四川省技术监督局的这一行为,却属于典型的越权执法。按照1990年起施行的《中华人民共和国行政诉讼法》中依法行政、越权无效、保护公民法人的诉权的基本原则,该厂对四川省技术监督局提请行政诉讼。但是意想不到的是,包括中央电视台《焦点访谈》在内的很多从中央到地方的媒体,均以"恶人先告状""制假者告打假者"等为题进行报道,引起社会广泛关注。到1996年4月,当地法院迫于压力,判决"维持四川省技术监督局的封存通知书,驳回原告的诉讼请求"。从电视上看,判决之后,全场掌声雷动。但是这一判决却招致法学界的一致批评。有的批评舆论机关法治观念淡薄和法律知识浅薄,有的批评新闻界报道只要新闻不要法制,有人认为司法机关屈从压力不依法裁判令人悲哀,大众传媒的偏差报道令人遗憾,更有人私下批评说:"此案是典型的舆论强奸法律!"[①]由此也引发出大量关于"媒

---

① 徐迅:《中国新闻侵权纠纷的第四次浪潮——一名记者眼中的新闻法治与道德》,第214页。

体审判"的争论。

"媒体审判"最早是西方国家新闻传播法中的一个概念,一般指媒体在对审判中的刑事案件进行报道和评论时,失去客观公正的立场,以明示或暗示的方式,主张或反对给嫌疑人或被告定罪,其结果或多或少地影响了公正审判。与之内容接近的还包括"报纸审判""电视审判""媒介审判"等。这一概念最初是指刑事诉讼报道中的现象,但目前在我国,却是指包括刑事诉讼在内的所有审判活动中的诉讼报道现象。其表现是新闻报道凌驾于司法之上,干预和影响司法行为。①

在我国法学界,对"媒体审判"的指斥不绝于耳。但在新闻传播学界及新闻实践中,却围绕着一些具体案例,有过不同的争论。针对蒋艳萍案,有新闻实务界人士认为,将媒体对一件具体案件的报道称为"媒体审判"未免言过其实,不可将媒体炒作形成的社会影响夸大到一种不适当的地步。针对刘涌案,有人认为,所谓媒体审判实为舆论监督的一部分,要是没有新闻媒体的强势报道,很难将罪犯真正绳之以法。有理论界人士分析,中国传媒热心监督司法的原因在于:司法本身缺乏足够的自治能力和自洁能力,需要外部力量来保证司法公正,遏制司法腐败。中国传媒虽然有其政治定位,但大多数传媒都已经实行市场化经营,报道和评论司法案件是媒体的重要卖点。政府需要靠传媒来推动普法,许多新闻工作者也愿意用自己的报道为老百姓伸张正义。

但是一些法律专家指出,当代中国的传媒不同于西方国家的传媒,当代中国的司法也不同于西方国家的司法。在当代中国,传媒的干预面之窄,影响力之大,都是西方人所难以想象的。中国新闻出版机构不是法定的监督机构,不享有对司法机关的监督权力,但可以以三种公民权利(公民对政府工作提出批评的权利、知情权和言论自由)为依据。问题在于,中国的传媒有没有资格作为这三类公民权利的主体或替代性主体?从法律上说,舆论监督司法与其说是基于新闻自由,不如说是基于政府权力,是党委判案的变种。而且更为恶劣的是,通过大众传媒,非司法权力机关的意志不再通过红头文件,而是通过所谓公共舆论的外衣来影响司法独立,并且进一步用权力意志塑造公共舆论。②

魏永征指出,司法独立是国际公认的基本法治原则。其作用在于保证司法机关审理案件的客观、公正、廉洁、高效,防止国家权力过分集中而造成滥用权力。现行《中华人民共和国宪法》第131条规定:"人民法院依照法律规定独立行使审判权,不受行政机关、社会团体和个人的干涉。"但是在我国新闻媒介被

---

① 魏永征、张鸿霞主编:《大众传播法学》,第75页。
② 同上书,第93页。

当作阶级斗争或专政工具的年代,"新闻审判"可谓登峰造极。最为典型的是1955年"胡风反革命集团"案,报纸先公布了胡风和朋友之间的私人通信摘编,判定胡风及其他有关人员都是反革命分子,然后才实行逮捕,对他们的正式判决则是在十年以后。在"文化大革命"等政治运动中,这种报纸先定性,然后采取"专政措施"的做法更成为惯例。随着社会主义民主与法制的健全,这种背离现代法制原则、践踏公民民主权利和人权的做法理所当然受到摈弃。①

舆论监督与司法独立都是宪法原则,都是为了有效地维护公民合法权利。反对"新闻审判"、维护司法独立,不是不要对司法的舆论监督。新闻舆论监督也并不意味着新闻可以干预甚至超越司法。因此两者之间需要一个合理的平衡。目前关于新闻监督司法活动有以下一些基本共识。

第一,树立立案结案意识。新闻报道和评论一般应当在诉讼程序之外,即立案前和结案后进行,最低限度是在一审判决做出后进行。新闻的基本功能是传播,舆论监督的威力在于公开。公开报道事实是新闻舆论监督的基本方式。案前报道的力量,不在于对行为人定性定罪,而在于公开事实。英国BBC有一个著名的电视专题节目——《库克报告》。该节目经常揭露各种犯罪现象,而一旦警方或者检察官介入,展开立案调查,该节目就立刻转向新的选题。无独有偶,BBC另一个专题节目——《判之不公》则专门批评已经生效的司法判决。而统计数据表明,该节目所关注和报道的案件绝大多数都获得了改判。② 2019年修订的《中国新闻工作者职业道德准则》规定:"维护司法尊严,依法做好案件报道,不干预依法进行的审判活动,在法庭判决前不做定性、定罪的报道和评论","严格遵守新闻采访规范。"

第二,对于正在诉讼程序中的司法活动,应当进行客观、平衡的报道,评论应当停止,尤其要摈弃夹叙夹议的倾向式报道。当案件进入司法程序之后,按照公开审判制度的要求,从逮捕、起诉、开庭、法庭调查和辩论实况,到一审判决、上诉或抗诉、二审判决以及调解等,其中每一个环节都是法律事实,都应当公开,也可以报道。公开报道就是将审判置于社会的监督之下。但是新闻媒介报道应当按照诉讼程序来进行。按照通行的"无罪推定"、证据判案和罪刑法定等原则,媒介报道不能超越程序,抢先作出有罪或无罪、胜诉或败诉等方面的预测、推断甚至结论。报道应客观,有关案情的事实应当来自法庭,不报道来自法庭以外的事实或证人证言。在判决前,应当对诉讼双方作平衡,尊重刑事被告人的辩护权利和民事诉讼人在诉讼中的平等权利。在一审判决后,不要遗漏报道上诉、抗诉等

---

① 魏永征:《新闻传播法教程(第二版)》,中国人民大学出版社2006年版,第134页。
② 徐迅:《中国新闻侵权纠纷的第四次浪潮——一名记者眼中的新闻法治与道德》,第355页。

情节。如果二审判决改变了一审判决,只要对前一事项进行了报道,就必须报道后一事项,不许有始无终。

第三,评论要慎重,并恪守在一定范围内。我国法律至今没有禁止在新闻媒介上评论正在审理的案件的规定。但是对于在案件审理过程中是否允许作出评论和批评,有一些争议。著名法制记者徐迅明确表示,将报道与评论分开,有利于建立新闻与司法的良好关系。事实证明,夹叙夹议的报道方式在报道司法活动时常常产生事与愿违的结果并因此蒙受损失。① 对案中评论要非常慎重,目前学术界公认的原则大体有这样一些。

首先,对正在进行的司法活动的评论应谨慎限制在程序违法和执法作风上,而不对案件实体问题发表评论。程序问题包括超期羁押、剥夺诉权、采取强制措施不符合法定程序、依法应当公开审判的案件实行"暗箱操作"等。违法作风包括接受当事人请客送礼、泄露办案秘密等。如有这些问题,可以公开评论或批评。实体问题,如定性、定罪、证据真伪等原则上不做评论。

其次,避免在一审判决前作出评论。在案件一审判决之后,如果确实在社会上争议很大,也可以对判决作出评论。但是对此类评论应当在充分报道事实的基础上评论,避免把评论混同于事实。应当着重从法理、法律意识层面上加以评论,避免简单化的"表态"和煽情性的"呼吁""声讨"等。应当着重发表社会公众包括专家的评论,而避免以记者或新闻媒介的名义做评论。评论应当有不同意见,多方平衡,而不能只有一方观点。

最后,在终审判决之后,由于判决已经生效,舆论不会发生妨碍司法的问题,而可能对确实不当的判决起到救济或推动上级法院采取的审判监督程序予以纠正的作用,因此不应有所限制。②

第四,如果确有执法者贪赃枉法的证据,足以承受历史和法律检验,则评论与批评的界限可以大大放宽,靠新闻舆论的全部力量(包括读者来信、调查报告、新闻报道、专家访谈、综述、评论等一切可以运用的新闻手段),推动司法公正。③

第四节　媒介自律及合律

对传媒的法制管理和行政管理是现代国家对传媒行业实行他律的重要手

---

① 徐迅:《中国新闻侵权纠纷的第四次浪潮———一名记者眼中的新闻法治与道德》,第204—205页。
② 魏永征:《新闻传播法教程(第二版)》,第141页。
③ 徐迅:《中国新闻侵权纠纷的第四次浪潮———一名记者眼中的新闻法治与道德》,第210—211页。

段,但是传媒的社会发展史表明,真正有效的传媒管理在很大程度上取决于传媒机构及其从业人员的自律。职业道德规范的建设与奉行,可以说是任何行业自律的核心内容。而职业道德规范产生的重要前提,是该职业领域的存在。也就是说,只有当某项社会活动成为职业活动时,有关该活动的道德,才会发展成为职业道德。媒介自律的兴起和发展,是现代新闻业作为严格意义上的专门职业走向成熟的标志。在世界范围内,传媒自律机制的建立和运行,已经成为传媒行业管理的重要内容。

一、西方国家的媒介自律

从19世纪到第一次世界大战之前,西方报业发展成型,并日渐成为资本主义工业化市场的一个重要组成部分。伴随着报业的发展,起源于报人社会责任感的早期**新闻自律**观念,萌芽于一些报纸的办报宗旨、方针和守则之中。如1868年美国报人达纳接手《纽约太阳报》后,制定了十三条规约,其中包括新闻与广告分开、不得用谩骂讥笑的文字发表言论、未经采访对象许可不得发表该采访对象的访问记、转载各种材料必须注明材料来源等规定。新闻自律逐渐被当作维护新闻自由、防止政府干预的途径。

伴随着新闻自律思想,西方报业的职业道德建设也逐步开展。最早于1874年,瑞典成立了一家由各报社社长、主笔或主编组成的俱乐部,其主要活动是建立新闻传媒业的业务和道德方面的职业标准,定期检查各报社的执行情况,避免传媒业内部腐化或受外界攻击,以维护新闻业的尊严。在19世纪末美国"黄色新闻"泛滥之际,著名报人普利策等明确提出新闻业者应"不屈从于商业利益""忠诚于公众利益""不谋私利"等重要概念。由他资助的美国密苏里新闻学院最早制定了八条《记者守则》。1922年,美国报纸编辑协会通过《新闻守则》,主要包括责任(responsibility)、新闻自由(freedom of the press)、独立性(independence)、真诚真实准确(sincerity, truthfulness, accuracy)、公正不偏(impartiality)、公平从事(fair play)、庄重(decency)等七项原则。

早期的新闻自律和职业道德建设不足以同新闻业自由放任的传统相抗衡,对自律的性质及其同政府和社会的关系等问题,也缺乏系统的说明。20世纪40年代发展起来的社会责任理论则促进了新闻自律观的发展。社会责任论从三个方面修正了自由主义新闻理论。一是主张新闻自由不仅指消极的自由,即不受限制的自由,而且指积极的自由,即"做"的自由;二是将新闻自由视为伴随着义务和社会责任的道德责任而不是不附带条件的自然权利;三是提出新闻自由不仅意味着保护媒介的自由,而且意味着保护作为受众的广大社会成员的自由。社会责任理论为西方新闻业自律提供了理论基础,从而推动了新闻业职业规范、道德守则的建设和自律组织的建立,使新闻自律制度得以建成。

社会责任理论兴起后,西方国家新闻职业道德准则建设开始向纵深发展,许多国家纷纷建立新闻职业标准、制定新闻职业道德准则,或修订已有的准则,使新闻职业道德规范日趋成熟。第二次世界大战结束以后,制定国际新闻职业道德规范的实践也开始兴起。如1948年联合国新闻自由会议通过《国际新闻自由公约草案》。1954年联合国又颁行《国际新闻道德信条》,同一年,国际新闻工作者联合会(国际记联)通过《记者行为基本原则宣言》,与前者内容基本相同,但规定更为细化。此后,随国际形势变化,这些规范还不断得到修订和更新。1978年联合国教科文组织通过《关于宣传工具为加强和平与国际了解,为促进人权以及为反对种族主义、种族隔离和反对煽动战争做出贡献的基本原则宣言》,中国是签字国之一。

除职业道德准则外,自律制度的形成与完备,关键是要有组织机构来负责实施和裁定,以形成运作机制。1953年,在英国政府的推动下,英国报业总评议会(The General Council of the Press)成立,其委员主要为各报业团体的编辑或经理代表,主要负责受理外界对新闻界的投诉,作出裁决和结论。1963年,该组织改为由报界、司法界以及其他社会各界人士组成。类似的报业评议会或新闻职业道德监督机构在许多国家都有设立,如日本新闻协会、比利时新闻纪律评议会、荷兰报业荣誉法庭、南非报业调查委员会、韩国报业伦理委员会等。这一类的新闻自律组织一般只受理违反职业道德的投诉,不受理违法案件,大多数只有裁决权而没有处罚权。

由于英国没有专门的出版法和新闻法,所以对于报纸内容没有专门法律规章的制约,也没有专门的管理机构监管,只要不违反基本法律中的相关规定,政府不会横加干涉。于是,英国报业总评议会(1963年改称报业评议会)分别于1967年、1971年、1973年出版了关于"藐视法庭""隐私""诽谤"的说明。鉴于英国报纸不断侵害公众权益,报业评议会在"保护新闻自由"和"谴责新闻滥用权利"两者间的矛盾逐渐显现。1991年英国建立报业投诉委员会(Press Complaints Commission,简称PCC),以《行为准则》(Code of Practice)为基准,处理相关的新闻投诉工作。从2005年到2011年,英国曝光了一系列媒体窃听王室及众多名人电话的丑闻,迫于各种社会及政治压力,2012年3月PCC宣布解散这一媒体自我监督机构并筹建新机构。与原有的PCC相比,新机构唯一的区别就是,将由官方认可并接受定期审查,但这项被称为"史上最严厉"的监管协议,并非如部分媒体所称是"政府监管",而依旧保持着"媒体自治"的本质。

美国虽然制定新闻道德准则的实践起始较早,但作为新闻自律机构的新闻评议会却出现较晚。到20世纪70年代,先是地区性的,后是全国新闻评议会陆续成立。评议会的成员由新闻界和其他社会各界代表组成,定期或不定期召开会议,对新闻媒介及其活动进行评议。但该类民间组织的活动经常遭到一些大型传媒机构的反对,因而处境艰难。1984年美国全国新闻评议会终于解散。

但是在美国新闻自律制度中有一个突出的现象,就是媒介机构内部设立意见调查员或新闻监督员。这是美国传媒界在内外批评声和媒介竞争压力下谋求自我改善以提高竞争力并防止外界干涉的重要措施。1981年,《华盛顿邮报》曾请意见调查员调查一篇虚假报道的情况,并将调查报告全文刊载。此举被认为是传媒发挥意见调查员作用、加强自律的突出事例。美国传媒机构,尤其是大的传媒公司非常注意制定和形成自己内部的职业工作规则和标准实施机制,如哥伦比亚广播公司新闻规范的内容就包括人事规范、新闻采集、编辑与制作规范、法律问题等几大部分,非常详细地规定了各种具体的行为操作规则。而行业评议会之所以遭到许多媒体的反对,无疑和美国媒体强调独立性和自主权、反对任何形式的外来干涉的传统思想有关。

二、韩国的媒介仲裁制度

世界上大多数国家都是通过媒体自律制度和监督(申诉专员),或法律诉讼来解决媒体纠纷。由于自律制度不是强制性的,很难有效地解决纠纷。法律诉讼需要花费时间和成本。英国的自律制度非常理想,但是有几个短处:第一,不能强制所有媒体加入;第二,没有有力的实现机构决定的手段;第三,规制机构的运行财源来自媒体,但是媒体在很多情况下会回避缴费,导致财政困难。

为了快速有效地解决纠纷,克服自律和诉讼的缺陷,韩国于1981年成立了言论仲裁委员会,创立了世界上独一无二的新闻媒体仲裁制度。言论仲裁委员会调解与仲裁的对象涵盖当前所有新闻媒体,包括传统的报纸、期刊、广播、电视和网络新闻、IPTV等。除报纸和电视等制作新闻报道的媒体之外,传播新闻的门户网站也是调解对象。言论仲裁委员会的工作需根据当事人的申请进行。当事人应当自得知报道之日起的三个月内向言论仲裁委员会提出调解或者仲裁申请,最晚不得超过报道发表之日起六个月。对媒体侵权的补救措施共有三种方式:一是要求媒体方做出更正报道;二是在不要求媒体做更正报道时要求媒体方做出反论(opposing ideas)报道;三是要求媒体方对损害进行赔偿。另外,如果是犯罪新闻,而被报道的犯罪嫌疑人后来被判无罪,或者案件以等同于无罪判决的形式终结时,被报道方可请求关于无罪事实的事后报道。申请人可以选择申请一项单独的补救措施,也可以同时提出合并数项的补救措施,还可以在调解过程中申请变更补救或合并补救措施。

与西方国家的媒体自律制度相比,韩国的媒体仲裁制度的长处有以下四点。

第一,法律明确规定对象媒体。设立初期只限于传统媒体,现在的调解仲裁对象包括网络媒体和搜索引擎、IPTV 等新媒体。第二,有强制仲裁当事者出席仲裁调解的法律根据。法律规定申请人两次不参加审理就当作取消调解仲裁申请,被申请人(媒体)两次不参加审理就当作接受申请人的请求,因此所涉媒体会参与调解仲裁。第三,事件内容非常明确的话,就算当事人不参加调解仲裁,委员会也能在综合考虑内容之后,根据职权做出调解决定。如果当事人对此提出异议,就直接把案件转到法院,进入诉讼程序。第四,媒体仲裁委员会的运行经费来自"放送通信基金",因此有独立活动的财政基础。韩国媒体仲裁委员会不属于政府部门,但媒体仲裁制又具有准法律性质,因此被认为是一种合律。

韩国的媒体仲裁委员会是根据 1980 年颁布的《言论基本法》创立的。当时的韩国正处于全斗焕军人政权领导之下。全斗焕任职期间颁布了一系列法律,以加强他的政治控制。《言论基本法》规定所有的媒体都需要许可经营。因此这个法也被看成是限制言论自由的法律。1987 年韩国民主化取得胜利,《言论基本法》被废止,但以言论仲裁委员会为代表的媒体调解和仲裁制却保留了下来。

在言论仲裁委员会设立之前,韩国处理媒体报道纠纷主要是通过司法途径。当时除了向法院起诉之外,没有救济媒体报道侵权的其他方法。韩国的言论仲裁制度则是用非诉讼的方式解决媒体纠纷。虽然是非诉讼的方式,但言论仲裁制度却是随着相关法律的不断完善而发展的。在参与 1980 年《言论基本法》制定时,从德国学习回来的朴容相博士注意到欧洲比美国更注重对人权的保护,因此将在德国学习的"反论权"(Right of Reply)引入韩国,以更多体现欧洲式的对人权的保护。《言论基本法》首次规定了反论报道请求权、调解仲裁程序及设立言论仲裁委员会。1987 年,《言论基本法》被废止之后,韩国制定并颁布了《关于注册期刊的法案》,用媒体注册备案制取代《媒体基本法》规定的媒体行政审批制,而有关言论仲裁委员会和媒体侵权救济的相关条款,则分散在韩国新制定的《定期刊物的注册等相关法律》和《放送法》等诸多法律条文中。当时为了强化言论仲裁制度,保障救济程序的实效性,引进了当事人出席强制条款,即规定在仲裁庭进行调解和仲裁时,相关媒体必须出席。在反论权基础上,新设了事后报道请求权,并制定了被申请人(媒体)两次不出席,就被视为按照申请人的申请内容达成合意的规定。

1995 年 12 月《关于注册期刊的法案》修订时,则明确规定了更正报道请求权,还规定委员会在综合考虑各种情况后,可以使用法律授予的"职权调解决定权"做出调解决定。也就是说,"如果当事双方之间没有达成协议,但是仲裁庭判断申请人的主张有理时,可以根据法律所授予的职权调解权,自行决定媒体应进行的更正报道、反论报道或损害赔偿",以提升侵权救济的实效性。

2005 年,韩国颁布并实施了《对新闻报道造成损害的新闻仲裁与救济法案》

(以下简称《法案》),即"言论仲裁法",把分散在《定期刊物的注册等相关法律》和《放送法》等中的媒体侵权救济法条综合起来,形成了专门法。它在广播法和报刊法法案的基础上,汇编了多种关于媒体纠纷案件补偿条款,而成为第一个关于媒体仲裁的独立法案,反映了委员会创立以来多年积累的运营经验和改善方法。

信息技术的发展使媒体环境发生了翻天覆地的变化。报纸、电视、杂志、通信等传统媒体面临危机,网络新闻等新媒体则在快速发展。为了符合时代的要求,韩国言论仲裁委员会在2009年对《法案》进行了修改,把媒体纠纷的调解对象范围扩大到门户网站和IPTV,但是这次修改并不能完全补救新的媒体环境带来的损害,因为在新媒体环境下,就算通过调解等方式对传统媒体侵权报道进行了补救措施,但如果报道在网络空间仍存在的话,可以说侵权仍然在发生。因此,现在需要一个反映网络空间特征的损失补救方案。

韩国言论仲裁委员会正在准备重新修订《法案》,来保障国民的人格权不受侵犯。重新修订的法案内容包括:新设媒体报道的侵害排除请求权,并救济由此而产生的复制报道和媒体报道的恶意跟帖带来的损害。网络上的表现行为有半永久性的特征,因此产生有关"被遗忘权"的讨论。就算对报道进行了更正或者反论报道,原先的报道依旧可以在网上被搜索和阅览,因此补救的实效性大大降低。侵权排除请求权是指,受到人格权侵犯的人对引起或者管理该侵权状态者申请停止侵权或除去侵权状态。侵害排除请求权在德国通过判例发展起来,2013年韩国大法院也有根据该权利判决的例子,目前委员会正在研究对一些违法报道通过删除报道的形式进行补救。

三、我国媒介自律的发展

虽然中国近代传媒业诞生于19世纪中叶的半殖民地半封建社会,没有形成系统的媒介自律制度,但早期著名的新闻人如王韬、郑观应、邵飘萍等曾就新闻职业道德问题发表过自己的观点。1919年徐宝璜在其被誉为"中国历史上第一本新闻学著作"的《新闻学》中,将"提倡道德"作为报纸的六大任务之一提出,并提出16条"访员应守之金科玉律"。[①] 1942年,马星野受当时的中国新闻学会之托,起草了《中国新闻记者信条》,共12条,在当时国民党管辖的部分地区新闻界实行。中国共产党领导下的新闻事业被看成是党的整个事业的重要组成部分,党性原则和党的政治道德要求被注入新闻传媒业。

---

① 张咏华、黄挽澜、魏永征:《新闻传媒业的自律与他律》,上海外语教育出版社2007年版,第233页。

中华人民共和国成立以来，我国的传媒业长期实行国有制，改革开放以来，传媒业被逐渐推向市场。1978年，财政部批准《人民日报》等新闻单位实行"事业单位，企业化管理"，1979年在全国新闻媒体中推广。1985年，国家统计局明确把广播电视电影业列入第三产业。1992年中共中央、国务院又发布决定，要求第三产业单位逐步向经营型转变，实行企业化管理。随着市场经济的深入发展，传媒业市场性、商业性特征日益明显，对新闻道德自律的要求也日益迫切。

20世纪80年代，党和政府有关管理部门与全国新闻界团体共同发起了社会主义新闻职业道德规范建设。1981年，中共中央宣传部新闻局和中央新闻单位商拟了一份《记者守则（试行草案）》，共10条，内发到各新闻单位试行。1991年中华全国新闻工作者协会（中国记协）第四届理事会第一次全体会议通过了自律性文件《中国新闻工作者职业道德准则》，后进行了四次修订。目前我国已经形成多种类型的新闻职业道德准则，除全国统一的新闻职业道德规范外，还出现各种地方性的以及各个特定的新闻传媒行业的新闻职业道德准则、自律信条。与此同时，也开始形成相应的实施执行和裁定违规的运作机制。中国记协设立了维权自律处，负责推动和监督执行新闻职业道德准则。1997年，中华全国新闻工作者协会关于建立新闻工作者接受社会监督制度的公告发表，并公布了举报电话。各传媒机构也开始尝试建立新闻督察制度、设立专门的新闻督察室和督察员，负责受理群众对媒体的投诉，一定程度上体现出新闻自律制度的创新和发展潜力。

2015年12月29日，中国记协新闻道德委员会举行成立大会。在此之前，除个别省份外，新闻道德委员会工作已在全国各省、自治区、直辖市全面推开，全国和省一级新闻道德委员会工作架构初步形成。会议指出，建立新闻道德委员会涉及新闻领域方方面面、涉及各地各部门，要理顺工作机制、密切协同配合、加强支持保障，确保各项工作全面有序开展。中国记协新闻道德委员会作为全国性的新闻道德委员会，要发挥对地方新闻道德委员会工作的示范作用，引领新闻战线深入学习贯彻习近平总书记系列重要讲话精神、贯彻落实"四个全面"战略布局的重大举措，这是新闻战线落实党管媒体原则、坚持以人民为中心工作导向的重要探索。新闻道德委员会将把各级各类新闻媒体和从业人员纳入监督范围，通过新闻评议、媒体道歉、通报曝光等方式，在加强职业道德建设、治理新闻界突出问题方面发挥更大作用。

小结

舆论监督是中国舆论研究的重要课题。本章首先区分了关于舆论监督的广义和狭义的定义,强调了从舆论监督概念在我国的发展语境来看,舆论监督主要是指新闻舆论的监督。通过对舆论监督历史发展的回顾,突出强调了舆论监督与曾经的批评性报道的本质差别。在讨论舆论监督的法治环境时,力求全面准确地介绍当前我国与舆论监督密切相关的法律内容,以及新闻学和法学界专家学者们对舆论监督与信息公开、舆论监督与新闻侵权、舆论监督与司法独立等重大问题的思考。最后还着重介绍了西方媒介自律以及韩国媒介仲裁制度的发展过程,以为我国舆论监督与媒介自律的发展提供参考。

思考题

1. 如何理解舆论监督的定义?
2. 舆论监督与批评性报道有什么异同?
3. 舆论监督有哪些法律依据?处理媒体与司法的关系要着重于哪些方面?
4. 西方国家的媒体行业自律与韩国的媒体仲裁制各有什么特点?
5. 对于目前我国的媒介道德自律建设,你有哪些思考?

推荐阅读

徐迅:《中国新闻侵权纠纷的第四次浪潮——一名记者眼中的新闻法治与道德》,中国海关出版社2002年版。

参考文献

1. 陈力丹:《舆论学——舆论导向研究》,中国广播电视出版社 1999 年版。
2. 程世寿:《公共舆论学》,华中科技大学出版社 2003 年版。
3. 甘惜分主编:《新闻学大辞典》,河南人民出版社 1993 年版。
4. 高申春:《人性辉煌之路:班杜拉的社会学习理论》,湖北教育出版社 2000 年版。
5. 顾准:《希腊城邦制度》,中国社会科学出版社 1982 年版。
6. 郭庆光:《传播学教程》,中国人民大学出版社 2005 年版。
7. 侯健:《舆论监督与名誉权问题研究》,北京大学出版社 2002 年版。
8. 侯军:《疲软的舆论监督》,中国妇女出版社 1989 年版。
9. 侯玉波编著:《社会心理学》,北京大学出版社 2002 年版。
10. 华红琴编著:《社会心理学原理和应用》,上海大学出版社 2004 年版。
11. 柯惠新、刘红鹰编著:《民意调查实务》,中国经济出版社 1996 年版。
12. 李彬:《传播学引论》,新华出版社 1993 年版。
13. 李飞舟、宋伟伟编著:《舌剑出鞘:二战中的舆论战》,军事科学出版社 2004 年版。
14. 李培林、李强、孙立平等:《中国社会分层》,社会科学文献出版社 2004 年版。
15. 李庆善:《中国人新论——从民谚看民心》,中国社会科学出版社 1996 年版。
16. 刘海涛、郑金雄、沈荣:《中国新闻官司二十年:1987—2007》,中国广播电视出版社 2007 年版。
17. 刘建明:《基础舆论学》,中国人民大学出版社 1988 年版。
18. 刘建明:《社会舆论原理》,华夏出版社 2002 年版。
19. 陆学艺主编:《当代中国社会阶层研究报告》,社会科学文献出版社 2002 年版。
20. 昝爱宗等:《第四种权力:从舆论监督到新闻法治》,民族出版社 1999 年版。

21. 秦志希主编:《舆论学教程》,武汉大学出版社1994年版。

22. 邵培仁主编,何扬鸣、张健康编著:《20世纪中国新闻学与传播学:宣传学和舆论学卷》,复旦大学出版社2002年版。

23. 申荷永:《充满张力的生活空间——勒温的动力心理学》,湖北教育出版社1999年版。

24. 盛沛林、王林、刘亚主编:《舆论战100例:经典案例评析》,解放军出版社2005年版。

25. 时蓉华编著:《社会心理学(第二版)》,上海人民出版社2002年版。

26. 孙玉胜:《十年——从改变电视的语态开始》,生活·读书·新知三联书店2003年版。

27. 唐小兵:《现代中国的公共舆论——以〈大公报〉"星期论文"和〈申报〉"自由谈"为例》,社会科学文献出版社2012年版。

28. 田大宪:《新闻舆论监督研究》,中国社会科学出版社2002年版。

29. 王梅芳:《舆论监督与社会正义》,武汉大学出版社2005年版。

30. 王沛:《刻板印象的理论与研究》,甘肃教育出版社2002年版。

31. 王强华、王荣泰、徐华西编著:《新闻舆论监督理论与实践》,复旦大学出版社2007年版。

32. 王强华、魏永征主编:《舆论监督与新闻纠纷》,复旦大学出版社2000年版。

33. 王石番:《民意理论与实务》,台北黎明文化事业公司1995年版。

34. 王雄:《新闻舆论研究》,新华出版社2002年版。

35. 魏永征、张咏华、林琳:《西方传媒的法制、管理和自律》,中国人民大学出版社2003年版。

36. 魏永征、张鸿霞主编:《大众传播法学》,法律出版社2007年版。

37. 许静:《大跃进运动中的政治传播》,香港社会科学出版社2004年版。

38. 徐向红:《现代舆论学》,中国国际广播出版社1991年版。

39. 徐迅:《中国新闻侵权纠纷的第四次浪潮——一名记者眼中的新闻法治与道德》,中国海关出版社2002年版。

40. 杨莉萍:《社会建构论心理学》,上海教育出版社2006年版。

41. 尤光付:《中外监督制度比较》,商务印书馆2003年版。

42. 袁岳、周林古等编著:《零点调查:民意测验的方法与经验》,福建人民出版社2005年版。

43. 展江主编:《中国社会转型的守望者——新世纪新闻舆论监督的语境与实践》,中国海关出版社2002年版。

44. 展江主编:《舆论监督紫皮书》,南方日报出版社2004年版。

45. 展江、白贵主编:《中国舆论监督年度报告(2003—2004)》,社会科学文献出版社2006年版。

46. 张咏华、黄挽澜、魏永征:《新闻传媒业的自律与他律》,上海外语教育出版社2007年版。

47. 张志安等:《新媒体与舆论:十二个关键问题》,中国传媒大学出版社2016年版。

48. 赵鼎新:《社会与政治运动讲义》,社会科学文献出版社2006年版。

49. 郑贞铭:《民意与民意测验》,台北三民书局2001年版。

50. 周晓虹:《现代社会心理学:多维视野中的社会行为研究》,上海人民出版社1997年版。

51. 〔古希腊〕柏拉图:《理想国》(郭斌和、张竹明译),商务印书馆1986年版。

52. 〔古希腊〕亚里士多德:《政治学》(吴寿彭译),商务印书馆1965年版。

53. 〔古希腊〕色诺芬:《回忆苏格拉底》(吴永泉译),商务印书馆1984年版。

54. 〔德〕哈贝马斯:《公共领域的结构转型》(曹卫东等译),学林出版社1999年版。

55. 〔德〕哈贝马斯:《在事实与规范之间——关于法律和民主法治国的商谈理论》(童世骏译),知活·读书·新知三联书店2003年版。

56. 〔德〕黑格尔:《法哲学原理》(范扬、张企泰译),商务印书馆1961年版。

57. 〔德〕汉斯-约阿希姆·诺伊鲍尔:《谣言女神》(顾牧译),中信出版社2004年版。

58. 〔法〕卡普费雷:《谣言》(郑若麟、边芹译),上海人民出版社1991年版。

59. 〔法〕弗朗索瓦丝·勒莫:《黑寡妇——谣言的示意及传播》(唐家龙译),商务印书馆1999年版。

60. 〔法〕古斯塔夫·勒庞:《乌合之众:大众心理研究》(冯克利译),中央编译出版社2005年版。

61. 〔法〕古斯塔夫·勒庞:《革命心理学》(佟德志、刘训练译),吉林人民出版社2004年版。

62. 〔法〕卢梭:《社会契约论》(何兆武译),商务印书馆2003年版。

63. 〔法〕加布里埃尔·塔尔德著,〔美〕特里·N.克拉克编:《传播与社会影响》(何道宽译),中国人民大学出版社2005年版。

64. 〔法〕托克维尔:《论美国的民主》全两卷(董果良译),商务印书馆1988

年版。

65. 〔美〕奥尔波特等：《谣言心理学》（刘水平、梁元元、黄鹂译），辽宁教育出版社 2003 年版。

66. 〔美〕R. A. 巴伦、D. 伯恩：《社会心理学（第十版）》（黄敏儿、王飞雪等译），华东师范大学出版社 2004 年版。

67. 〔美〕S. T. 菲斯克、S. E. 泰勒：《社会认知——人怎样认识自己和他人》（张庆林等译），贵州人民出版社 1994 年版。

68. 〔美〕托德·吉特林：《新左派运动的媒介镜像》（张锐译），华夏出版社 2007 年版。

69. 〔美〕汉密尔顿、杰伊、麦迪逊：《联邦党人文集》（程逢如等译），商务印书馆 1980 年版。

70. 〔美〕詹姆斯·S. 科尔曼：《社会理论的基础（上、下）》（邓方译），社会科学文献出版社 1999 年版。

71. 〔美〕查尔斯·霍顿·库利：《社会过程》（洪小良等译），华夏出版社 2000 年版。

72. 〔美〕查尔斯·霍顿·库利：《人类本性与社会秩序》（包凡一、王䨲译），台北桂冠图书股份有限公司 1994 年版。

73. 〔美〕曼纽尔·卡斯特：《网络社会的崛起》（夏铸九、王志弘等译），社会科学文献出版社 2006 年版。

74. 〔美〕沃尔特·李普曼：《舆论》（常江、肖寒译），北京大学出版社 2018 年版。

75. 〔美〕马斯洛：《动机与人格》（许金声等译），华夏出版社 1987 年版。

76. 〔美〕戴维·迈尔斯：《社会心理学（第 8 版）》（侯玉波等译），人民邮电出版社 2006 年版。

77. 〔美〕艾尔东·莫里斯、卡洛尔·麦克拉吉·缪勒主编：《社会运动理论的前沿领域》（刘能译），北京大学出版社 2002 年版。

78. 〔美〕约书亚·梅罗维茨：《消失的地域：电子媒介对社会行为的影响》（肖志军译），清华大学出版社 2002 年版。

79. 〔美〕凯斯·桑斯坦：《网络共和国：网络社会中的民主问题》（黄维明译），上海人民出版社 2003 年版。

80. 〔美〕沃纳·赛佛林、小詹姆斯·坦卡德：《传播理论：起源、方法与应用（第四版）》（郭镇之等译），华夏出版社 2000 年版。

81. 〔美〕西德尼·塔罗：《运动中的力量：社会运动与斗争政治》（吴庆宏译），凤凰出版传媒集团、译林出版社 2005 年版。

82. 〔美〕仙托·艾英戈、唐纳德·R.金德:《至关重要的新闻:电视与美国民意》(刘海龙译),新华出版社2004年版。

83. 〔意〕安东尼奥·葛兰西:《狱中札记》(曹雷雨、姜丽、张跣译),中国社会科学出版社2000年版。

84. 〔意〕尼科洛·马基雅维里:《君主论》(潘汉典译),商务印书馆1985年版。

85. 〔英〕达尔文:《人类的由来》(潘光旦、胡寿文译),商务印书馆1983年版。

86. 〔英〕霍布斯:《利维坦》(黎思复、黎廷弼译),商务印书馆1985年版。

87. 〔英〕安东尼·吉登斯:《现代性的后果》(田禾译),凤凰出版传媒集团、译林出版社2000年版。

88. 〔英〕安东尼·吉登斯:《社会学(第4版)》(赵旭东等译),北京大学出版社2003年版。

89. 〔英〕丹尼斯·麦奎尔:《麦奎尔大众传播理论(第四版)》(崔保国、李琨译),清华大学出版社2006年版。

90. 〔英〕洛克:《人类理解论》全两册(关文运译),商务印书馆1959年版。

91. 〔英〕洛克:《政府论(上篇)》(瞿菊农、叶启芳译),商务印书馆1982年版。

92. 〔英〕H.G.韦尔斯:《世界史纲》上下册(梁思成等译),上海人民出版社2006年版。

93. 戴锦华:《副司令马科斯:后现代革命与另类偶像》,《天涯》2006年第6期。

94. 侯健:《民主与信息——中国保密法制评述》,《中国传媒报告》2004年第5期。

95. 李兆丰:《法国大革命:公意至上理念下的表达自由——直接民主形式与表达自由的关系》,《新闻大学》2004年第4期。

96. 罗宇凡:《从"权利"到"权力"——浅析我国舆论监督当中媒介的越权行为》,《声屏世界》2006年第1期。

97. 苏成雪:《"异地监督":舆论监督向法治的过渡》,《武汉大学学报(哲学社会科学版)》2005年第6期。

98. 张洪忠:《大众传播学的议程设置理论与框架理论关系探讨》,《西南民族学院学报(哲学社会科学版)》2001年第10期。

99. 赵鼎新:《社会与政治运动理论:框架与反思》,《学海》2006年第2期。

100. 郑保卫:《"人治"—法治—长治——从长治经验看我国新闻舆论监督

发展之路》,《新闻记者》2002 年第 10 期。

101. Adorno, T., et al., *The Authoritarian Personality* (New York: Harper, 1950).

102. Alcock, J. E., D. W. Carment and S. W. Sadava, eds., *A Textbook of Social Psychology* (Ontario: Prentice-Hall Canada Inc., 1991).

103. Bryce, James, *The American Commonwealth* (New York: Macmillan Company, 1910).

104. Cook, T. E., *Governing with the News: The News Media as A Political Institution* (Chicago & London: The University of Chicago Press, 1998).

105. Cooley, C. H., *Social Organization* (New York: Charles Scribners's Sons, 1929).

106. Erikson, R. and K. L. Tedin, *American Public Opinion: Its Origins, Content, and Impact* (Boston: Allyn and Bacon, Addison Wesley Longman, Inc., 2003).

107. Faris, R., ed., *Handbook of Modern Sociology* (Chicago: Rand McNally, 1964).

108. Fishbein, M. and I. Ajzen, *Belief, Attitude, Intention, and Behavior: An Introduction to Theory and Research Reading* (Mass.: Addison-Wesley, 1975).

109. Glynn, C. J., et al., *Public Opinion* (Boulder, Colorade: Westview Press, 1999).

110. Hennessy, B., *Essentials of Public Opinion* (North Scituate, Massachusetts: Duxbury Press, 1975).

111. Hollyway, H. and J. George, *Public Opinion: Coalitions, Elites, and Masses* (New York: St. Martin's Press, 1986).

112. Lee, M., ed., *The Principles of Sociology* (New York: Barnes and Noble, 1951).

113. Moscovici, Serge, *Social Representations: Exploration in Social Psychology* (Cambridge: Polity Press, 2000).

114. Sherif, M., *Common Predicament: Social Psychology of Intergroup Conflict and Cooperation* (Boston, Mass.: Hought Mifflin, 1966).

115. Sherif, *Psychology of Social Norms* (New York: Harper and Brothers, 1936).

116. Shibutani, T., *Improvised News: A Sociological Study of Rumor* (Indinanapolis: Bobbs Merrill, 1966).

117. Smelser, N. J., *Theory of Collective Behavior* (New York: Free Press, 1963).

118. Stimson, J., *Public Opinion in America: Moods, Cycles, and Swings* (Boulder, Colorado: Westview Press, 1999).

119. Tajfel, Henry, *Human Groups and Social Categories: Studies in Social Psychology* (Cambridge, England: Cambridge Unversity Press, 1981).

120. Yeric, Jerry L. and John R. Todd, *Public Opinion: The Visible Politics*, 3rd ed. (Itasca, Illinois: F. E. Peacock Publishers, Inc., 1996).

121. Zaller, J. R., *The Nature and Origins of Mass Opinion* (Cambridge, England: Cambridge University Press, 1992).

122. Festinger, Leon and James M. Carlsmith, "Cognitive Consequences of Forced Compliance," *Journal of Abnormal and Social Psychology*, Vol. 58, 1959.

123. Heider, Fritz, "Attitudes and Cognitive Organization," *The Journal of Psychology*, Vol. 21, 1946.

124. Jordan, Nehemiah, "Cognitive Balance, Cognitive Organization and Attitude Change: A Critique," *The Public Opinion Quarterly*, Vol. 27, No.1, 1963.

后 记

随着中国新闻传播学的发展,越来越多的新闻院校为本科生开设了舆论学课程。本书作为一本主要面向在校本科生的教学用书,自2009年出版后,因其内容的系统完整性和语言表达的平易性而颇受好评,多次重印,经与编辑商讨并再三斟酌之后,进行了系统的修订。

从我2004年春初次开设"舆论研究"课程到《舆论学概论》出版,历时五年,而到今天第二版的问世,竟然又过去了十年。十年间,有不少的困顿和迷茫,但我最终选择了克服困难,积极面对。其间让我最难忘的是曾选修我的本科生和研究生课程的同学们:一张张青春洋溢的脸庞、一次次精彩的个人主题发言和热烈的课堂讨论,我们共同以诚挚之心,钻研学术,砥砺思想,生成智慧。完全可以说,正是同学们的认真激励我完成了本书的修订。

本书的出版得益于以下项目的支持:2005年获北大教材建设立项;2006年获北大研究生课程立项;2007年得到由谢新洲教授主持的北大新闻与传播学院教育部人文社会科学重大攻关项目——"互联网等新媒体对社会舆论的影响"的支持,并成为其前期成果的一部分。以此为基础,我成功申请到2010年国家社科基金项目。2017年第二版又获北大教材建设立项。在此,我由衷地感谢北大丰富的学术资源和良好的学术环境,感谢新闻与传播学院领导和同志们的关怀,感谢北京大学出版社编辑徐少燕、董郑芳为本书的出版所付出的辛苦。

许 静

2020年1月于北大蒙民伟楼

教师反馈及教辅申请表

北京大学出版社本着"教材优先、学术为本"的出版宗旨,竭诚为广大高等院校师生服务。为更有针对性地提供服务,请您认真填写完整以下表格后,拍照发到 ss@pup.pku.edu.cn,我们将免费为您提供相应的课件,以及在本书内容更新后及时与您联系邮寄样书等事宜。

书名		书号	978-7-301-	作者	
您的姓名				职称职务	
校/院/系					
您所讲授的课程名称					
每学期学生人数		_____人_____年级		学时	
您准备何时用此书授课					
您的联系地址					
联系电话(必填)				邮编	
E-mail(必填)				QQ	
您对本书的建议:					

我们的联系方式:

北京大学出版社社会科学编辑部
北京市海淀区成府路 205 号,100871
联系人:董郑芳
电话:010-62753121 / 62765016
微信公众号:ss_book
新浪微博:@未名社科-北大图书
网址:http://www.pup.cn

更多资源请关注"北大博雅教研"